西南大学历史地理研究所　编

中国人文田野

第八辑

巴蜀书社

编 委 会

目录

田野学术考察

002 明清成渝东大路四川段考察记 蓝勇、张亮、陈俊宇、曾潍嘉、张颖

031 “丝绸之路”新疆段访古考察日志 晏波、陈海龙、程军、张萍

065 清代四川僻北路渝合段考察札记 张颖

116 “深闺待识”
——两次“荔枝道”考察记 周航

135 宁夏平原段黄河及古城址考察记 王兴锋、陈娇

149 明清时期苏州灵岩山采石考察记 陈浩东

168 浙江省台州市“桃渚三迁”考察报告 郑琦

185 重庆垫江鹤游镇寨堡调查报告 文雅、尚言言、张铭、陈俊宇、吴兆庆、刘天伏

218 山沟中的“小社会”
——重庆双溪机械厂考察札记 张勇

中外田野学术交流

228 峡江一瞥（下） [英]蒲兰田著，张铭、李娟娟译

247 古寨遗韵：重庆忠县石宝寨百年旧影 马剑、朱莉娜

田野学术考察

明清成渝东大路四川段考察记

蓝勇、张亮、陈俊宇、曾潍嘉、张颖

作者简介

蓝勇，男，1962年生，西南大学历史地理研究所所长、教授、博导。

张亮，男，1991年生，西南大学历史地理研究所2015级博士研究生。

陈俊宇，男，1990年生，西南大学历史地理研究所2016级博士研究生，本文执笔者。

曾潍嘉，男，1988年生，美国威斯康星大学2016级博士后。

张颖，男，1982年生，就职于重庆自然博物馆。

西南大学历史地理研究所很早之前就开始关注明清时期的成渝东大路，从2010年至2013年，我们分五次考察了东大路的重庆段。2017年4月18—22日，我们再次组织以蓝勇教授为首的东大路考察组，小组成员包括博士生张亮、博士生陈俊宇、美国威斯康星大学博士后曾潍嘉、重庆自然博物馆工作人员张颖，一行五人对东大路四川段进行了较为系统完整的考察，主要经过六个市县区域，即

隆昌县、内江市区、资中县、资阳市区、简阳市、龙泉驿区。

一、4月18日考察（从大足县邮亭镇到内江市市中区乐贤村）

（一）邮亭镇、云峰关、北关

我们之前考察重庆段的时候已进入过隆昌县境，当时考察了石燕桥和南关，因此我们将本次考察的起点选在二者之间的云峰关。据《成都通览》所载成都至重庆之路程，石燕桥往北十七里到云峰关，再三里到隆昌县。

18日一早，我们从重庆市北碚区的西南大学历史地理研究所驾车出发，途经大足县邮亭镇，临时决定先去镇上寻找之前重庆段考察时遗漏的邮亭老街。9点54分，我们找到了邮亭老街，其位置在今大足县邮亭镇政府往东两千米的一个山坡上，两端都被公路截断，如果不向当地人打听，很难发现老街就在上面。邮亭老街街道保存得还比较完整，但老屋的垮塌现象严重，有不少房屋都只剩下房梁而没有了墙壁。街上的常住居民不多，许多人都搬到邮亭新街去了，只偶尔回来看看老屋，因此街面显得比较冷清，只在街中心的老茶馆还聚集了一些人在聊天打牌。茶馆旁有个关圣殿，但里边供奉的神仙十分杂乱，是当地多神信仰的缩影，不同类型的神像全一股脑地放在一起，关公像旁边挨着观音像，多少显得有些滑稽。从老街出西南侧街口下坡，穿过新修的公路继续往西，还保存有百余米的石板路，其中一段已成为田埂的一部分。

破败的邮亭老街

邮亭已成为田埂一部分的石板路

11点19分，我们到达计划中的第一个点——隆昌县云峰关。云峰关旧关门还在，门上书“云峰关”三个大字，右题“大清道光七年重建”，左题“署隆昌县事李德润题”。但关门看起来比较新，旁边住户向我们介绍说，这是“文化大革命”打烂后重建的。同治《隆昌县志》卷十二《古迹》云：“云峰塔，城南五里土地坎云峰关内，道光七年建，外有题名处匾式，内有天开文运字迹，中塑文昌、关圣、川主、观音、奎星神像。”今塔仍在山上，塔匾“云峰塔”三字右、左各题“大清道光七年重建”、“隆昌县事张□三题”。云峰关往东南二十多米右侧墙壁上有石刻，题有“绾毂渝泸”四字，“宣统元年仲春”题。再往东南行百余米，有一石牌坊，名“诰封中议大夫遂宁县教谕郭人镛之妻诰封淑人郭王氏坊”，“光绪十三年”立。再行三百余米过铁路桥，到一岔路口，此地名为幺店子，为川东大路与川南大路的分离处，此正印证了“绾毂渝泸”的说法——云峰关为沟通重庆、泸州的要道。路口有一户人家，主人姓彭，60多岁，据其介绍，这里本有指路碑和一个牌坊，指路碑已不存，牌坊也在多年前被雷打断，仅剩一点基座。离开云峰关，我们往西北来到隆昌县城区的北关。据同治《隆昌县志》卷十二《古迹》，旧北关外道观坪有亭、坊、碑等无数。近年隆昌县打造石牌坊群旅游，北关周边也被开发成景区，景区面积较大，号称四区一街。但改造痕迹较重，街边铺面基本都是新建的。北关如今还剩有牌坊五座，分别是禹王宫山门坊、邑侯牛大老爷官印树梅德政坊（道光二十四年）、孝子总坊（咸丰六年）、邑侯刘大老爷官印光第德政坊（道光二十五年）、邑侯肃大老爷官印庆德政坊（咸丰五年）。此外，还有同治五年的除莠安良碑。

云峰关

云峰塔

绾毂渝泸石刻

原川东、川南大路分离处

邑侯牛大老爷官印树梅德政坊

除莠安良碑

（二）回龙寺、土桥铺、下马铺

据《成都通览》载，隆昌县往北十三里到土桥铺，再十里到下马铺。

13点28分，我们出北关继续往西北，来到建设村油房街。据民国三十年一月版的《隆昌县全图》，该位置附近有回龙寺。我们在询问当地人后得知，回龙寺已毁。但稍可欣慰的是，油房街还存有百余米的青石板路街道。出街口百余米，有道光十八年的“邑监生郭世蕃之妻陈氏节孝坊”，这个牌坊形制尤美，为四柱三门三重檐五滴水牌楼式青石仿木结构建筑，尤其坊顶与北关牌坊群里的牌坊有明显区别。牌坊边有个小商店，里边坐着不少正在聊天休息的当地人，我们询问土桥铺的位置，有个大哥非常热心，告诉我们他刚好有一段顺路，愿意在前面开摩托为我们引路。

邑监生郭世蕃之妻陈氏节孝坊

同治《隆昌县志》卷十一《津梁》云：“土桥，县北十里。”土桥铺当因之得名。14点04分，我们根据一路问得的情况，行至土桥铺附近，在今罗星村境内。我们刚好碰到一位接孙子放学的当地人，66岁的喻树容，在她的引领下找到了老桥。可惜因修公路，该桥为了通车已被翻修过。另据她的同行人介绍，沿途的旧石板路原有两米多宽，1949年后石板全被撬了，路边曾经的建筑也全部拆毁，只剩残垣断壁。

从土桥铺往下马铺的公路不通，我们只好回到隆昌县城区再往北绕道，沿广成线国道向西行驶到堰塘湾村，再穿过铁路往南进入到两路口村十二组。在村里，我们找到一位86岁的老人郭时康，老人家热情很高，拄着拐杖带我们去下马铺原址查看。下马铺在成渝公路建成后就随东大路一

毁为耕地的下马铺原址

起逐渐失去了旧日地位，而成渝铁路的修建又恰好将其与公路隔开，使得当地出行极为不便。村民们苦于当地闭塞无公路，一开始还以为我们是来勘探公路路线的。下马铺旧景观今已无存，原有的小庙和铺面都早已尽毁为耕地，上面种着油菜、花生等作物，如果不是郭婆婆的介绍，我们很难想到这就是下马铺原址。传说旧时文武官员过此必须下马，故有此名，但为什么必须下马就不得而知了。

（三）迎祥镇、锯子铺、关圣殿、太平铺、双凤镇

据《成都通览》载，下马铺往北十里到迎祥街，再十里到观音店，再十里到太平铺，再十里到双凤驿。

乾隆《隆昌县志》卷四《坊表》云："银匠街，在县北二十里。"而同治《隆昌县志》卷十《关隘》云："迎祥街，县北三十里，上达省垣。"张大钎《巴蜀旅程谈》云："迎祥街（又名银匠铺）。"是二名同指一地。《四川省隆昌县地名录》云："据传，原有银匠铺几家，名'银匠街'后谐音名迎祥，取'迎来吉祥'之意。"15点45分，我们来到迎祥镇街面上，找到老街。迎祥老街在因国道而形成的新街背后，并与之保持平行的走向，但已无多少旧景观，只在北面街口处还剩有几间老房。《隆昌县乡土志》云："下马铺十里至锯子铺。"则锯子铺应在迎祥街附近，今迎祥街北有锯子村，即其原址。锯子村因锯子铺而得名，今旧物无存。《成都通览》所提到的观音店，在民国三十年一月版的《隆昌县全图》中标作"关圣殿"，在今关圣村，关圣村因关圣殿而得名。关圣殿曾改为学校，今无存。

同治《隆昌县志》卷十《关隘》云："太平铺，县北四十五里。"16点整，我们到达广成线与太大路的分路口（往西北沿广成线去内江，往西南沿太大路去泸州，在此分路），属太平村，其老街即太平铺原址，村因铺得名。1961年曾于此设太平公社，1981年地名普查时为避免地区内公社重名，又改当地公社名为平安公社，后并入双凤镇。老街今名平安街，当与那次改名有关，老街街道的石板保存较好。16点16分，我们到达双凤镇。乾隆《隆昌县志》卷四《乡场》云："双凤驿场，县北六十里。"同治《隆昌县志》卷十《关隘》亦云："双凤驿场，县北六十里，路达省会。"《四川省隆昌县地名录》云："街的头尾各有一山似凤凰，中间小丘下凹似窝，昔有'双凤朝窝'之说。"双凤镇老街分上街和下街，今下街已改造，仅存上街。从新街到上街老街要上一段石梯，上街街道很长，虽然现在街面显得冷清没落，但并不破败，街道石板和两边建筑都还保存得较为完整。有旧李家祠堂，1949年后曾改为油房。又有旧观音阁，看起来比较矮小，而且其形制更像道教建筑，屋顶塑着三个长须老者，这应该是道教中的三清形象。我们刚上到街口的时候，旁边坐着的

一个大姐看到我们拿着相机，把我们当成政府部门的人了，就欣喜地问我们老街是不是要拆了。如今关于老街的前景，以旅游者和学者为代表的外人希望老街得到维护和继续保存，但本身居住在老街的人更多的却希望尽快拆迁到新的地方居住，在这两种不同心态交织的背景下，老街该如何发展值得我们深思。

双凤镇老街

（四）石梯铺、长堰铺、椑木镇、乐贤村

据《成都通览》载，双凤驿往北十七里到凉水井，再十三里到椑木镇，再往北十五里到白塔。

双凤镇观音阁顶的塑像

过双凤镇即进入内江市东兴区境内，再往西北行进，17点15分，我们来到十梯铺，即旧石梯铺。曹烨《曹司马集》卷六《星轺书下》云："次石梯，又次椑木。"《四川省内江县地名录》云："十梯铺……此地清时为驿站塘铺，原名为'石梯铺'。"今旧物无存。《成都通览》既云凉水井，黎庶昌《丁亥入都纪程》卷上亦云："十三里双凤驿，入内江界。十七里凉水井，十五里椑木镇。"但方志中有长堰铺而无凉水井。同治《内江县志》卷一《城池附津梁》云："金紫桥，治南长堰铺上。"金紫桥虽仍在，但已是重修过的。凉水井今名犹在，在金紫桥南，疑凉水井即长堰铺，无旧景观。

17点35分，我们来到椑木镇。张大钰《巴蜀旅程谈》云："隆昌至内江途中，以椑木镇为最富。"椑木本名稗木，光绪《内江县志》卷一《古迹》云："陈鹤《明纪》误作木椑。"椑木镇在沱江南岸，往北去内江需要过江，以前无桥，因而有椑木渡，同治《内江县志》卷一《城池附津梁》云："椑木渡，官渡红船一艘，士民济渡四艘。"椑木渡曾是东大路三大渡口之一，今船渡已废。椑木镇境内有一条汇入沱江的小河将其分为东西两半，老街主要在河的西岸。椑木镇作为传统大镇，其街道纵横极广，主街名玉屏街，《四川省内江地区内江市地名录》云："建街前此地树木茂盛、苍翠碧绿，形似玉屏，街建成后故名。"有古桥，同治《内江县志》卷一《城池附津梁》云："椑木桥，镇左右共三座。"今存二，一名三银桥，一名古佛桥。古佛巷即因古佛桥得名，巷中有三株黄桷树直接长于旧屋外墙上，虬根盘结，甚为壮观。

椑木旧渡口附近

椑木玉屏街

椑木古桥

长于旧屋外墙上的三株黄桷树

内江白塔

从椑木镇过沱江去内江，到现在仍只有一座铁路桥而没有建公路桥，我们只好往东沿广成线绕行，经东风路到内江市东兴区城区，过沱江大桥进入市中区再往南折返，从北向南考察白塔、万里坡、乐贤铺三个点。白塔即三元塔，在沱江西岸的三元山上，为清嘉庆年间重修，青砖砌筑，表面用石灰粉刷，如白玉砌成，故又名白塔。万里坡、乐贤铺分别在今万里坡村和乐贤村。万里坡之名得自南宋宁宗嘉定十一年（1218），同治《内江县志》卷十《艺文》有《万里坡记》，其云：“坡有旧名，陋不可言，以万里名坡，自费行殳始……众皆悦，行殳属予作大字刻之坡之悬岩，既事，又属予为记……嘉定戊寅年，里人乡贡进士刘达之纪。”乐贤铺，《四川省内江地区内江市地名录》云：“此地为本地官吏迎风接驾、迎接上司之地，故名。”三元塔今仍耸立在山上，可以远远望见，前几年内江市政府打造塔山公园，对三元塔又重新加以修缮。而万里坡和乐贤铺地处城郊，随着城市的建设改造，其旧有景观均已不存，万里坡已是城市小区，乐贤村也正在施工。我们望着这片工地未免怅然，天色已晚，这一天的考察就此结束。

二、4月20日考察（从内江市市中区白衣阁到资阳市雁江区南津镇）

（一）白衣阁、寿溪桥、三堆铺、太平桥、史家镇、石溪铺

4月19日我们修整了一天。4月20日，从内江市区出发，我们继续开展对东大路沿线的考察。据《成都通览》，内江县往北十里到白衣阁，再十里到寿溪桥，再五里到三堆铺，再十里到史家街，再十五里到界碑。

我们首先到白衣阁，现在又名观音寺，在内江火车站背后松山路松毛山上。据嘉庆《内江县志》卷二《驿递》云，安仁驿所辖铺塘共九所，城底塘与三堆铺之间有丛林铺。嘉庆《四川通志》卷八九《铺递》亦云：“丛林铺，在县西十五里。”白衣阁附近即为丛林铺所在。随后，我们来到寿溪桥，在今寿溪村漆园溪，村因桥得名。同治《内江县志》卷一《城池附津梁》云：“寿溪桥，治西，明嘉靖中尚书甘为霖题，今重修。”关于寿溪之名的由来，《四川省内江县地名录》给出了两种说法：一种说“明代‘隐者’阴秉衡一家自建漆园，父子均享九十余岁，因名寿溪”；另一种说“过去沿溪多长寿老人，故名”。今该桥又因修马路而重新翻修过。10点54分，我们到达三堆铺。同治《内江县志》卷一《寺观》云：“三堆寺，治西二十五里，势踞崇峦，明侍郎高公韶读书处，名人题咏甚多。乾隆中，僧如一修治，林木岿然，有山门傍斗之胜。”旧三堆铺在山下广成线国道边，原址已毁。从三堆铺继续往北，途经太平桥。同治《内江县志》卷一《城池附津梁》云：“治西，旧名余子墨桥，重建更今名。”太平桥在今广成线与成渝铁路之间，有翻修痕迹。

内江白衣阁（今观音寺）

11点11分，我们进入史家镇街面。同治《内江县志》卷一《城池附市镇》云：“史家街，西三十里。”《四川省内江县地名录》云：“史家街原名史家铺，系明、清驿递重要铺塘，属安仁驿管辖。后废铺改场，更名史家街。因明朝太史高公韶、御史高镛、布政使高世彦等族居于此，遂有‘史家’之称。”史家现存的老街街道不长，在因国道而形成的新街背后，紧邻沱江。出史家镇往

史家镇所临沱江

北，途经碧峰桥，亦名四美桥。同治《内江县志》卷一《城池附津梁》云：“四美桥，即碧峰桥，嘉庆二十一年邑人朱文彬、谢一槐、陈作金、粟刚琥捐资同建，弓令为题今名。”我们到的时候正碰到该段马路施工改造，四美桥基本面目全非，仅留有桥洞。再往北接近内江市区与资中县之界，石溪铺在旧界碑附近，在今石溪村。光绪《内江县志》卷二《驿递》有石溪铺，为内江最西之塘铺。曹烨《曹司马集》卷六《星轺书下》云：“发内江关外……次石溪，渡桥得碑，书碧峰下，仍有字草埋矣。”石溪村因铺得名，今旧物无存。有界碑桥，应是新建。

（二）银山镇、金紫铺、娘子顶、莲池铺、唐明渡

自石溪村过界碑桥，进入资中县境内。据《成都通览》，过界碑五里到银山镇，再十里到金紫铺，再五里到娘子顶，再五里到莲池铺，再十里到唐明渡。

光绪《资州直隶州志》卷三《关津》云：“银山镇，在州东四十里，渝泸通衢，山势险峻，市集云连。”银山以“山形如锭”得名。11点39分，我们到银山镇，但街上基本已无老建筑。随后往西北的金紫铺亦无旧物，原址在今金紫铺村，村因铺得名。《四川省资中县地名录》云：“该铺在金紫山脚下，故名。”有金紫桥，光绪《资州直隶州志》卷三《关津》云：“金紫桥，在州东三十五里，明嘉靖甲午邑人张元电建。”金紫桥因修公路已翻新过。

从金紫桥往北数千米，形成了广成线国道、成渝高速公路、成渝铁路三种不同交通线路平行延伸的局面。国道在中间，高速公路在西，铁路在东，三者相互之间隔得很近。娘子顶亦名羊子岭，恰好在高速公路西侧，我们在国道路边一个商店买水，店主告诉我们去羊子岭要穿过旁边的高速公路涵洞。涵洞洞口较小，我们决定下车步行，穿过涵洞后在村里问到一位正在施肥的大叔，他指着村子尽头的一片竹林说那背后的山坡就是羊子岭，可以远远望见。又继续走了一会儿，我们终于来到羊子岭脚下。上岭途中，碰到一个正在下岭的当地人，即将年满75岁的李巧英。在得知我们的来意后，老人家放下手中的竹兜，非常热情地、几乎是小跑着带我们上岭察看旧东大路的遗迹。李婆婆还详细地向我们介绍这一片的老东大路走向——从金紫山南来的路是怎么走的、又如何北往莲池铺。羊子岭老东大路上的石板基本都没有了，只在岭顶的一片小竹林边还存留有一些。羊子岭往西北约五里，到莲池铺，在今莲池铺村，村因铺得名。《四川省资中县地名录》云：“此铺原有棵黄桷树，远观似莲花，故名。”当地旧有明心寺，光绪《资州直隶州志》卷五《寺观》云：“明心寺，在州东三十里，旧名卧龙山，明成宏（笔者注，成宏即成化弘治，清因避乾隆讳，以弘作宏）间建，僧清湛修。”今不存，明心寺成为了当地镇的名字。

村民向我们介绍金紫山到羊子岭的东大路

羊子岭残存石板路

广成线国道在明心寺镇政府西百米往北有岔路驶入四川硫酸厂厂区，即明心寺镇老镇。从老镇到资中老县城，须过沱江而无桥，旧有船渡，渡口即唐明渡。光绪《资州直隶州志》卷三《关津》云："唐明渡，在州东十里，相传唐明皇幸蜀憩此，旧系官渡，嘉庆八年，州贡生钟盛前后施田一百余亩以作渡费。"我们边走边问，13点02分，来到唐明渡原址。只见江上空无一船，江边杂草丛生，一片寂寥，找不到旧日痕迹。后来在旁边村子里找到一位84岁的张大爷，当年是撑过河船的，他向我们描绘当年渡口的盛景。唐明渡为东大路的必经之地，新中国成立前渡口繁华时，江上每天有28艘渡河船，加上20多艘资中过来的划船，江边长期停靠着五六十艘船。江边有商行、碗碗面的饮食店、打麻将的店，还有茶馆、旅馆、票行、川主庙、三个碑坊，热闹非凡。后来随着陆上交通的不断发达，唐明渡逐渐破败，店铺逐渐拆掉，旧大路上的石板也被撬没了。张大爷一边介绍，一边给我们指点当年的各类建筑所在。今遗迹全无，地上长满了荨麻（蕴麻）等植物，旧路也因少有人走而变得狭窄难行。我们看着眼前空余的杂草，只能想象往日盛景，不禁深深叹息。

唐明渡附近沱江江心岛

唐明渡旧渡口位置

村民介绍往日盛景

空余杂草的建筑遗址

（三）两路口、新安铺、五里店、双石铺、蹬银桥、跳蹬铺

据《成都通览》，资州往北七里到两路口，再三里到清安桥，再五里到五里店，再五里到双石铺，再五里到清鱼桥，再五里到跳蹬铺。

中午在资中老县城吃过饭后，14点51分，我们来到两路口，此地为通资阳和安岳的分岔口。两路口旧有牌坊群，今只存一个光绪十三年的“公颂□高大人怡楼大公祖之坊”（又叫高培谷德政坊）。往北过新安铺，光绪《资州直隶州志》卷十二《铺递》云：“新安铺，州北十里。”曹烨《曹司马集》卷六《星轺书下》亦云：“次新安铺。”以距离推测，疑《成都通览》所云清安桥即在此。新安铺原址在今重龙镇宁国寺村八组。新安铺往北到五里店，五里店原址在今五里店水电有限公司旁。

两路口仅存的牌坊

从五里店再往西北，逐渐进入乡村山路，此后的双石铺、蹬银桥、跳蹬铺这三个点虽然直线距离非常近，但山势崎岖、山路盘旋，费了我们不少时间。从南往北第一个点是双石铺，嘉庆《资州直隶州志》卷十二《铺递》云：“双石铺，州北二十里。”卷三《关津》又云：“双石桥，在州北二十里双石铺，明建。”《四川省资中县地名录》云：“此地有两砣圆石铺路，故名。”据当地人介绍，这一片号称“一里三拱桥”，但现在只存两座。其中一座桥的上面被直接盖成了房屋，桥下溪流污染严重。另一座桥的所处环境则更加恶劣，桥拱的一面被人用水泥封死，使

另一面形成一个桥洞，洞口堆满了垃圾，几乎将其淹没。16点08分，我们先往北到了跳蹬铺。嘉庆《资州直隶州志》卷十二《铺递》作“跳磴铺”。我们在当地找到了一座老桥，是座无拱的平桥。桥面本是三排石板平铺的，现在有损毁，其中一侧的桥头只剩一排了。16点50分，我们又往南回找《成都通览》中所说的清鱼桥。嘉庆《资州直隶州志》卷三《关津》云：“登瀛桥，在州北二十五里，嘉庆八年重修。双石桥，在州北二十里双石铺，明建。”登瀛桥恰好在双石铺北五里，以距离推测，所谓的清鱼桥应指此登瀛桥。我们在尖峰村下车步行，过高观音，沿山脊下山，沿途还存有一些直接利用基岩开凿的石板路，最后在山下的小河边找到了该桥。桥身很长，桥上有个挑肥过路的大爷，桥头河边有个洗衣服的大姐，我们向他们询问桥下的河叫什么名字，他们都表示不知道。后来我们通过卫星地图看，这就是条比较短的小河，全长也就六里的样子，河水过登瀛桥后再往南流约四里即汇入沱江。他们说以前东大路正是从此桥而过，我们下山的那段山脊路就是以前的东大路，这倒是进一步佐证了我们之前的推测。以前的地名或者建筑的名字，当地人往往只知道读音而不知道具体是怎么写的。登瀛桥今又名蹬银桥，分上下两层，挑肥的大爷说，上下两层的修建时间不一样，下层是老桥，上层是后来重新加盖的。

双石铺被盖上房屋的桥

双石铺堆满垃圾的桥

跳蹬铺老桥

沿山脊下山寻找蹬银桥

山脊上残存的基岩石板路

下坡石板路

蹬银桥

蹬银桥近景

（四）金带铺、长沟铺、石子岭、土桥子、石桥铺

据《成都通览》，跳蹬铺往北十里到金带铺，再十三里到石子岭，再七里到石桥铺。

从跳蹬铺往北，到金带铺即进入资阳市境内了。嘉庆《资阳县志》卷二《铺递》云：“金带铺，在县东一百里。”卷一《津梁》又云：“金带桥，在邑东大道九十五里，古石桥，长一丈，高八尺，抵资州界。”《四川省资阳县地名录》云：“金家祠前一条小河，形如腰带，桥以此得名。”金带铺当因金带桥而得名，今名犹存，但老屋已被拆没了。金带桥本是平桥，现在已改成了拱桥。金带铺往北有长沟铺，以沟长得名。嘉庆《资阳县志》卷二《铺递》云：“长沟铺，在县东九十里。”曹烨《曹司马集》卷六《星轺书下》亦云：“而金带，而长沟，而石硚村，俱不大。”长沟铺今名犹存而无遗迹。

询问金带桥

石子岭既见于《成都通览》，黎庶昌《丁亥入都纪程》卷上亦云："入资阳县界，十三里石子岭。"即今石岭镇街道。有赛功桥，嘉庆《资阳县志》卷一《津梁》云："赛功桥，在邑东大道八十五里，旧桥卑小，至乾隆二十八年，邑民募化重修，高大胜过前桥，故名赛功。"赛功桥原为平板桥且桥身有龙头，加修增高后导致龙头被压，现在看起来比较滑稽。从赛功桥往西，据民国三十二年一月版的《四川省资阳县地图》，有土桥子。今为土桥村，村因桥得名，老土桥已拆。再往西到石桥铺，在今石桥村，村以铺得名。嘉庆《资阳县志》卷二《铺递》云："石桥铺，在县东八十里。"《四川省资阳县地名录》云："街上一座石桥跨过小溪，故称。"今还存有一排旧泥土房屋。嘉庆《资阳县志》卷一《津梁》又云："万缘桥，在邑东大道八十里，长三丈，高二丈，阔一丈余。"万缘桥今无存，而当地另有一无名小桥，桥上旧石栏杆已毁，桥面仍留有柱洞。

赛功桥

赛功桥被压的龙头

石桥铺老房子

（五）一碗水、南津镇

据《成都通览》，石桥铺往北十七里到五里店，再十三里到新添铺，再五里到观音岩，再五里到南津驿。

从石桥铺往西北，据民国三十二年一月版的《四川省资阳县地图》，有一碗水。《四川省资阳县地名录》云："山脚一石函，形如碗，岩中一股浸水流入，终年不断，故称。"18点17分，我们来到一碗水，是个三岔路口。接下来的几个点，包括铜钟河、五里店、冻青铺、观音堂、新添铺、观音岩，都要走乡村山路，结果车刚开了几十米，就发现前面路上用两块大石头堵住了，仅留较窄空间，汽车无法通过。刚好天色将晚，我们选择直接去南津镇。南津镇即旧南津驿所在，嘉庆《资阳县志》卷二《铺递》云："南津驿，在县东四十里。"《四川省隆昌县地名录》云："因地处沱江边上，古时以水为津。又因处于县城南面，故名南津驿。"18点52分，我们到达南津镇，刚下车到老街拍了几张照片就下起了大雨，只好提前结束这一天的行程，前往资阳市区住下。

三、4月21日考察（从资阳市雁江区南津镇到成都市龙泉驿区山泉镇）

（一）南津镇、宜溪桥、观音岩

早上8点44分，我们从资阳市区回到南津镇继续考察。刚好这一天逢场，街上人来人往，十分

南津镇下码头

南津镇老街

询问宜溪桥位置

名叫“新桥”的老桥

热闹。南津镇在沱江边，嘉庆《资阳县志》卷一《津梁》有南津渡，如今仍然没有修桥，对岸的人过来赶场需要坐渡船，有上、下二码头。船票虽然不贵，一块钱一个人，但在我们向当地人询问旧码头位置的过程中，他们纷纷表达了想要有一座过河桥的愿望。南津镇的老街比较长，保存得也还不错。镇东南约1千米处有泥溪桥，又名宜溪桥。咸丰《资阳县志》卷四《津梁》云：“四十里曰泥溪桥，亦名宜溪，明成化十七年，知县王澄建。”嘉庆《资阳县志》卷一《津梁》云：“宜溪桥，在县东四十里。乾隆辛酉年，知县刘炽捐劝重修。”但当地人均称，宜溪桥是后来修公路而建的新桥，另有老桥名叫“新桥”，在宜溪桥南几百米处。从桥的新旧程度看，确实“新桥”更像老桥，“新桥”所在的路才是原来的东大路。

我们准备从南津镇往南，把昨天在一碗水因路不通而被迫放弃的几个点走完。9点42分，我们先到了观音岩，《四川省资阳县地名录》云：“以岩脚塑有观音神像得名。”今名犹存而无旧房。结果再往南的路又被同样的大石堵上了，一打听才知道原来当地在修路，所以不让大车通过。我们只好再次放弃这几个点，留待以后考察。

（二）迎仙桥、老君铺、金紫桥、飞虹铺、拱宸铺、雁江渡

据《成都通览》，南津驿往北六里到筒车坝，再二里到迎仙桥，再二里到老君铺，再五里到金紫桥，再五里到拱辰铺，再八里到河边。

回到南津镇再往北，有同车坝，即《成都通览》所云筒车坝，无旧物。10点11分，我们来到迎仙桥。嘉庆《资阳县志》卷一《津梁》云：“迎仙桥，在县东三十里，明曾御史题，后圮，

至嘉庆八年邑令袁传箕重修，长十丈，高三丈余，阔二丈。”此桥就在公路桥边，为三拱石桥，保存得较为完好，桥身及两侧桥拱上的龙头都没有明显的损毁。但桥面是水泥的，桥上的栏杆也比较新，疑之前公路曾从此桥过，桥面因此被改造以利通车，后来才在旁边重新建了公路桥取而代之。南侧桥头有一碑，碑身被土掩埋，仅留出一截在地面，依稀还能辨认出“皇□敕封”字样。又嘉庆《资阳县志》卷二《铺递》云：“老君铺，在县东三十里。”以距离推测，当在迎仙桥旁。咸丰《资阳县志》云：“三十里老君河口曰迎仙桥。”当地人亦称，老君铺原址即迎仙桥北200米处，与《成都通览》所载不同。

迎仙桥

迎仙桥身龙头

迎仙桥头被掩埋大半的古碑

过迎仙桥沿沱江往北，东大路基本与江保持平行，金紫桥、飞虹铺两个点俱在江边。嘉庆《资阳县志》卷一《津梁》云：“金紫桥，在县东二十五里，长三丈，高二丈，阔丈余。”10点26分，我们在公路东侧找到一拱桥，疑即是金紫桥，但未问到当地人，不能确定。嘉庆《资阳县志》卷二《铺递》云：“飞虹铺，在县东二十里。”10点33分，我们来到飞虹铺。有飞虹桥，嘉庆《资阳县志》卷一《津梁》云：“飞虹桥，县东二十里，不知建于何时，明曾御史题有飞虹桥，石坊犹存。”我们考察发现，飞虹桥原址有两个平行挨着的拱桥，不能确定孰新孰旧。方志中提到的石坊今已无存。飞虹桥北侧有小山，飞虹铺原址即在飞虹桥与小山的垭口之间，现在是民居，没有旧房屋。从飞虹铺往北，东大路与沱江分离，西北五里之后再来到沱江边，旧有拱宸铺、拱宸桥。嘉庆《资阳县志》卷二《铺递》云：“拱宸铺，在县东十里。”卷一《关津》又云：“拱宸桥，在县东十里大道，长三丈余，高二丈，阔丈余，不知何代建修，因铺故名。”拱宸铺现名拱城村，已被开发成小区，原有景观无存。从拱宸铺沿沱江再往西北数里就到雁江渡，嘉庆《资阳县志》卷一《津梁》云：“雁江渡，在邑东二里，乾隆四十二年，贡生李升文捐作义渡，置有田庄。”渡口原址在今沱江大桥东侧江边，江对岸有塔。

飞虹铺背后的小山垭口

雁江渡原址对岸

临江镇文武宫

（三）石梯铺、清泉铺、杨柳铺、临江镇

据《成都通览》，资阳县往北十里到石梯铺，再十三里到清泉铺，再十里到杨柳铺，再五里到檬子垇，再五里到临江寺。

嘉庆《资阳县志》卷二《铺递》云：“石梯铺，在县西十里。”《四川省资阳县地名录》云：“驿道经过垇口时，砌有十级石梯，故名。”11点32分，我们来到石梯铺，原址在今石梯村，但已开发成小区，旧景观皆不存。接下来我们继续向西北方向行进，经过清泉铺和杨柳铺两个点。嘉庆《资阳县志》卷二《铺递》云：“清泉铺，在县西二十里。杨柳铺，在县西三十里。”这两个点现在在百度地图上都有标示，在广成线国道西侧。但我们通过对当地人的采访获知，旧清泉铺、杨柳铺以及老东大路都在广成线东侧山脚下，二铺皆已无旧物。檬子垇今名无存，未知原址在何处，今杨柳铺北有姑嫂坳，但二者相距太近，恐与檬子垇非指一地。

嘉庆《资阳县志》卷二《铺递》云：“临江寺，在县西四十里。”郑国翰《蜀程日记》亦云：“临江寺东临沱江，巨镇也。”12点03分，我们来到临江镇，这确实是个较大的镇了，有两段老街，主街名“正街”。老街紧挨着成渝铁路，铁路又紧挨着沱江。街两边虽然还不乏老房子，但街道基本是后来重新打造的水泥路。据当地人介绍，临江寺不是单指某寺，而是因寺庙多且寺庙临沱江边而得名，由王爷庙、三神宫、万寿宫、南华宫、文武宫等几座寺庙组成。《四川省资阳县地名录》亦云：“临江寺三面环山，一面靠江，因面临沱江修了几座寺庙得名。”原有寺庙在1949年后破坏严重，今多不存，文武宫现为临江镇综合文化站所在。镇上产有临江寺豆瓣，远近闻名。

（四）石瓮铺、杨家街、土桥子、花鹿铺、五里墩、新市铺、龙桥铺

过了临江镇，我们就进入简阳市境内了。据《成都通览》，过界碑往北八里到石瓮铺，再七里到杨家街，再十里到花鹿铺，再十里到青石铺，再十里到龙桥铺。

我们首先寻找石瓮铺，咸丰《简州志》卷三《铺递》云：“石甕铺，州南五十里。”即指此。石瓮铺虽然在地图中有标示，但与广成线国道之间有一定距离，而且中间还隔着高速公路。我们开车下广成线国道，往西经乡村公路到高速公路边，再往南步行，顺着高速公路寻找涵洞穿过去。经一路打听，我们最终找到了原铺位置，在今新市镇金星村二组境内，紧邻高速公路西侧。原有的建筑均已拆除，旧东大路上的老石板也都没了，只剩下一小段杂草丛生的泥土路。咸丰《简州志》卷三《场市》云：“杨家街，州南三十里。”黎庶昌《丁亥入都纪程》卷上亦云：“入简州界。二十里杨家街。”《四川省简阳县地名录》云：“清初一姓杨的官吏捐资建场，住户也以杨姓多，故名。”14点43分，我们来到杨家街。杨家街街面不长，没有纯粹的老街，只是剩有几栋旧时建筑。14点49分，我们经过土桥子，在今土桥村境内，老桥已被翻修过。

沿高速公路寻找石瓮铺

穿越高速公路涵洞

石瓮铺原址

咸丰《简州志》卷三《铺递》云：“花鹿铺，州南三十里。”《四川省简阳县地名录》云：“清初此铺送文书的人，骑的是花骡，故名。”15点01分，我们来到花鹿村，花鹿铺原址在今花鹿小学附近。花鹿铺往北旧有五里墩，《四川省简阳县地名录》云：“一凸出圆山包，距新市铺五里，故名。”在今五里登村，村以五里墩谐音命名。咸丰《简州志》卷三《铺递》云：“新市铺，州南二十里。”此即《成都通览》所云“青石铺”。黎庶昌《丁亥入都纪程》卷上亦作“青石铺”，其云：“杨家街，二十里青石铺，二十里简州城……及青石铺以西，则平原宽广可数里，长二十里，遍种甘蔗，直接州城。”《四川省简阳县地名录》云：“此地原名十里堂。清朝初年，因苟家街遭洪水冲毁，迁至十里堂新修房屋，开设店铺名新市铺。”新市铺原址在今新达街。咸丰《简州志》卷三《铺递》又云：“龙桥铺，州南十里。”在今龙桥村，村以铺得名。以上四个点今

皆无旧物。

（五）石桥镇、九曲铺、火烧店、赤水铺、五里碑、石盘镇

据《成都通览》，简州往北七里到石桥井，再三里到九曲铺，再十里到火烧店，再五里到赤水铺，再五里到五里碑，再五里到石盘铺。

从新市镇继续往西北，穿过简阳市城区，15点42分，我们来到石桥镇。咸丰《简州志》卷三《关镇》云："石桥镇，州北七里，大江畔，今设分州驻扎。"同卷《场市》又云："石桥井，州北七里，产盐，州判分驻于此，雁江绕其左，舟楫往来，系引盐批验要地。"是石桥井即石桥镇。旧石桥镇号称川中四大镇之一，长期是简阳经济中心，繁盛一时。张大钰《巴蜀旅程谈》云："简州繁盛在资州以上，惟商业上之实权，每为石桥所夺。石桥处沱江之滨，为成渝往来必由之路，故能扼水路之冲，夺简阳之商务也。"由于东大路在石桥镇与沱江分离，南来行旅经此地后就要开始往西北翻越龙泉山，需要先在石桥镇休息充足，故石桥镇规模极大。到民国时期，石桥镇发展到巅峰，有"小汉口"之称，全镇工商户1100多家，分为71个行业，有13家开设分支行号的银行、钱庄，码头停靠大小木船上千只，一度在此设立了四川省水上警察局。新中国成立以来，随着陆上交通的改良，尤其是火车运输的兴盛，水运业逐渐萧条，石桥镇也随之衰落。尽管如此，石桥镇老街仍可算我们这趟考察途中遇到的最大古街，其面积极广，主要有江西街、中山街、陕西街，还保存有下栅子城门，即镇上旧四城门中的南城门。有三座石拱桥，分别名为上、中、下回龙桥，保存较好的是下回龙桥。石桥镇旧有六大会馆，如今只剩陕西会馆，在陕西街72号，已比较破败。又有张家祠堂，可算是镇上如今保存得最为完整的旧建筑。石桥镇西北紧邻九曲铺，咸丰《简州志》卷三《铺递》云："九曲铺，州北十里。"沿途的老街区如今正在拆除改造，属于简阳市城北片区棚户区改造（一期）项目，路边不少碎石砖瓦，现场尘土飞扬，一片狼藉。当下的老街改造，有不少地方都采取拆后重建的方式，崭新的仿古建筑看起来很美观，实则失去了真实的韵味。如何在老街改造过程中保持平衡，还需要我们去进一步探索。

石桥镇老街

石桥镇下栅子城门

石桥镇下回龙桥

下回龙桥桥面

石桥镇陕西会馆

石桥镇张家祠堂

从九曲铺继续往西，16点36分，我们来到火烧店，《四川省简阳县地名录》云：“原有几家店子，曾遭火烧。”故得此名。在今石桥镇火烧店村，无旧景观遗存。16点51分，我们来到赤水铺，在今石桥镇赤水乡。咸丰《简州志》卷三《铺递》云：“赤水铺，州北二十里。”同卷《场市》亦云：“赤水铺，州北二十里，水通绛溪。”我们到街口的时候，刚好碰到学校放学，接孩子的车很多，行驶较艰难。赤水铺没什么老街，过河有赤水桥。咸丰《简州志》卷三《桥梁》云：“赤水桥，州北二十里，国朝知州韩莱曾建，杨潮观竣工，陈云龙记。”卷十三《艺文志中》载其文曰：“赤水铺旧有石桥，不知建自何时，而其制卑小，不堪以容车马，每霖雨泛涨，水辄高出于桥之上或二三丈而未已，是行人之病涉又不在无桥而在乎桥之小也……杨公潮观公嘉其义，遂捐廉俸以助，又得好义耆老曾光前独捐六百金，并募远近士商鸠工伐石，乃为桥三洞，高三丈三尺，广二丈五尺，由东岸抵西岸一十二丈有奇。”赤水桥形制极美，整体外观呈现出一种棕红色，西侧桥身石缝中长出了几株灌木。桥栏杆由一块一块的大长石板砌成，桥面很宽，虽经过多年的人来车往后已有些破碎，但仍是保留的原来的石板。赤水桥称得上我们此次考察途中见到的最大、同时也是保存最完好的一座古桥。继续往西北到窝窝店村，过高速公路桥，桥头即旧五里碑原址。《四川省资阳县地名录》云：“以一指路碑距赤水铺五里而得名。”旧景观已无存。17点16分，我们来到石盘

赤水桥

赤水桥桥面

赤水桥西侧桥身长出的灌木

长条石板砌成的栏杆

镇，即旧石盘铺。咸丰《简州志》卷三《铺递》云："石盘铺，州北三十里。"同卷《场市》亦云："石盘铺，州北三十里，川东驿递腰站。"《四川省简阳县地名录》云："此地西南一大石，其形如盘，故名。"石盘镇以铺得名，现已焕然一新，旧物无存。

（六）三元店、南山铺、茶店镇、柳沟铺、大佛岩、山泉镇

据《成都通览》，石盘铺往北十五里到南山铺，再七里到茶店子，再八里到柳沟铺，再十里到山泉铺。

从石盘镇再往西北上山就进入龙泉驿区境内，17点27分，我们来到龙泉驿区内的第一个点——三元店。《四川省成都市地名录第三分册龙泉驿区》云："清末曾姓在此地修建一客店'三元店'得名。"在今三元村，村以店得名，三元店原址在境内厦蓉高速公路旁。咸丰《简州志》卷三《铺递》云："南山铺，州北四十里。"《四川省成都市地名录第三分册龙泉驿区》云："在东大路上，位于南山顶南，清末有几户人家在此开幺店得名。"17点43分，我们来到南山铺，有个当地人很热情地为我们指点旧南山铺所在的位置，并为我们引路去查看南山铺到茶店子的一段老石板路。从南山铺沿茶石路往西北走五百米，来到高速公路涵洞边，从涵洞北侧上坡，山上有零碎的石板路，当地称"三道斜石板"，因为有不少是利用基岩直接开凿的，故得较好地保存下来。这段石板路有数百米长，再往西北则因为修高速公路截断不存了。我们回到涵洞边继续沿茶石路上山，18点22分，上到茶店镇，即原茶店子，咸丰《简州志》卷三《场市》云："茶店子，州北四十五里。"《四川省成都市地名录第三分册龙泉驿区》云："在古东大路

（成都至川东）上，最初只有一茶水小店，清朝中期成为集市，故名。”茶店镇的街面建筑形制虽然仿有古风，但改造的痕迹很重，看起来非常新。

南山铺往茶店子的残存基岩石板路

三道斜石板

老路

改造后的茶店镇街景

大佛寺内碑刻

随即我们继续往西北柳沟铺方向行进。咸丰《简州志》卷三《铺递》云：“柳沟铺，州北五十里。”《四川省成都市地名录第三分册龙泉驿区》云：“东大路上一古店，以此地从前柳树茂盛得名。”18点56分，我们到达柳沟铺，今已不存旧物。柳沟铺以刘伯承1923年在此指挥的阻击战而闻名，山势险峻，继续往西北上山即大佛岩。岩边有寺庙，里面有个天然形成的石壁，名叫“天落石”，上面刻有许多碑文。其中最著名的是南北朝时期的北周文王碑，“大周使持节、车骑大将军、仪同三司、大都督、散骑常侍、军都县开国伯强独乐为文”，碑文阴刻竖读40行，1300余字。旁边石壁还有一些唐、宋时期的碑刻，后人因以建大佛寺，大佛岩之名亦因此而得。从大佛岩到山泉镇，保存有百余米的石板路。19点32分，我们到达山泉镇，山泉镇东大路街即

大佛寺内石刻

大佛岩往山泉镇的残存石板路

山泉镇东大路街上的老屋

山泉镇上远眺成都

旧山泉铺。咸丰《简州志》卷三《铺递》云："山泉铺，州北六十里。"山泉铺地处制高点，东南下山通大佛岩，西面下山到龙泉驿。从东大路街西侧街口可远眺成都平原，城市风光尽收眼底，山下高楼林立，山上绿意盎然，反差还是很大的。天色已晚，我们下山到龙泉驿城区住下。

四、4月22日考察

这一日的考察点比较分散，由于前面几天我们已将整条路线基本走过，故4月22日我们主要考察了此前简略或放弃的几个点，一是成都龙泉驿区的柳沟铺至茶店镇一段，二是资阳市雁江区的观音岩至一碗水一段。

（一）龙泉山上石板路考察

22日上午，我们对龙泉山上的石板路进行了进一步的考察，主要是山泉镇至龙泉驿、柳沟铺至茶店镇、茶店镇至南山铺三段。

山泉镇到龙泉驿基本没有石板路了，从镇上的东大路街口往西北下山，一开始还有一小段老路，但原有石板早已无存，而再往下的路如今已打成了乡村水泥公路。对当地人而言，现代的水泥公路便于出行，因此这种改造是受欢迎的。但对旅游者和历史研究学者而言却又是悲哀的，这种现实与理想的矛盾似乎难以调和。随后我们从柳沟铺下山，过鸦鹊口。《四川省成都市地名录第三分册龙泉驿区》云："一山口，原有古槐上多喜鹊（俗称鸦鹊）得名。"鸦鹊口今亦讹作鸦雀口。继续往南先有一段泥石相混的乡村公路，路上我们遇到一个提着肥料袋子的大爷，是个本地人，他带我们到公路的一个三岔口，在岔口往右上山即为东大路老路，可到茶店镇。这段老路比较长，但路面的石板支离破碎。据大爷介绍，旧石板本就残存不多，又在近年的电缆铺设过程中被损毁不少。这段东大路基本都是沿山脊而行，以此减少上下坡的幅度，体现了古人的智慧。路上视野极佳，两侧浅丘如海。龙泉山环境优美、空气清新，现在有很多城里的人选择在周末上山，以爬山的形式锻炼身体。在鸦鹊口往茶店镇的这段路上，我们就碰到了一队这样的群体，他们专挑这样的老路上山，享受其中的过程。10点02分，我们再次来到茶店镇，并问到以前从茶店子到南山铺的老路。这一段路不长，约数十米，有利用基岩打成的石板路，保存较好，但再往东南则又因为修公路而被截断不存了。

柳沟铺往茶店子的老路

沿山脊而行的老路

山中远眺

茶店子往南山铺的残存石板路

（二）新添铺、观音堂、冻青铺、五里店、铜钟河

上午考察完龙泉山境内的老路后，趁着时间充足，我们返回资阳市雁江区的南津镇，准备将之前被迫放弃的新添铺等几个点补上。那段路既然汽车开不进，我们决定坐摩托车。在南津镇吃过午饭后，我们打了四辆摩托车，回到观音岩，穿过封路大石留出的缝隙，往东南方向行进。

嘉庆《资阳县志》卷二《铺递》云："新添铺，在县东五十里。"12点51分，我们来到新添铺，原址在今新添铺村北与排方沟之间。有石拱桥，嘉庆《资阳县志》卷一《津梁》云："遇贵桥，在邑东五十里新添铺。嘉庆丁卯春，邑孝廉陈凤廷、凤苞捐募重修，落成时适遇川东道严士鋐经过，请踩，赞曰风调雨顺、国泰民安、往来利济、于万斯年。故名。"疑即此桥。离开新添铺后，摩托师傅载我们抄小路去观音堂村，凭借其纯熟的驾驶技术，在村内小路和山坡的耕地土埂上也是奔走如飞。13点19分，我们来到观音堂村。据民国三十二年一月版的《四川省资阳县地图》，此地有观音堂，今有观音古庙遗址。观音堂村往东是冻青铺村，嘉庆《资阳县志》卷二《铺递》云："冻青铺，在县东六十里。"冻青铺原址在冻青铺村内140县道与往汪家沟方向的乡村公路相交的三岔路口，但除了一株老黄葛树外，其余旧物无存。

观音堂观音古庙

咸丰《资阳县志》卷四《驿递》云："县东六十五里，五里店添设腰站，以节马力。"《四川省资阳县地名录》云："距铜钟河五里，故称。"13点44分，我们来到五里店，在今五里村。旧有川主庙，现已毁，当地人带我们去川主庙遗址上看旧时的石柱及其基座，都散落在废墟中。基座有圆底还有方底的，石柱也很粗大，如今断成了一截一截的，静静地躺在地上杂草丛里，再无往日光景。14点04分，我们到达铜钟河。有白佛寺，寺后有

五里店川主庙遗存石柱

遗存基座和石柱

石刻，石壁上凿有密密麻麻的图形，形状似剑，不知其意。蓝教授认为，其剑柄的形状似男性生殖器，该图形可能与性崇拜有关。嘉庆《资阳县志》卷二《寺观》云："白佛寺，在县东七十里。"同卷《铺递》又云："白佛铺，在县东七十里。"白佛铺当即指铜钟河，因白佛寺而得名。铜钟河往五里店还保存有一段较好的老石板路，但中间夹杂着一些后来修补的石板。

坐摩托考察途中

有待解读的白佛寺石刻

铜钟河往五里店的残存石板路

离开铜钟河后，我们再次来到一碗水，至此我们本次东大路四川段的考察较为圆满地完成。通过这次考察，加上以前东大路重庆段的考察，我们对明清东大路的线路走向、历史遗存有了全面的了解，为编制历史地图奠定了基础。

在一碗水结束本次考察

交通是带动地区经济发展的重要因素，交通路线的改变必然导致沿线聚落的兴衰，古今皆同。清末民国以来，新交通工具的普及和新交通路线的建设对老路造成了非常大的冲击。老路原有的运输作用被新路取代，老路沿线的聚落也就随之失去了旧有的区位优势。因此，东大路及其沿线聚落的衰落有其必然性。而在本次考察中，我们明显地发现近年随着城区的扩建，城市边缘的旧景观也随之消失或正在消失，如已经沦为工地的乐贤铺，又如正在拆除改造的石桥镇陕西街旧建筑群。赶在旧景观消失之前留下影像，也许这也算是我们本次考察的另类收获吧。

明清成渝东大路（四川段）主要驿铺关隘名胜表

名称	今地	里程	文物保留情况
清蒋家铺	今荣昌县茅店子		
清李市铺	今隆昌县李市镇南	十里	
清石燕铺	今隆昌县石燕镇	十五里	附近小黄泥垭仍有石板路基和残碎的石板

续表：

名称	今地	里程	文物保留情况
清白鹤铺	今隆昌县光明村附近		
清云峰关	今隆昌县土地坎云峰关	十七里	有牌坊、云峰塔，有一段石板路
明清隆昌县、隆桥驿	今隆昌县老城内	三里	北关有石牌坊群
明清土桥铺	今隆昌县金鹅镇罗星村	十三里	
清下马铺	今隆昌县龙市镇两路口村	十里	
清银匠街、迎祥街	今隆昌县迎祥镇	十里	
清锯子铺	今隆昌县迎祥镇锯子村		
清观音店、关圣殿	今隆昌县迎祥镇关圣村	十里	
清太平铺	今隆昌县双凤镇太平村	十里	有老街，街道石板保存较好
明清双凤驿	今隆昌县双凤镇	十里	老街上街建筑和街道都保存较好
明清石梯铺	今内江市东兴区椑南镇田圃村	八里	
清长堰铺、凉水井	今内江市东兴区椑南镇凉水井村	八里	
明椑木关、清椑木镇	今内江市东兴区椑木镇	十三里	老街较长，有老桥
明清乐贤铺	今内江市市中区乐贤街道乐贤村	十里	
万里坡	今内江市市中区乐贤街道万里坡村	二里	
白塔	今内江市市中区	三里	
明清内江县	今内江市市中区	十五里	
清丛林铺、白衣阁	今内江市市中区松山路	五里	有观音寺
明清寿溪桥	内江市市中区四合镇寿溪村	十里	
明清三堆铺	今内江市市中区	五里	
清史家街	今内江市市中区史家镇	十里	
明清石溪铺	今内江市市中区史家镇石溪村	十三里	
界碑		二里	
明清银山镇	今资中县银山镇	五里	
明清金紫铺	今资中县银山镇金紫铺村	十里	
清娘子顶	今资中县银山镇羊子岭	五里	
明清莲池铺	今资中县明心寺镇莲池铺村	五里	
明清唐明渡	今资中县明心寺镇唐明渡村	十里	
明资县、清资州	今资中县	十里	
清两路口	今资中县重龙镇文庙口村两路口	七里	存有一座牌坊

续表：

名称	今地	里程	文物保留情况
明清新安铺、清安桥	今资中县重龙镇宁国寺村	三里	
清五里店	今资中县重龙镇五里店水电有限公司旁	五里	
明清双石铺	今资中县重龙镇双石铺	五里	旧有三拱桥，今存二
清登瀛桥	今资中县重龙镇蹬银桥	五里	
明清跳蹬铺	今资中县跳蹬铺	五里	
明清金带铺	今资阳市石岭镇金带铺	十里	
明清长沟铺	今资阳市石岭镇长沟铺	十里	
清石子岭	今资阳市雁江区石岭镇	三里	有赛功桥
土桥子	今资阳市雁江区石岭镇土桥村	三里	
明清石桥铺	今资阳市雁江区伍隍镇石桥村	四里	
一碗水	今资阳市雁江区伍隍镇一碗水村	三里	
铜钟河	今资阳市雁江区伍隍镇铜钟河	七里	有白佛寺石刻，往五里店还有一段石板路
五里店	今资阳市雁江区伍隍镇五里村	七里	有川主庙遗址
冻青铺	今资阳市雁江区南津镇冻青铺村	三里	
观音堂	今资阳市雁江区南津镇观音堂村	三里	
新添铺	今资阳市雁江区南津镇新添铺村	七里	
观音岩	今资阳市雁江区南津镇观音岩村	五里	
明清南津驿	今资阳市雁江区南津镇	五里	有老街，南有老桥
明清迎仙桥、老君铺	今资阳市雁江区南津镇迎桥村资阳至资中路边	八里	
清金紫桥		五里	
清飞虹铺	今资阳市雁江区宝台镇飞虹村资阳至资中路边	五里	有飞虹桥
明清拱宸铺	今资阳市雁江区宝台镇拱城村	十里	
清雁江渡	今资阳市沱江大桥东岸	八里	
明清资阳县		二里	
明清石梯铺	今资阳市雁江区松涛镇石梯村	十里	
明清泉、清清泉铺	今资阳市雁江区临江镇清泉村	十三里	

续表：

名称	今地	里程	文物保留情况
明清杨柳铺	今资阳市雁江区临江镇柳铺村	十里	
檬子坳		五里	
明清临江寺铺	今资阳市雁江区临江镇	五里	有文武宫
清凉水井	今资阳市雁江区临江镇水井村	二里	
界碑		三里	
明石甕、清石甕铺	今简阳市新市镇金星村	八里	
清杨家街	今简阳市新市镇杨家街	七里	
土桥子	今简阳市新市镇土桥村	三里	
清花鹿铺	今简阳市十里坝街道花鹿村	七里	
五里墩	今简阳市十里坝街道五里登村	三里	
明新市、清新市铺	今简阳市十里坝街道新达街	七里	
明龙桥、清龙桥铺	今简阳市十里坝街道龙桥村	十里	
明清简州	今简阳市	十里	
明清石桥井、镇	今简阳市石桥镇	七里	老街规模极大，有下栅子城门、下回龙桥、张家祠堂、陕西会馆
明清九曲铺	今简阳市石桥镇九曲铺	三里	
清火烧店	今简阳市石桥镇火烧店村	十里	
明清赤水铺	今简阳市石桥镇赤水乡	五里	有赤水桥，保存相当完好
清五里碑	今简阳市石桥镇窝窝店村	五里	
明清石盘铺	今简阳市石盘镇	五里	
三元店	今成都市龙泉驿区茶店镇三元村	十二里	
明清南山铺	今成都市龙泉驿区茶店镇南山铺	三里	往茶店镇有“三道斜石板”路
清茶店子	今成都市龙泉驿区茶店镇	七里	往南山铺有数十米石板路，往柳沟铺有几百米碎石板路
明清柳沟铺	今成都市龙泉驿区山泉镇柳沟铺	八里	
清大佛岩	今成都市龙泉驿区山泉镇大佛岩	三里	大佛寺内有许多古代碑刻，往山泉镇方向有百余米石板路，保存较好
明清山泉铺	今成都市龙泉驿区山泉镇	七里	
明清龙泉驿	今成都市龙泉驿区	十五里	
明清成都县	今成都市锦江区	五十里	

“丝绸之路”新疆段访古考察日志

晏波、陈海龙、程军、张萍

作者简介

晏波，男，陕西勉县人。天水师范学院历史文化学院副教授，主要从事历史人文地理研究。

陈海龙，男，江苏盐城人。九江学院旅游与国土资源学院讲师，主要从事西域历史地理研究。

程军，男，重庆江津人。陕西师范大学西北历史环境与经济社会发展研究院硕士研究生，主要从事历史人文地理研究。

张萍，女，黑龙江鸡西人。历史学博士，首都师范大学历史地理研究中心教授、博士生导师，历史地理研究中心主任，主要从事历史经济地理、西北区域历史地理研究。主持国家社科基金重大项目“丝绸之路历史地理信息系统建设”，入选国家万人计划哲学社会科学“领军人才”。

2014年国家社科重大项目“丝绸之路历史地理信息系统建设”获批立项，作为国家重点支持的研究方向，首席专家张萍教授规划了一系列学术考察，各子课题分别组队，走向田野，先后进行了河西走廊沿线考察（2015年7—8月）、西安周边学术调查（2015年9月、2016年4月两次）、宝鸡地区古代遗存与丝路关系学术调研（2015年12月）。2016年8月15—22日，由张萍教授带队，一行13

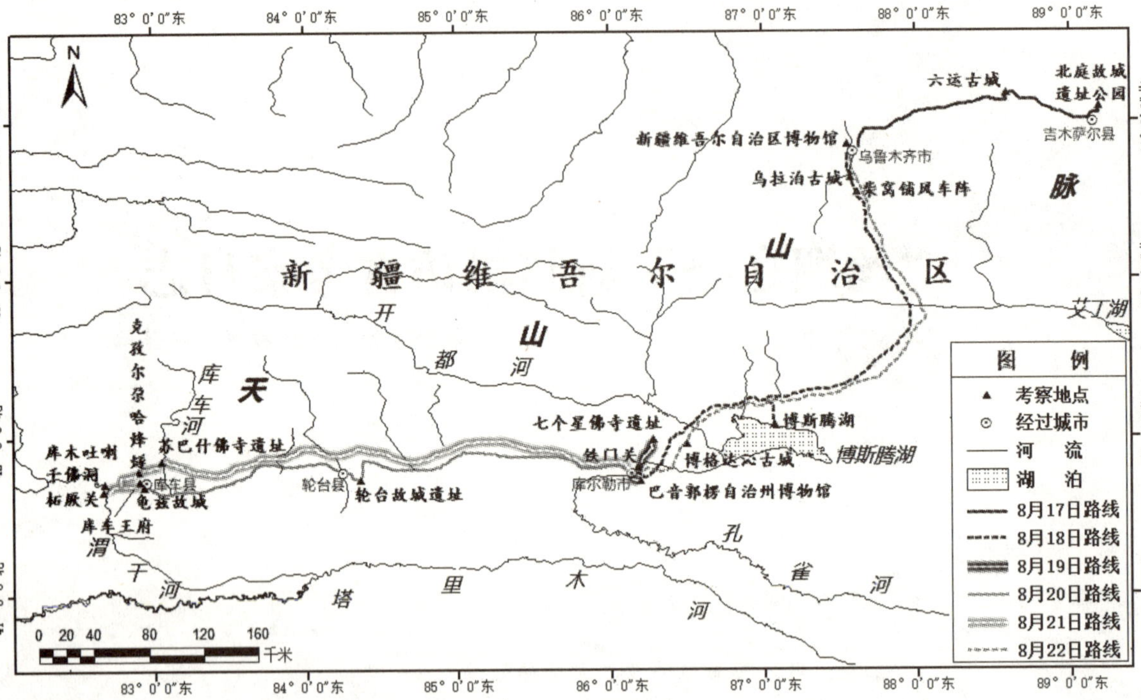

学术考察路线图

人，包括子项目负责人陕西师范大学中国西部边疆研究院韩香教授、旅游与环境学院苏惠敏教授、天水师范学院历史文化学院晏波博士，九江学院陈海龙博士，以及研究生李鹏翔、苏煜、李政委、尤倩倩、胡雨蒙、张鹏飞、穆文晨、燕涣涣，进行了丝绸之路新疆段为期八天的学术考察，包括丝路访古、遗址定位、资料查阅、调研访谈，大大丰富了课题内容，为高质量完成国家社科重大项目提供了基础数据支持。

一

8月15日是考察小组报到的时间，先期到达的张萍、韩香及陈海龙、晏波等人没有浪费时间，直接前往附近的新疆文物考古研究所调研。

新疆文物考古研究所原为新疆维吾尔自治区社会科学院考古研究所，于1978年成立，1986年更为今名。新疆文物考古研究所负责新疆地区的文物发掘和研究工作，参与完成了新疆地区的第三次文物普查工作，相关成果集中在《新疆维吾尔自治区第三次全国文物普查成果集成》这套书中。考古所调查发掘了阿拉沟古墓葬、鄯善苏贝希、和静察吾乎沟墓地、小河墓地等古墓葬，并先后编辑出版了《新疆古代民族文物》《新疆丝路考古珍品》《新疆彩陶》《新疆考古三十年》《新疆文物考古新收获》《新疆文物考古新收获1990–1996年（续）》《新疆察吾乎考古发掘报告》《丹丹乌里克遗址：中日共同考察研究报告》《新疆莫呼查汗墓地》《新疆下坂地墓地》等一系列目录、考古报告。我们此次是慕名前来，寻找关于丝绸之路的相关数据和资料，办公室的巴主任接待了我们。

所内资料室陈列了新疆的各种资料，最全面的还是新疆地区的考古类著作，尤其是新疆文物调查的原始资料，记录了遗址、遗迹的年代判读以及详细定位，这些资料对于我们完成更详细的丝绸之路道路走向有着极大的帮助。

考古所的馆藏室陈列有新疆各地区的出土文物，馆虽不大，所藏器物种类却非常丰富，其中丝织品的数量较多，这也是新疆出土最具特色的文物之一，其中有两块丝绸已名扬四海。第一块是尼雅遗址出土的“讨南羌锦”，锦上织有“讨南羌”三字。据介绍，刚出土时此锦如一小袋，展开之后则如裤形。第二块是楼兰出土的“长寿明光锦”，系汉代织锦，因锦上有“长寿明光”四字而得名。馆内还存有带有文字的竹简和木牍，尤其是木牍，为官方和民间通讯所用的信函，内地少见。此外，馆内还保存有众多陶器、金银器、铁器、丝织品、动物骨骼、壁画以及木制品等。

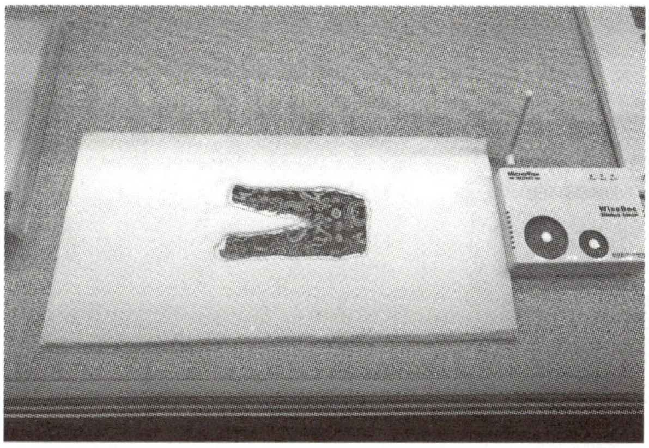

新疆文物考古研究所藏“讨南羌锦”

新疆文物考古研究所藏“长寿明光锦”

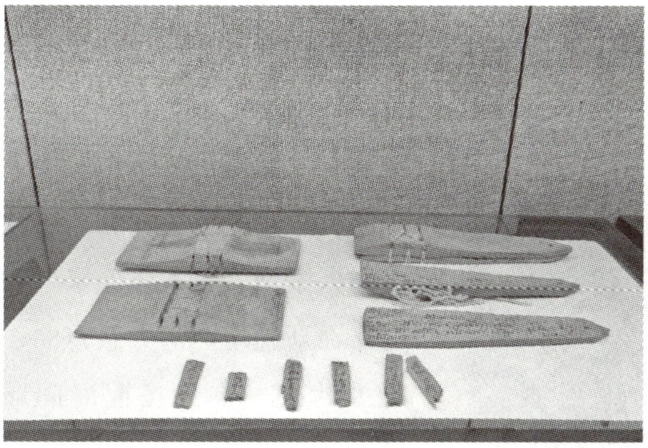

新疆文物考古研究所藏木牍

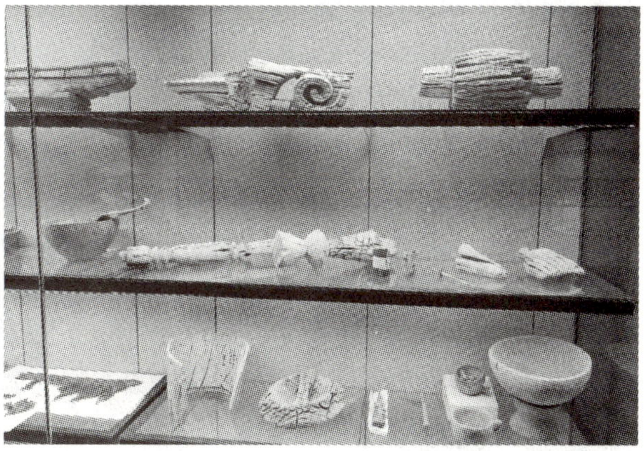

新疆文物考古研究所藏木制品

考古所自建有干尸陈列室，有的摆在玻璃柜中，有的似乎还处于包裹状态，最著名的两具，一为新疆尉犁县营盘墓地出土的汉晋男尸，被称之为“营盘美男”。此具干尸身着精美华丽的人兽树纹罽袍，面部戴麻质面具，前额贴有金箔，头枕鸡鸣枕，显得比较高贵。一为“小河公主”，

新疆尉犁县营盘墓地出土的汉晋时期的男性干尸

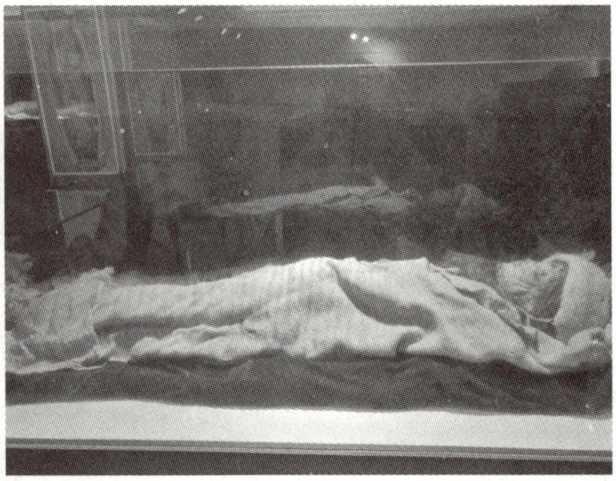

新疆文物考古研究所藏小河墓地出土的女性干尸

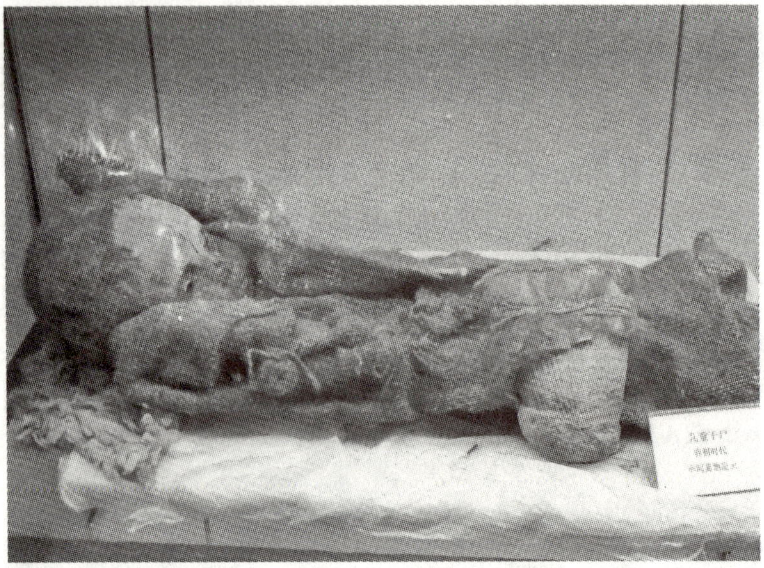

新疆文物考古研究所藏小河墓地出土儿童干尸

新疆博物馆一角

与“楼兰美女”齐名。公主头戴毡帽，身材修长，眼睫毛清晰可见，高鼻梁，面部安详且带微笑。以前只是在图册中见过，如今见到实物，感叹果真不虚此行。

二

8月16日早上，我们一行人来到了新疆维吾尔自治区博物馆，该馆展览分为“新疆历史文物”“新疆民族民俗”两大主题，中央大厅的丝绸之路沙盘夺人眼球，基本复原了丝绸之路在新疆境内的大致走向，蔚为壮观。展厅按照时间顺序，从石器时代开始，到青铜时代、奴隶时代和封建时代，文物种类繁多。

焉布拉克文化遗存、察吾呼文化遗存、切木尔切克文化遗存以及神秘的小河墓地，这些石器时代的展品让我深切体会到苏秉琦先生关于新石器时代遗址“满天星斗”的说法。

洛浦县山普拉墓地是一处战国至汉代的墓地，出土的毛织品、丝织品、各类生产工具和生活用具非常丰富。考古学年鉴曾提到这里出土的凤纹锦、蔷薇纹双面提花锦等丝织品，“说明早在公元前一世纪到南北朝时期，当地民族文化与中原文化交往频繁”。我们虽然没能亲眼见到这些丝织品，但所出木绕线轴、漆蓖、动物纹毛布裙残片等文物也同样精美。很多原来在发掘报告、论文、纪录片等资料中出现的文字、图片实物，如钻木取火器、石人、佉卢文木牍、汉佉二体钱和贵霜钱币等在此都见到了实物。

佉卢文木牍

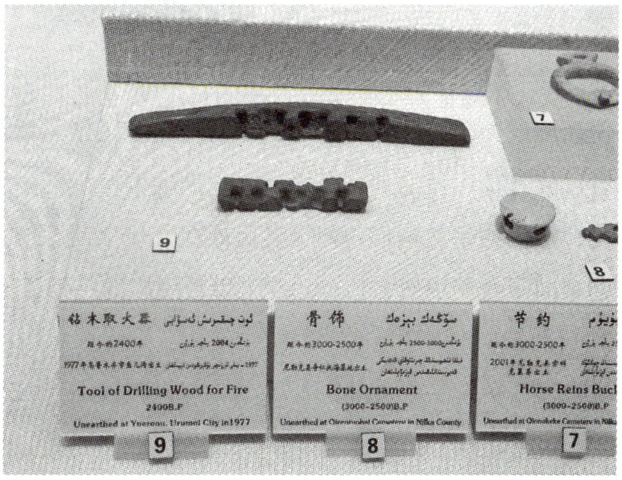

钻木取火器

馆藏最早的皮靴、毡帽、毛织斗篷可以上溯到距今3800年的青铜时代。还藏有大量汉唐时期的绢、绮、绫、锦，这些丝织物在中原的墓葬中极为罕见，是研究丝绸之路上经济与文化交流的重要资料和凭证。其中最令人印象深刻的是阿斯塔那——哈拉和卓墓群中出土的唐代织锦。这些织锦大多纹案精美、色泽艳丽，能反映出唐代丝织技术的高超水平。馆藏织锦花纹中较为典型的有海兰地宝相花纹锦和联珠鹿纹锦覆面。海蓝地宝相花纹锦由三块残片构成，纹样为连续对称的宝相花及四叶花团。色调以海蓝为底色，随着佛教传播盛行的宝相花由白、红、棕、绿四色构成，配色华丽，回纹匀称。另一件典型的织锦为联珠鹿纹锦，这类联珠禽兽纹锦是高昌墓葬中频现的织锦纹样。有学者认为当地大量的联珠禽兽纹锦意味着它们是向西方出土的畅销品。墓群中出土的联珠对马纹锦、联珠天马骑士纹锦、联珠对孔雀纹锦等均为精品，但我们并没有在自治区博物馆中窥见，应是保存在他处。较之海蓝地宝相花纹锦，这件锦覆面色泽较为单调，为深蓝色和驼黄两色。但它的纹样更为繁复，从覆面残片可以看出图案是由左右对称的大联珠支撑而成，各联珠间交接处绘以繁花。最为完整的联珠内绘有头首相对的象、马、瑞兽、骆驼，以及背对着这些走兽的鹿；下方残缺的联珠内似绘有建筑及人像，可能是主人生前的活动场景；联珠间则为一对龙头兽身的四足瑞兽。整幅锦面构图繁复，形象生动，动物与花纹的细节处无不精细。在惊叹当时的织染技艺之余，也能从汉族传统的祥瑞鹿和马纹样、佛教中有愿行广大和功德圆满意寓的白象及源于萨珊波斯的联珠纹看到不同

海兰地宝相花纹锦

联珠鹿纹锦覆面

文化的融合。其余文物如彩绘人兽镇墓兽、彩绘天王踏鬼木俑、木制彩绘舍利盒、彩绘伏羲女娲绘画等展品都能为后续的论文写作提供素材。

专题展览以《逝而不朽惊天下——新疆古代干尸展览》最为壮观，当一具具保存完好的干尸就近在咫尺，褪去恐惧，更多的感受是为何可以保存得如此完好，柔顺的头发、完整的躯体使人印象深刻。新疆最起码有三大优势来使这一具具干尸得以保存完好：其一，气候干燥，不会经受潮湿雨打；其二，地下水位低，墓地免遭水泡，干燥的环境有利于尸体储藏；其三，碱性土壤使棺材少受侵蚀。这三大优势使新疆成为了中国保存干尸最多的地区。民族风情馆也是颇受人们关注的对象，新疆自古以来就是各民族迁徙停留之地，各民族在长期的生产生活中相互学习、相互融合，发展至今。不同的地理环境，不同的宗教信仰，使得各民族在文化生活习俗方面各有不同之处。民族风情展览正是借这一主题来向观众展示新疆独有的12个少数民族的民俗风情。

三

8月17日早晨，天气晴朗，考察队一行13人乘车出发，在张萍、韩香、苏慧敏老师带领下，赴吉木萨尔考察六运古城、北庭故城、西大寺遗址。

考察的第一站为六运古城遗址。清晨从乌鲁木齐出发，沿吐乌高速公路前行，过阜康市转九运街镇破城子村，沿乡间公路行驶，路经一段土路到达目的地。在破城子村下车后，我们花了很长时间在一片绿树掩映的村庄背后找到六运古城。经GPS定位，古城东距破城子村1.2千米，位于东经88° 1′ 45″ 、北纬44° 10′ 42″ 间，海拔530米，呈长方形，南北长约400米，东西宽300米左右。西城墙和北城墙残存高约3米，残存城墙马面依稀可辨，裸露的墙体夯筑层明显，东墙和南墙已完全被夷为平地，成为耕地的一部分。城墙内外已完全辟为农田，仅城中间有残存横墙墙垛一处。

据当地老乡介绍，20世纪70年代中期，城内结构还比较完整，后来由于开垦平整田地，墙体遭破坏，西城墙外有水溪流过，绕城自东向西，在西墙外侧向北流去，被称为二工河。从古城周边自然环境来看，南面为蜿蜒不绝的天山山脉，发源于天山的水磨河、三工河、四工河自南而来，流经此地，自然环境优越，至今农民还在古城内外种植打瓜、玉米、向日葵等农作物。

考古发掘报道，古城残存城垣基宽8—10米，残高3.5米，夯筑，夯层7—8厘米者为多，城墙西南有圆形角楼。古城中部筑东西隔墙一道，将城分为南北两部分。城北偏西又筑南北隔墙一道与东

六运古城西墙遗迹（从西南角拍摄）

西隔墙垂直连接，以土坯垒砌。该城有东、南两城门，南城门外筑瓮城，辟城为田时损毁。城外南北两侧有宽20—25米的护城河。目前，古城南北两侧的护城河已完全被农作物覆盖。

六运古城城内散布有红、灰色的夹砂陶器残片及赭红色铺地方砖，灰陶多为轮制，红褐色陶器多为手工制作，它们属于不同时期的历史遗存。六运古城还出土过铜犁、铜镜、铜印、石杵、石夯、石球、石锄、石臼、石龟、石磨、马鞍形石磨盘，以及半成品石锄2件。陶器有红陶、红褐陶、灰陶、泥质陶，有手制和轮制两种。器物以大型瓮罐为主，陶器纹饰弦纹、曲波纹，口沿外部多饰提纳纹，泥质陶颈部饰戳纹。古城南侧，曾有石碑一块，碑高1.6米左右，砂石质，石碑上镌刻有铭文。新中国成立前，有外国人考辨铭文，此后石碑不知去向。1990年12月，六运古城被新疆维吾尔自治区列为自治区级文物保护单位。

上述出土文物现在大多收藏于阜康市文史馆。从出土文物来看，古城历经唐、宋、元、明、清时期，尤以唐代文物最为丰富。据学者考证，六运古城应为唐代俱六城守捉所在地，也有人认为其为耶勒城守捉。

六运古城遗址考察完毕，我们乘车前往北庭故城（也称北庭古城），中途于小镇吃午饭。北庭故城位于新疆自治区昌吉回族自治州吉木萨尔县城北北庭镇厚堡子（也作后堡子）村，当地人称之为破城子。吉木萨尔县是古代天山北

新疆自治区六运古城保护碑

道必经之地，古城、佛寺、戍堡、烽燧遗址众多。北庭镇在汉代至明代均为西域重要的城市。西汉初年，这里是车师后王庭，宣帝神爵二年（公元前60年）西域设立都护府后，该地为金满城。汉室衰微，此地先后为匈奴、蠕蠕、铁勒、突厥等游牧民族占据。在蠕蠕民族统治时期，北庭故城称之为可汗浮图城，可汗浮图的建城史可以上溯至公元5世纪的北魏时期。可汗浮图城与蠕蠕主浮图可汗有关，历史上塞北民族往往有以王名命名城市的习惯，此即一例。

唐初国境西止伊州，这一带尽属西突厥，可汗浮图即在其境内。唐贞观十四年（640）唐进击高昌，西突厥阿史那贺鲁举城来降，置庭州。庭州的建置是唐王朝重新收复天山北麓的历史开端，此时庭州与西州、伊州并为西北边陲三大名城[①]。自640年始置庭州，至德宗贞元六年（790）北庭大都护府解体，这座城市成了天山北麓的军政中心，共经历了八帝一后的统治，先后在安西大都护府、北庭大都护府管辖之下。北庭大都护府是唐朝控驭西域的重要军政机构。唐朝后期，统治日益衰微，无力照应西北边疆，最终陷于吐蕃。薛宗正先生把北庭大都护府的下限断为公元790年（一说为公元789年），则唐王朝有效管理天山北麓的时间恰好为一个世纪。

1984年吐鲁番地区文管所发掘了唐代北庭副都护高耀墓。高耀于永泰二年（766）葬于北庭，据此可知，《旧唐书·地理志》所载北庭都护府“上元元年（760），陷吐蕃”的记载有误。同书安西大都护府条下记载“北庭、安西无援，贞元三年（787）竟陷吐蕃”。这一记载和《悟空入竺记》记载僧人悟空在贞元四年（788）在北庭见到节度使杨袭古不符[②]。这表明唐朝对北庭大都护府的有效统治至少可延至公元788年。《资治通鉴》卷二三三记载，贞元五年（789）十二月，吐蕃寇北庭，表明此时北庭还没有完全被吐蕃占领。

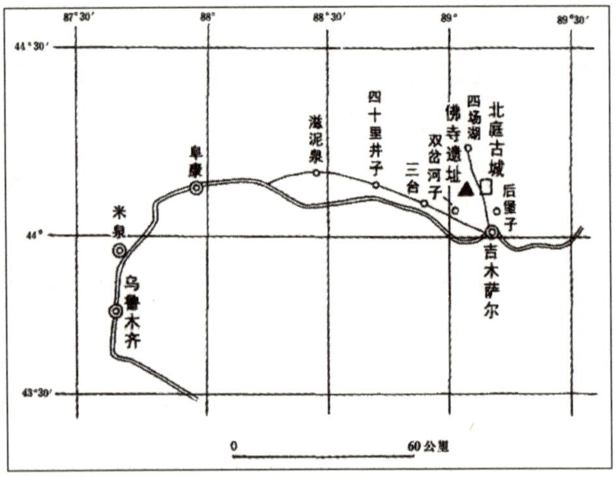

北庭故城位置示意图[③]

此后，吐蕃和回鹘开始了对北庭的争夺，大约经历了两个阶段，历时10年之久，在公元800年前后最终为回鹘控制，一直到回鹘西迁（840年），北庭就名副其实的为回鹘所有。这一问题，学界已经有较为深入的探讨[④]。西迁后的回鹘以北庭为崛起之地，该地又成为高昌回鹘的发祥之地，之后直到13世纪下半叶高昌王迁都永昌，北庭为回鹘所有约450余年。元代北庭被称为别失八里，宪宗元年（1251）设别失八里行尚书省，至元二十三年（1286）别失八里设元帅府。明永乐十年（1412）察合台后王王室发生内讧，北庭毁于战火，永乐十四年（1416）废弃。

① 荣新江：《唐代北庭都护府与丝绸之路》，《文史知识》2010年第2期。
② 吐鲁番地区文管所：《唐北庭副都护高耀墓发掘简报》，《新疆社会科学》1985年第4期。
③ 本文部分图片来自中国社科院考古所编著：《北庭高昌回鹘佛寺遗址》，辽宁美术出版社，1991年。
④ 孟凡人：《唐代回鹘控制北庭的过程》，《新疆社会科学》1983年第3期。

北庭地理位置十分重要，不但历代政权在此经营，而且属于交通枢纽。早在西汉末年，丝绸之路新道开辟之后就从此地（即车师后王庭）经过。《汉书·西域传》载："元始中，车师后王国有新道，出五船北，通玉门关，往来差近。戊己校尉徐普欲开以省道里之半，避白龙堆之厄。"这条新道，从车师后王庭出发向东，渡大沙海至玉门关；从车师后王庭向西，经天山北草原路，西行至乌孙、康居。而徐普想"省道里之半"之路是打通车师后王庭至前王庭高昌壁的道路，但遭到车师后王姑句的反对。据石云涛研究，由于西汉末年对西域失去控制等原因，该道实际利用的可能性很小①。东汉时期西域和中原三通三绝，新道继续使用。此外，伊吾路（自敦煌西出玉门关、阳关，经鄯善北通伊吾〔今哈密〕向北通车师前部高昌壁后，继续北通车师后部。《三国志》卷三十引鱼豢《魏略》云："北新道西行，至东且弥国、西且弥国、单桓国、毕陆国、蒲陆国、乌贪国，皆并属车师后部王……转西北则乌孙、康居"，这表明车师后王庭与这几个部落之间有交通往来，自车师后王庭西行，可西入乌孙、康居。

魏晋南北朝时期，经过车师后王庭的线路主要是伊吾路向西延伸部分，直通车师国境，即《魏书·西域传》记载"自玉门关渡流沙北行二千二百里至车师为一道"。严耕望先生认为该路在两晋南北朝时代似为通西域之主要干线，用兵节使多出此途②。当然其他途经鄯善、吐谷浑通西域之路也是人们利用的主要道路，不过这就与北庭故城遗址所在地无关了。

唐代中晚期，《元和郡县志》称之为庭州，被称为"八到"之地。即有西州路、回鹘路、伊州路、碎叶路四条通道，东至长安，西达碎叶，北通回鹘，南连安西。其中伊州路与碎叶路联结起来，是一条足以与天山南麓传统丝绸之路相媲美的重要国际交通干线。从敦煌文书伯2009号《西州图经》（残卷）的研究来看，西州（治今吐鲁番东南高昌故城）与其他州至今有11条道路相通，其中通往庭州（即北庭都护府所在地）的有7条，自西州蒲昌县通庭州有4条。《图经》记载：花谷、移摩、萨捍、突波，这4条道路的名字在吐鲁番文书中也有记录，主要是烽燧名称，可见这些路经过了这几个烽燧谷口。自高昌县界北乌骨山走庭州的乌骨道1条（有学者认为乌骨道从哈拉和卓北三十里胜金口进入赤山，沿木头沟经伯孜克里克，向北逾天山至庭州）自交河通北疆庭州2条：他地道、白水涧道（经轮台折向东通庭州）。《新唐书·地理志》记载了他地道的行程：交河县——龙泉馆——柳谷——金沙岭——石舍——北庭都护府。黄文弼先生曾考察过该路。白水涧道，由交河通轮台，具体是从乌鲁木齐出发，沿白羊河出天山峡谷，从交河故城西北进入吐鲁番。如果再向东三百二十里即可到庭州，往西可以到弓月、碎叶城。以上这些通庭州的道路，都是唐代丝绸之路中道各城市通往北疆、以庭州作为重要中转站的，可以说北庭都护府在唐代位置十分重要。对此，可参考有关学者的研究成果③。

唐上元元年（760），吐蕃占据河西，隔断了大唐和西域之间的联系，唐朝不得不开通了"回

① 石云涛：《三至六世纪丝绸之路的变迁》，文化艺术出版社，2007年，第91页。

② 严耕望：《唐代交通图考》卷二《河陇碛西区》，台湾"中央研究院"历史语言研究所，1985年，第493页。

③ 程喜霖：《〈唐西州图经〉残卷道路考》，《新疆通史》编纂委员会编《新疆历史研究论文选编》（隋唐卷），新疆人民出版社，2008年，第321—336页。

纥路”。“回纥路”为建中二年（781）北庭节度使李元忠、四镇留守郭昕假道回鹘朝奏之路。这条道路分为两段，一段从北庭至回纥牙帐，另一段从回纥牙帐至长安。前一段路程《元和郡县志》卷四十记载从庭州“东北至回鹘牙帐三千里”，途经“郝遮镇（蒲类东北四十里，当回鹘路）、盐泉镇（在蒲类县东北二百里，当回鹘路）、特罗堡子（在蒲类县东北二百余里，四面有碛，置堡子处，周回约二十里，有好水草，即往回鹘之东路）”。唐代蒲类县治在今奇台县城附近，回纥路大约从今北庭故城向东到奇台县城东北再往蒙古。自此之后，回纥趁机对北庭地区公开染指和蚕食。

北庭作为重要的军事统治机构，经历了都护府到大都护府的演变。北庭都护府在武后长安二年（702）建立，为凉州大都督府及安西大都护府（705年以后属安西）的下级机构，中宗景龙三年（709）为配合东突厥汗国默啜可汗军事行动，晋级为北庭大都护府。开元四年（716）以亲王遥领安西大都护府，边将官衔不得与亲王平级，这样北庭大都护府又降为都护府。建中二年（781），由于吐蕃侵扰西域，其重要性增加，又升为大都护府，直至唐德宗贞元六年（790）为吐蕃所攻陷①。不论是北庭都护府还是北庭大都护府，其治所始终在庭州，也即我们考察的吉木萨尔县城北北庭镇厚堡子村破城子。北庭都护府建立后，边疆建置的基本特征是，在大都护府统一领导下，实行汉—突厥分治、军民分治的二重化管理体制。在突厥游牧地区实行军政合一的民族自治制度，在汉族移民集中的地区，建立内地州县。北庭大都护府下辖庭、伊、西三州，天山、瀚海、伊吾、清镇诸军，以及金满、蒲类、轮台、西海四县。

北庭故城内城西墙残部（从内城东部拍摄）

① 薛宗正：《关于安西、北庭研究中的几个问题》，《西域研究》1997年第1期。

北庭故城位于吉木萨尔以北12千米的一片冲积平原上，东邻东坝河，西邻西坝河。遗址附近视野很开阔，现在为国家遗址公园。从现存遗址来看，该城址布局受唐长安城影响，分为内外两城，城池为不规则长方形分布，内城为全城的中心所在，位于外城中部略偏东北部，墙周长3003米，官署多居其中，内城内还有中心城区。外城规模较大，城墙周长4596米。外城之北还有低矮的羊马城，内外城墙都有马面、敌台、角楼和城门依稀可见。外城北门还有瓮城，城外有天然河环绕成护城河，城墙的建筑方式为夯筑，城墙高5–7米，城墙宽约7–8米。现在城内一片荒草，城内建筑荡然无存。

从“城址展示区”石碑说明，我们可以得知以下信息：北庭故城遗址平面呈不规则长方形，东西宽约850米，南北长约1700米。北墙中段北接羊马城，现存该城内外两重城墙地面遗存，外城为唐显庆三年（658）建造，高昌回鹘时期修缮，内城墙为高昌回鹘修建，城内有东西、南北交通干道遗迹。现存的遗迹主要包括城墙、角楼、敌台、城门、建筑遗址、城壕、道路沟壕，以及城址出土的与唐两京地区相同的砖、瓦、瓦当建筑构件。

徐松首先在《西域水道记》中将这一重大考古发现公布于世，19世纪末20世纪初斯坦因、橘瑞超等探险家都在此考察过。据报道，古城中曾矗立着断为两截的石碑，碑上有7行文字，明确留下了“金满县令”四个大字，补充了史书记载唐代庭州下辖金满县相关信息。

北庭故城前身是可汗浮图城，唐朝初年东、西两个突厥汗国发生战争，东突厥胜利之后，可汗浮图城成为东突厥王子阿史那社尔的王庭所在地。公元630年至640年间，东、西突厥又争夺该地，直到640年西突厥叶护阿史那步真投降，该城被唐所占据。此后经历了庭州（649）、北庭都护府、北庭大都护府、北庭节度使驻地的演变[①]。

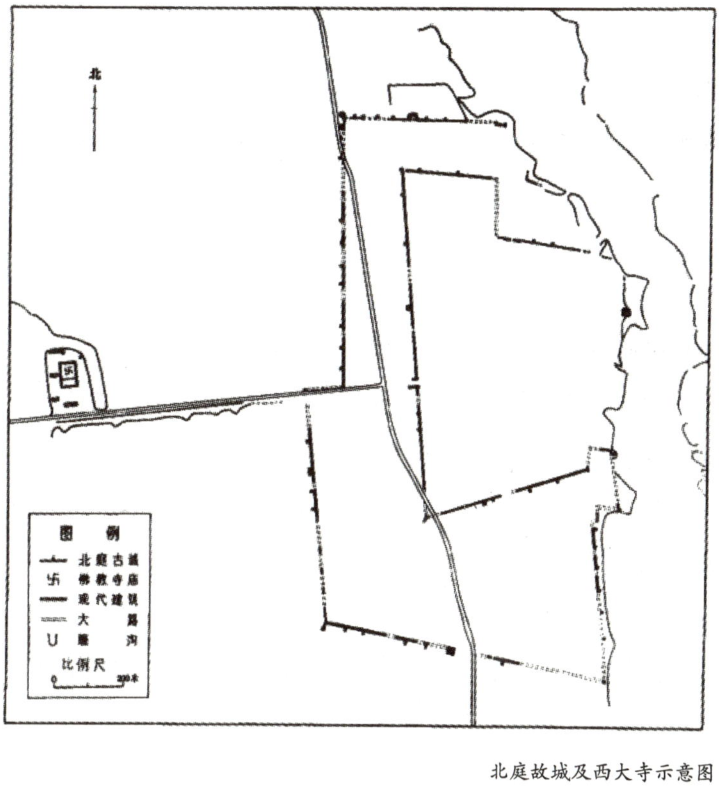

北庭故城及西大寺示意图

鉴于北庭遗址的重要性，1988年国务院将北庭故城遗址定为全国重点文物保护单位。多年来，由于各种原因，北庭都护府故城保护及开发工作一直处于停滞状态，故城只剩下残垣断壁，但其规模宏大的轮廓仍清晰可辨。

2004年5月，国家建设部、新疆文物局有关专家深入吉木萨尔县北

① 薛宗正：《庭州、北庭建置新考》，《中国边疆史地研究》1994年第1期。

庭都护府进行实地勘察测量，并开始着手制定故城整体保护利用方案，北庭都护府保护开发工程进入实质性阶段。目前已经成为大众旅游的国家遗址保护公园。

北庭西大寺位于北庭故城遗址正西700米处，现在建立了西大寺遗址博物馆。该寺为高昌回鹘时期的王家寺院，坐落在天山北麓坡前地带与准噶尔盆地古尔班通古特沙漠相接的平原上，西邻西坝河，东面有水池，平坦的周围除北庭故城遗址保护区外，均为农田。西大寺初建于公元706年杨何主政时期，回鹘西迁后扩建为回鹘王家寺院，专供王室成员供养佛像所用。宋朝初年，宋使王延德曾亲临该地，“进乐于其间”。1275年，高昌王东迁，该寺逐渐衰落，14世纪时期，毁于伊斯兰圣战。1979年至1980年间，中国社会科学院考古研究所新疆工作队对西大寺遗址进行两次发掘，经对挖掘实况和所获文献资料进行研究，确定其为高昌王家寺院。

佛寺遗址四面有环壕遗迹，整体平面呈南北长方形，南北残长70.5米，东西宽43.8米，现存最高点距地面14.3米，地面以上全部用土坯砌成，地面以下为夯土台基。寺院整体呈前殿后塔的形式，分为南北两个部分。北部为塔形正殿，四周筑有洞窟，东西北三面残存二层环筑的洞窟式大龛。南部为配殿建筑群，沿中轴对称布置配殿、库房、僧房等附属建筑，残高0.2–0.4米。除建筑遗址外，塔形正殿洞窟及南部配殿中还发现有大量佛教塑像和壁画。

西大寺是殿堂式与洞窟式建筑结合的寺院格局，在全国较为罕见。南面建筑以庭院为中轴线，东西两侧分置有配殿、僧房和库房，基本对称分布，殿堂设置也与一般汉式殿堂相类似：北面是高大的正殿，正殿的东、北、西三面外侧各环筑上、下两层洞窟，洞窟内均依后壁或侧壁砌一个或三个台座，每个台座上供有一尊塑像，或佛或菩萨，窟内两侧壁及穹顶上有的有壁画，内容或为千佛，或为供养菩萨、护法，或为经变、本生故事，或为供养比丘、供养人像。据研究，西大寺的罗汉塑像表现的早期佛教特征和弥勒塑像反映的净土信仰是其当地佛教特色，西大寺中另一处值得注意的塑像与壁画组合是编号为s105殿内残存的佛涅槃像与其西壁残存的争舍利图，呈现了争舍利图中高昌回鹘人物形象、战争图与出行图中回鹘王及王妃形象①。

而无壁画的洞窟中则有少量回鹘文或汉文题记，由于年代久远，字迹难辨。这种无壁画洞窟与千佛壁画洞窟的主要功能是禅定窟，其他窟形则为礼拜或供养功德窟。

对比之下，西大寺窟形建筑显然已经不用于生活起居、瘗埋僧骨和储藏，它雕塑的精美、壁画题材的有组织分布和窟室形制的统一，与寺院正、侧殿宇有机的关系及严整的布局，都表现出其作为礼拜窟的庄严清净特点和建寺造窟以期殊胜功德的目的性。从这座寺院中轴线布局的殿堂式建筑及殿内所供塑像情况、将寺内部分建筑有意建成石窟形制的寺院建筑理念及石窟中禅窟流露出的早期佛教修行风气三方面综合考察，西大寺建筑典型地表现了回鹘佛教对印度克什米尔、库木吐拉、克孜尔佛教文化内涵和汉地回传的佛教文化的双向吸收与融合，表现了回鹘佛教在空间地理上与时代传承上两方面对佛教文化继承和传播发展的中介地位②。

---

① 古丽比亚、柴剑虹：《北庭高昌回鹘佛寺争舍利图试析》，敦煌研究院编《段文杰敦煌研究五十年纪念文集》，世界图书出版公司，1996年，第166页。

② 栾睿：《北庭西大寺所反映的高昌回鹘佛教特征》，《西域研究》2004年第1期。

由于北庭故城东、西两面都有河，西寺遗址所在位置地下水位高，土质偏碱性，加之吉木萨尔每年9月以后雨雪天气频繁，西寺遗址的塑像、壁画长期受潮解风化侵蚀，如不采取措施加以保护，后果可想而知。为了让它重见天日，减少挖掘出土文物的损坏，2006年9月，由国家文物局拨款2800万元修建保护大棚，即西大寺遗址博物馆。该项目于2008年完工。其保护棚占地面积11974平方米，其规模仅次于西安秦兵马俑保护棚。

西大寺遗址东部第一、二层部分石窟现状（从东北角拍摄）

如今，西大寺正殿的东侧已经过发掘，有上下三层洞窟。其中一、二层洞窟大部分保存完好，共有16个佛龛，第三层洞窟已全部坍毁。佛龛内的佛像遭受损毁很严重，佛像头部无一例外不复存在。正殿南面的配殿也已基本经过发掘，编号从101到105。在101配殿中，有十二金刚禅立坐像，分

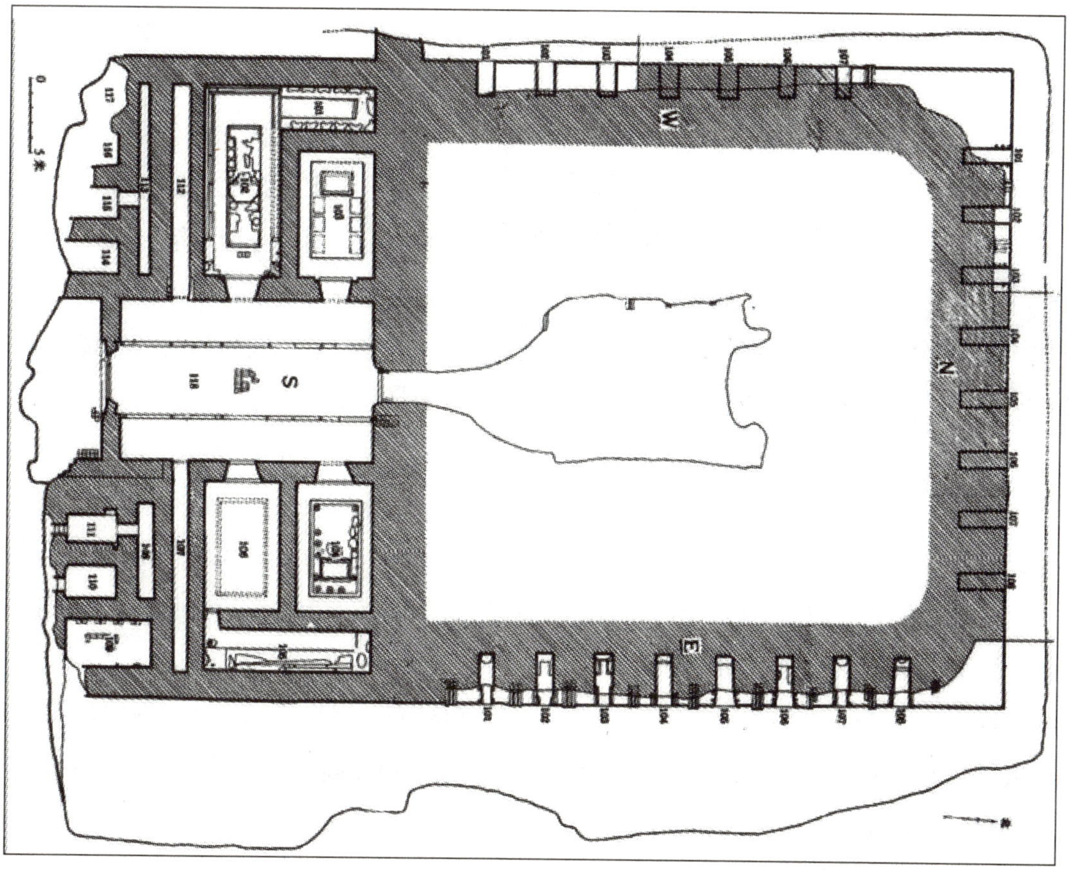

佛寺正殿及其周围下层洞窟和南部平面图（横向）

列两排相向而坐，主尊位置为武士形象出现的护法像，这些佛像的头部也都不复存在。另有一尊释迦牟尼讲经的佛像，现在只剩一个土堆。西大寺在元代和“文化大革命”时期遭受损坏最为严重，102配殿和103配殿内均有壁画，其中102配殿内有壁画马头观音像，104配殿已经回填，105配殿的卧佛像还在掩埋中，是一个长达8.7米的长条形土堆，形象不清晰。

由于西大寺地下水位高，大棚建好后，棚内湿度增加，对文物不利，当地文保部门根据气候特征做了多次调整，最终将窗户改为葡萄干晾房式窗户。2008年北庭建设管理局成立，北庭故城的管理和保护工作更加规范，成立了北庭故城研究中心。2009年，在敦煌研究院的主导下，开始全面修复西大寺内壁画、泥塑等，对北庭故城遗址城墙开始加固工作。2010年开始建设5号、6号简易保护棚。2011年7月，针对遗址内壁画开裂、壁画污染、墙内木质材料糟朽等问题，敦煌研究院壁画泥塑修复专家先后对5个配殿和7个洞窟进行抢救性修复，以不改变文物原貌为原则，对西大寺遗址内的壁画、塑像等文物进行修复。为真实全面地保存并延续其历史信息及全部价值，保存文物古迹实物遗存，采用国内乃至国际先进的脱盐处理、开孔、灌浆等一系列措施，对北庭西大寺进行有史以来最大规模的保护修复。

看完北庭故城遗址和西大寺遗址，已经下午4点多，我们按原路返回酒店。

四

8月18日早晨，我们驱车前往南疆的库尔勒和库车考察，途中考察了乌拉泊古城、盐湖、博斯腾湖，傍晚入住库尔勒酒店。

乌拉泊古城东墙遗迹（从东墙西南角拍摄）

从乌鲁木齐出发约1小时，我们在晨曦中见到乌拉泊古城遗址。乌拉泊古城位于柴窝堡（柴禾铺）盆地边缘，距乌鲁木齐市中心17千米，它是乌鲁木齐保存完整、形成规模最早的城址，被誉为乌鲁木齐城建史上第一城。其位于达坂城盆地西北部的天山北麓，洪积裙末缘的平原上，大约在东经87度，北纬43度，现在属于乌鲁木齐市乌鲁木齐县大湾乡乌拉泊村。乌鲁木齐河自南山西部流出山口，经古城西北绕向东北，注入乌拉泊水库，该水库现为乌鲁木齐市水源地。库区和古城遗址周围现为保护水源地，原有的村庄都被迁移，只留下残垣断壁。

据考古证实，该城略呈方形，南北长550米，东西宽450米，周长约2500米，城垣基本完好，残高2至7米。四角有城墩，东南角墩上角楼残垣遗迹犹存，城垣残高3至5米不等，墙外的马面若干个，均系就地取土夯筑而成，每层夯土约6至10厘米上下，墙基厚约3至4米。据70年代末的考古调查，当时每个城墙均有密集的马面，东墙和西墙各有8个，北墙和南墙各有7个。每面墙近中部开一城门，为瓮城城门。城内偏北部有两个子城，将城分为三区。西区的子城呈长方形，南北约350米，东西约250米，周长1200米。东区的子城呈正方形，边长200米，周长约800米。外城北墙西段上面4个马面和瓮城门，西墙北段7个马面，东墙北段有3个马面，南墙无马面但其瓮城西墙有3个马面[①]。乌拉泊古城城内陶片很多，其质地和北庭故城发现一致，城市遗址也近似，只是规模较小。

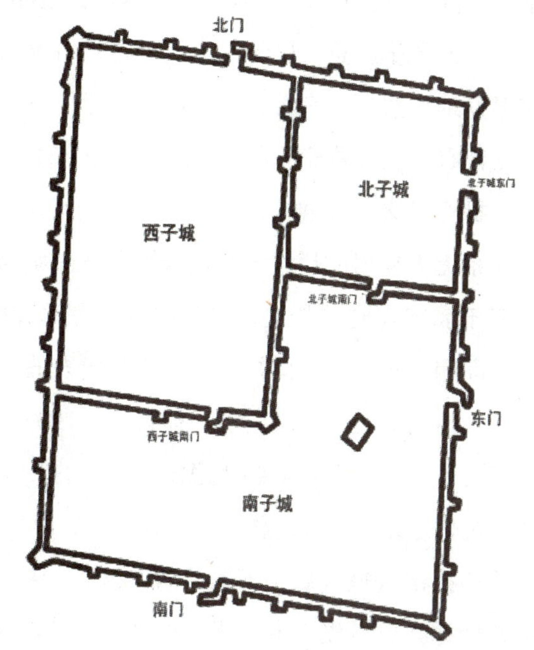

乌拉泊古城平面示意图

目前城内建筑物大多无存，在若干城角仍保留有方形角楼遗迹。城内墙下有卵石数堆，是从乌鲁木齐河床内捡运而来，直径约10厘米，大小均匀，似经选择，可能为古代某个时期备作守城投掷武器之用。城内另有土墙将其西北隅隔开，成为内城，内城内有土穴室数处，可能是贮放粮物或古人居住之所。外城北门附近，墙内也有空室两处，烟火燎烤残迹尚在。

城墙南北均有城门，门道平面呈双S曲齿交错状。东城有一缺口，城内雨水经此流出形成冲沟，沟底低于墙基约半米，人畜可以经此出入。墙外有壕沟宽约10米，深约2至3米，南浅北深。北端积水成池，水草丛生，其他三面壕沟仅留痕迹而已。东城内距缺口约百米处有土台高1米许，台方顶平，上有探槽数处，各深1米左右，未见砖石等建材，惟城东北隅之探槽，揭露地层为深灰色腐殖土，上覆薄层表土，说明该处原为湖积区，城南角有水井。

城内地面遗物中，先后发现有各种陶片、阴纹砖残块、破残石杆、破旧石磨，白底蓝、红花纹釉瓷碎片，铁矿石及烧结了的铁矿渣等，其中以陶片的种类和数量为最多。根据古城遗物中素面夹砂红陶、红底紫彩陶及薄硬黑陶分析，充分说明古城建城年代较早。将阿拉沟、鱼尔沟所发掘石室墓器中同类红底黑红彩陶比较，鉴定其年代为春秋战国时代。伊犁小金汤古城内地面发现素面夹砂红陶和红底黑红彩陶，其鉴定年代亦为春秋战国时期，故乌拉泊古城的建城时代也应在春秋至秦汉之间。20世纪80年代，乌拉泊古城发掘48座古墓葬，王明哲等研究表明它们是汉代车师人墓[②]。汉代乌拉泊古城应是车师人居住之城。其余陶片、釉瓷片都分别为晚期或近期的遗物，可充分说明此使用时间延续很久，唐代至元代较多。

遗物中的石杆、石磨为早期居民夯土及粉碎粮食之工具。结合大批暴露地面、风化严重的骨屑，反映了古城居民曾以粮食及肉食为主。另据乌拉泊水库古墓群发掘研究，年代鉴定也在战国至

① 新疆维吾尔自治区博物馆、新疆社会科学院考古研究所编：《建国以来新疆考古的主要收获》，《文物考古工作三十年（1949—1979）》，文物出版社，1979年。

② 王明哲、张玉忠：《乌鲁木齐乌拉泊古墓葬发掘研究》，《新疆社会科学》1986年第1期。

秦汉之间，其特征是早期墓葬中有彩陶，晚期墓葬中无彩陶而有铁器，且墓内古尸大部分都有龋齿病，有的还很严重，医学专家认为这是由于长期以淀粉食品为主食的结果。从乌拉泊古城所处的柴窝堡盆地周边环境来看，盆地南北边缘均有大面积森林、草原，适宜发展农牧业。由此推断乌拉泊古城曾有过以农牧业并存的经济时代是合理的。

据当地老人李国忠、李国华兄弟述说：他们的太祖父清代同治时就曾居住此城附近，当时此城即系无人住居的烂城（当地居民均称此城为“烂城”）。同治时期安子战（安吉延）、阿古柏骑兵三千名曾在此驻扎过，作为进攻乌鲁木齐的据点，阿古柏屠杀满喇于古城附近山上，今“满喇山”即因此得名。民国初年有自称德国人的“考古队”在古城内搭起帐篷进行发掘，不准当地居民靠近，撤离时将未带走陶器一律打碎。1933年左右，盛世才、马仲英混战，古城西南角曾是行刑之处，自此，居民对古城产生恐惧心理，约20年中未有人敢进城内。新中国成立后，在四队马厩处发现有古代坟墓（当地人称“蒙古墓”），墓内出土沙罗锅。

乌拉泊古城到底是何时修筑，20世纪80年代曾引起学界的广泛讨论。1979年，新疆大学地理系教授林必成最先提出，唐代轮台县遗址应在今乌鲁木齐市之乌拉泊古城[①]。刘维钧、陈戈、钱伯泉、苏北海、徐百成等人纷纷赞同其说。另有学者提出轮台县城在昌吉古城、吉木萨尔北庭古城、米泉古城等三种说法。钱伯泉先生认为：“唐朝的轮台县城，在乌拉泊是有遗址可寻的。离乌拉泊水库南岸不远，至今留有一处古城，城周约有四里，城墙残高三至五米不等，有四座城门和四个角楼，城中另有三道隔墙，将城内分为三区，是居民点、官署和税卡所在。这里就是唐朝的轮台县、州和都爵都督府治。”[②]目前，大多数学者认为乌拉泊古城为唐代轮台县遗址，新疆大学出版社出版的乌鲁木齐建城历史方面的研究著作集中体现了该观点[③]。

1958年开始，农业社在古城南部用拖拉机推平种田、开渠引水，在东南角打深井，并取城土上地以代肥料，外墙取土烧砖。历次战乱的破坏，给古城的研究造成很大困难。2002年7月，乌鲁木齐市委印发了《关于对乌拉泊古城文物保护与开发利用项目立项的批复》，同意建设乌拉泊古城文物保护与开发利用项目。2004年，国家文物局对修改后的《乌拉泊古城保护与利用规划》进行批复：“原则上同意规划。”至此，新疆首家由政府主管部门指导、民营企业负责实施的文物保护规划启动。2005年，乌拉泊古城遗址陈列馆开门迎客，随后高票当选由乌鲁木齐市民评出的乌市“新十景”之一。但是由于其作为民营企业经营和极低的门票收入及居民古城保护意识淡薄，古城保护仍然处于困境之中。

柴窝堡盐湖位于天山北麓的柴窝堡盆地，西北方向距乌鲁木齐72千米，东距达坂城15千米，方圆37平方千米，大约形成于1万年前的全新世。天山冲断与褶皱带断陷构成湖盆，古盐再溶解和岩石风化形成盐分，古气候成盐作用和天山积雪融水的共同作用造就了今天盐湖的情形。盐湖的主要成分是盐类的一种——芒硝，它的主要成分是硫酸钠。这种矿物质主要用于造纸、洗涤、陶瓷、建

① 林必成：《唐代“轮台”初探》，《新疆大学学报（社会科学版）》1979年第4期。
② 钱伯泉：《轮台的地理位置与乌鲁木齐渊源考》，《新疆社会科学》1982年第1期。
③ 徐百成编著：《轮台丝路今觅处——乌鲁木齐建城史研究》，新疆大学出版社，1996年。

筑等行业。盐湖及其周边不仅自然资源丰富，南边湖盆山梁上还发现了两座元代的古墓，王炳华将其称为盐湖古墓[①]。一号和二号古墓出土衣物、武器、马具等丰富的历史文物，尤其衣物是研究元代织造丝、棉织品工艺水平的依据。

博斯腾湖是一处自然景观，位于新疆维吾尔自治区巴音郭楞蒙古自治州境内的焉耆盆地东南，是中生代形成的断陷湖，是我国最大的内陆淡水湖。该湖水域辽阔，东西长达55千米，南北宽约25千米，平均水深约8米，最深处达17米，蓄水量约88亿立方米。博斯腾湖区主要受夏季西风带的影响，干燥少雨，年蒸发量达2000毫米，而降雨量仅有60毫米左右，年平均气温6.3℃，近半个世纪以来，湖的水位呈显著下降趋势[②]。

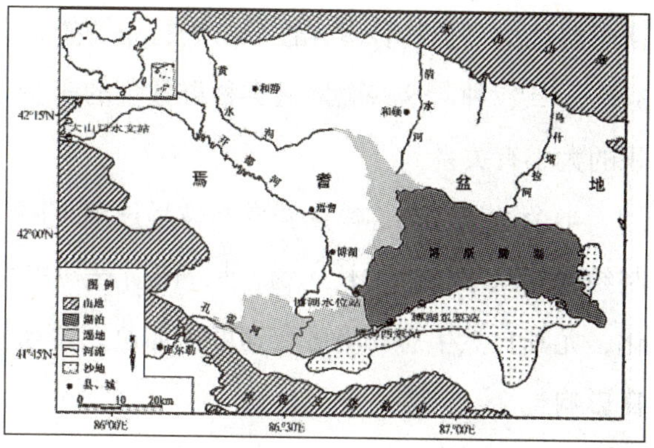

博斯腾湖示意图[③]

博斯腾湖的水源补给主要来自开都河，同时它又是孔雀河的水源地，湖面水域广阔，动植物丰富。这一湖泊早在《汉书·西域传》就被记载，史称“焉耆国，西南至都护治所四百里，南至尉犁百里，北与乌孙接，近海水多鱼”。汉代的焉耆国，治所在今焉耆县四十里镇，依据位置判断，这里的海就是博斯腾湖，古代文献有时称之为西海。《隋书》记载此湖有“鱼、盐、蒲、苇之利”。至今，这里是新疆最大的淡水鱼生产基地，也是中国重要的芦苇供应地。我们在湖的西北边驻足，不时看见船下的小鱼旁若无人地在清澈的湖水浅处游弋，远处青绿色的芦苇丛和湖边金色的沙滩交相辉映。

博斯腾湖一角

博斯腾湖生物种群十分丰富。就鱼类而言，2010年，研究者三次捕捞有19类之多，隶属4目8科，5个区系类群，常见的鲫类鱼和池沼公鱼比重较大，增长较快[④]。博斯腾湖芦苇生长茂密，主要是因为芦苇生长区土壤所含氮磷有机肥丰富，所含盐类较少，丰富优质的湿地生态环境是芦苇生长茂密的秘密所在[⑤]。博斯腾湖湿地不仅芦苇这一种群生长优势明显，滨湖湿地植被还有7个主要群落，分布于湖滨浅水带、湖滨沼泽带、湖岸乔灌林带和旱生灌丛带，土壤含水总量和含盐总量为主导因子决定了它们的滨湖分布区域[⑥]。除明显的固定生长的湿地植被外，博斯腾湖还有127种浮游植

① 王炳华：《西域考古文存》，兰州大学出版社，2012年，第442—450页。
② 郭梦京等：《近50年来博斯腾湖水位变化特征分析》，《水土保持研究》2015年第2期。
③ 本图选自伊丽努尔·阿力甫江等《1958-2012年博斯腾湖水位变化驱动力》一文，载《中国沙漠》2015年第1期。
④ 陈朋等：《博斯腾湖鱼类群落结构的初步研究》，《淡水渔业》2014年第3期。
⑤ 刘彬等：《博斯腾湖芦苇湿地生态环境现状及芦苇生物量影响因素分析》，《农业现代化研究》2015年第3期。
⑥ 张海燕等：《博斯腾湖湖滨湿地植被数量分类与排序》，《植物科学学报》2015年第1期。

物，优势种达9种之多，这些浮游植物的种群全年以硅藻类为主，水温是影响这些硅藻类植物分布的主要原因，而水中含氮量的多少则决定了它们的生长盛衰①。众多的湿地植物和浮游植物以及丰富的鱼类资源，成为鸟类理想的栖居、迁徙之地。2012年6月至2013年11月，自然科学工作者对博斯腾湿地的鸟类物种多样性分布进行了调查，共记录到鸟类80种，隶属于17目33科54属，国家一级3种、二级7种。这些湿地鸟类种群数量的多少与生态环境类型的复杂性、人为干扰情况以及生境面积的大小有关系②。

半个世纪以来，博斯腾湖水位呈逐渐下降趋势，耕地面积增加、灌溉用水及经济社会发展严重制约着湖水水位的增长③。此外，博斯腾湖水系的自然植被、湿地、沼泽、矿化度均发生了质的变化，尤其自然生态环境劣变速度在加速，博斯腾湖的水资源可利用量减少，对今后水环境产生了不良影响④。

因此，博斯腾湖流域成为新疆生态敏感地区之一，湖区生态环境恶化的因素受到水位变化、水质恶化、人为破坏等诸多因素的影响。就自然因素而言，水量、水位的变化对博斯腾湖生态环境的优劣起着至关重要的作用⑤。

两天里，我们从北疆穿越天山山间走廊到达南疆，既考察了历史悠久的古城遗址，也感受到风景优美的博斯腾湖，收获颇多。

五

8月19日，小雨。早上从叶尔羌市驻地出发，按照事先的行程安排，前往铁门关、公主坟、巴州博物馆、七个星佛寺遗址考察。

铁门关所在的峡谷又称为铁关谷、遮留谷，今称哈满沟。首先要说明铁门关遗址和铁门关市的关系。2012年12月17日国务院批复同意设置铁门关市，与兵团第二师实行“师市合一”管理模式。铁门关市系新疆维吾尔自治区直辖县级市，位于新疆兵团第二师二十九团场，塔克拉玛干沙漠北缘的东端，东距新疆巴音郭楞蒙古自治州州府库尔勒市约50千米。铁门关遗址则位于库尔勒市北郊8千米处的库鲁克塔格山谷之中。铁门关市的名称，得名于铁门关遗址。

查证史籍，晋代即于此峡谷设关，《晋书》中称“铁门”，自古乃兵家必争之地，是中国古代二十六名关之一，现今关旁还有屯兵的遗址。铁门关控扼孔雀河上游谷口，地势险要，有“一夫当关，万夫莫开”之势。今日亲见，不禁感叹古人关隘选址是如此的精明。国民党旅长詹世奎等屯兵于此时，留下了“襟山带河”四个大字，可谓对当地形势的概括。关楼矗立山谷之中，题有“丝路

① 李红等：《博斯腾湖浮游植物群落结构特征及其影响因子分析》，《水生生物学报》2014年第5期。
② 刘彬等：《博斯腾湖湿地鸟类区系及类群多样性分析》，《干旱区资源与环境》2015年第7期。
③ 伊丽努尔·阿力甫江等：《1958—2012年博斯腾湖水位变化驱动力》，《中国沙漠》2015年第1期。
④ 李宇安等：《博斯腾湖自然生态环境的过去及现在与未来》，《水利学报》2015年增刊。
⑤ 谢海燕等：《博斯腾湖流域敏感生态问题分析》，周志中主编《西部开发与生态环境保护》，中国环境科学出版社，2005年，第365—368页。

雄关”。

峡谷名关，引人注目。岑参、玄奘、班超、张骞等历史名人途经此地，以诗文抒发情感。唐朝岑参留下了《题铁门关楼》：“铁关天西涯，极目少行客。关门一小吏，终日对石壁。桥跨千仞危，路盘两崖窄。试登西楼望，一望头欲白。”读来不禁令人感叹守边人长期单调的生活，何其悲苦。

铁门关城楼

铁门关曾是南北疆交通的著名关隘，丝绸之路在此进入30千米长的峡谷，孔雀河贯穿其中，蜿蜒流动。1972年11月，孔雀河拦腰筑坝蓄水，部分丝路古道淹没于水库之中。

当前的铁门关遗址已经被开发成为景区，入口处设置有铁门关简介、古丝路示意图、景区景点分布图等指示内容。入口处铺设水泥路，路旁有岑参、玄奘、班超、张骞雕塑。在旅游开发的项目中，左边的石壁上镌刻了一些古代和近代诗歌、《土尔扈特全部归顺记》等。

因前几日雨水过多，走过关楼后不久，古道旁边的山体出现滑坡现象，考察队伍没有继续向前行进，甚是可惜。就是在铁门关考察之时，天空也时不时下点小雨。

铁门关石刻“襟山带河”

岑参雕像

铁门关古道遗址

公主坟

结束铁门关遗址考察，随即奔赴旁边的公主峰。这里流传着古代焉耆国的公主卓赫拉和牧羊人塔依尔为自由和爱情殉情的故事。公主卓赫拉和牧羊人塔依尔深深相爱，然而丞相卡热汗唆使国王抓住塔依尔并欲处死。卓赫拉救出心上人后奔逃，丞相立即派人追赶。这对情人不幸连人带马坠入深涧。后人为缅怀这对情人，在铁门关对面的公主岭上修造了纪念塔依尔与卓赫拉两人的“麻扎”。据说这里有一位为公主坟守墓的老人叫周成荣，可惜这次没有遇见。麻扎上写满了民族文字，不知何意。

站在公主岭上，可以清晰地看到铁门关古丝路蜿蜒伸展于山谷之中。同时，也能够看到水库，古丝路就淹没于其中。

从公主坟下来后，前往巴音郭楞蒙古自治州博物馆（简称巴州博物馆）。巴州博物馆成立于1990年，新馆于2009年竣工。建筑形制以楼兰佛塔作为创作灵感。不过，看上去也挺像烽燧台。考察队在博物馆门口接受检查，存好携带的包，随即进入各展厅浏览。

博物馆展示的文物大概可以分为三个部分，第一部分展示巴州地区的历史文物。馆藏器物种类丰富，包括石器、陶器、丝织品、干尸、出土

从公主峰看古驿道

从公主峰看水库

巴音郭楞蒙古自治州博物馆外观

文书、泥俑、石人等，展示了在罗布泊地区收集的各种文物以及在和静县莫呼查汗墓葬、察吾呼墓地、大山口河西墓地、轮台县群巴克墓地等墓葬出土青铜和早期铁器时代的文物，包括先秦至清代各时期在巴州境内搜集和出土的文物，完整地展示了巴州经济文化的发展历程。

“东归壮举”展厅渥巴锡塑像

第二部分展示了蒙古土尔扈特部西迁和东归的历程，重点展示东归的壮举。展出各部的印信、《江格尔》羊皮巨书等一系列实物。此外，还复原出西迁和东归的路线，整理出东返时的人数、各部在新疆的分布以及清朝赈济各部的财物数量等资料，并以表格形式展出。

第三部分则是丝绸之路文化的展示，创设“丝路楼兰”特色展厅，展示罗布泊的演变，小河墓地、古墓沟墓地出土的文物以及楼兰古国的历史文化。

各展厅中有各类器物的简介，便于参观者了解这些考古文化知识。博物馆也将很多研究性内容以图表的形式，非常简洁地向游客展示。通过参观博物馆，可以详细了解巴州的过去。

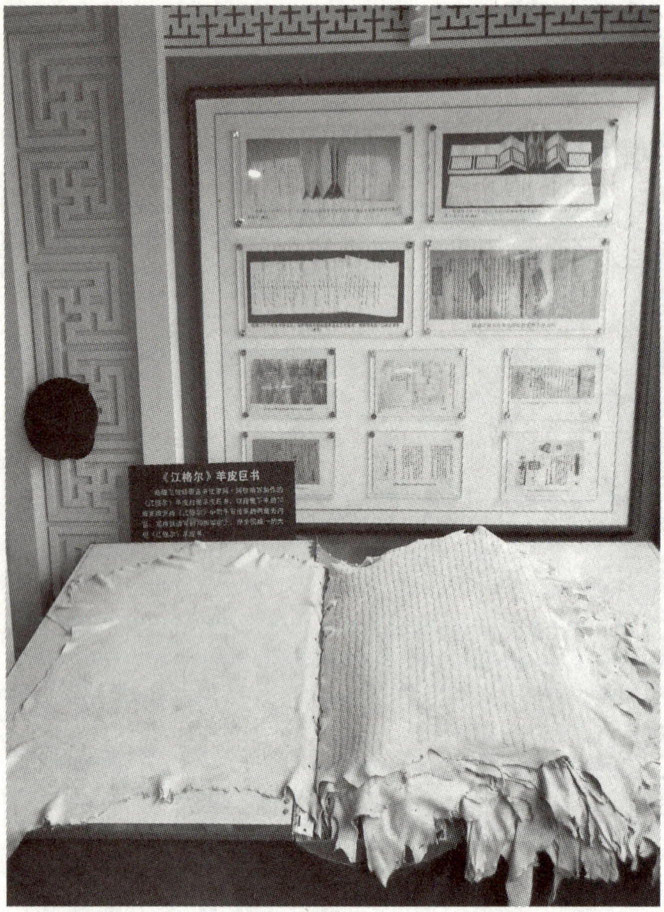

《江格尔》羊皮巨书

结束了巴州博物馆的参观后，时值午饭时间，由当地友人介绍，找了家抓饭店，品尝维吾尔人的特色食物。饭后立即奔赴下一站——七个星佛寺遗址。

七个星佛寺遗址位于新疆焉耆县的西南部，系全国重点文物保护单位，现已开发为景区。

七个星佛寺景区由展厅和遗址两部分组成，展厅不大，展出了古钱币、泥塑、壁画等出土文物，墙壁上还有丝绸之路路线图以及来此考察的外国人及其活动简介。

据介绍，七个星佛寺遗址是古代焉耆国最重要的佛寺所在。佛寺建在低矮的山坡之上，并被中间的自然泉沟分为南大寺和北大寺两部分。遗址的分布范围南北达470米，东西约200米。现存有佛塔、佛殿、石窟、讲经堂、禅屋和僧

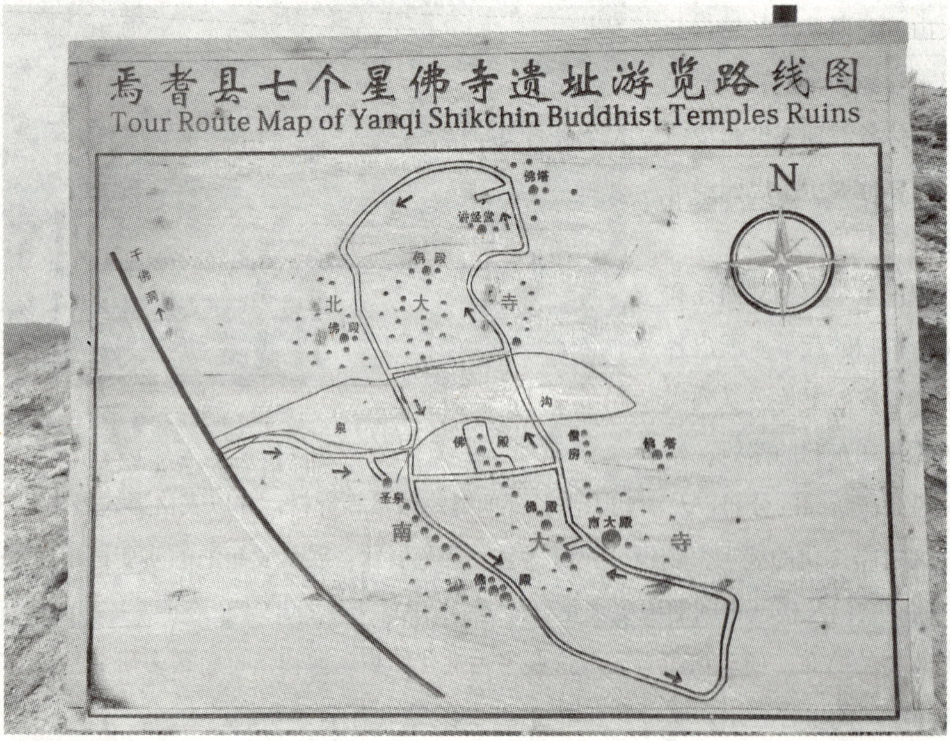

七个星佛寺遗址
浏览路线图

房建筑遗址。规模较大的是南区的一处佛殿遗址，东西长达25米，宽20米，存高6米，其上可见到房屋、甬道、台阶遗址。附近有数座佛塔，多为方形或八边形的几座，圆形实心的塔身。北大寺部分多为殿堂建筑。

这里曾是古焉耆国最大的伽蓝所在地，法显、玄奘、慧超等历代高僧都曾来过此地。曾经辉煌的佛教文化中心，现今只剩下残垣。更让人感慨的是大量文物流失到国外。德国人勒柯克曾四次来华考察，搜集大量壁画、雕刻和文书，1906年1月至1907年3月，勒柯克在七个星佛寺遗址中获取佛像、彩塑等文物，这些文物现存于德国柏林印度艺术博物馆中。斯坦因于1907年来此发掘，获得泥塑、木雕、壁画、文书和钱币等文物，现存于大英博物馆和新德里印度国立博物馆。俄国人奥登堡等于1909年7月率俄国东突厥斯坦考察队来到遗址考察，详细记录了平面图以及所得文物的出土位置，文物现藏于俄罗斯艾尔米塔什博物馆。此外，斯文·赫定也来过七个星遗址。现在还能够看到一些曾经存有壁画的痕迹。

残存遗址显示其建筑工艺为土坯垒筑。遗址长期遭受风雨侵蚀，斑驳陆离。2012年，开展了最大规模的保护工程，佛寺遗址得到一定程度保护：建立了游步道，整个游步道形成一个环线，禁止有人踩踏，防止人为破坏；在遗址顶部涂抹保护材料，填补城墙裂缝。冲沟回填，防止进一步侵蚀残存遗址；部分佛殿遗址的外围加筑了透明玻璃墙，虽有隔离之感，但却能够最大程度地保护遗址。由于地貌结构的特点，局部还是出现了雨水冲刷的痕迹。

七个星佛寺遗址展厅

展厅“饲虎本生”壁画

壁画的残存痕迹

墙体上的保护层

南大殿建筑

六

8月20日，库尔勒，阴。考察队从库尔勒出发，奔赴库车。按照原定计划，沿途将考察轮台古城与库车王府。到达库尔楚时，天降小雨。所雇的大巴车沿吐和高速行驶，经阳霞镇转向轮台县，沿“沙漠公路”前往轮台古城址。到草湖乡后，下车步行。天当降雨，前往城址的道路十分泥泞，无法行走。最终，寻轮台而不遇，甚是可惜！道路两旁多有积水，蚊子比较多，多人被叮咬。我们径直前往库车县老城的库车王府。

通往轮台古城道路旁的积水

库车王府全称“库车世袭回部亲王府”，其历史要上溯到清朝乾隆年间。1758年，清朝派兵平定大小和卓叛乱，世居库车的维吾尔族首领鄂对协助清军作战有功，乾隆皇帝派内地工匠建造王府表彰其功。库车王府，在民国盛世才主政新疆时遭到洗劫。“文化大革命”时期，王府再一次遭受破坏。到20世纪末，城墙残缺不全，房屋破烂不堪[①]。现在的王府是2004年库车县政府投资，根据库车最后一位王爷达吾提·买合苏提的回忆在原址重新修建完成的。

进入王府大门，左侧便是龟兹博物馆（原库车县博物馆）。据介绍，博物馆占据王府内小王爷府的整个院落，总面积约3000平方米，形制为方形四合院落，其西南角又向西形成另一个方形四合院。博物馆建筑的中间是花园，月季花、鸡冠花等开得正盛。各个展馆环绕花园四周分布。

博物馆由龟兹出土文物、龟兹文化、龟兹古钱币文化、民族民俗文化四个部分组成，分为历

① 王勇、高敬编著：《西域文化》，时事出版社，2011年，第82页。

史文物陈列馆、龟兹佛教文化馆、古钱币馆、民俗馆、生产生活工具馆、传统制作工艺馆等6个部分，历史文物陈列馆展示从远古一直到清代的文物。佛教文化馆展示了各类壁画、佛像，反映出库车佛教文化的曾经辉煌。古钱币馆展示了从汉龟二体钱直到民国银圆等各种钱币，体现库车在中西文化交流中的作用。从佛教历史馆出来，随后进入龟兹地方文化的几个馆，展陈有库车传统的生产生活器物、传统习俗和技能，生动地呈现了库车地区丰富多彩的文化，其中最让人感兴趣的是“新疆十八怪”：

辫子底下谈恋爱，出嫁姑娘把妹带；
风吹石头砸脑袋，大盘鸡里拌皮带；
男人爱把花帽戴，兵团姑娘不外嫁；
古丝道上地名怪，胶鞋套在皮靴外；
结婚宴席无酒菜，井底全部连起来；
夏日要把皮袄带，美玉泡酒酒更醇；
汽车要比火车快，铁床摆在大门外；
香甜瓜果吃不败，猪字不要随便说；
敬酒歌声不外卖，吃的烤馕像锅盖。

从博物馆出来继续向前走，左侧是王府艺苑，还没进门，就有让人捉摸不透的景观——门前有地砖铺设的八卦图，进入门内，便感到舒心。里面种满杏、桃、梨、桑等各种果树，地上还有一些自然脱落的果子。生机勃勃，富有活力，充满生活气息，丝毫没有西域大漠之感，反而让人感到清爽怡人。葡萄走廊，光影交错。葡萄高挂，宛若宝石挂于空中。维吾尔族人自古就有重视园艺、喜欢种树的生活习俗，于此可见一斑。想必新疆绿洲文化的产生与此种习俗密不可分。

库车王府大门

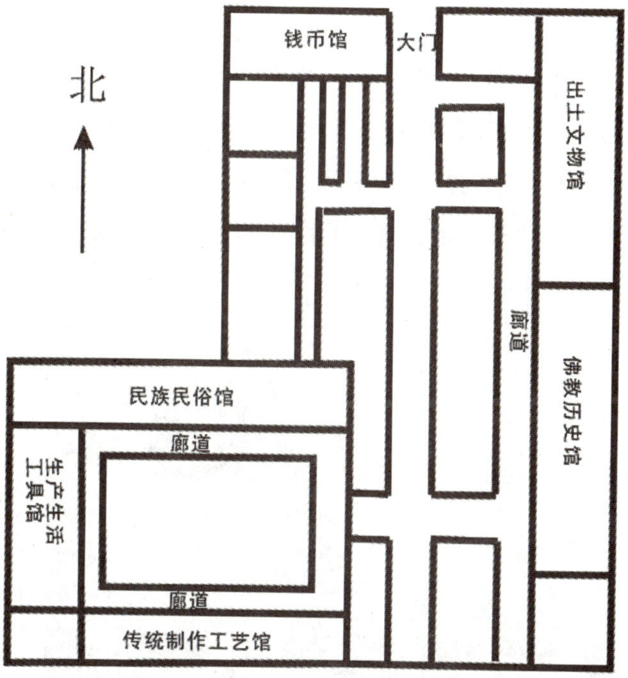

龟兹博物馆平面图

民族民俗馆内的土陶

库车王府艺苑门口的八卦地砖

库车王府内的园林景观

库车王府内的葡萄架走廊

从王府艺苑出来继续朝前，进入王府历史馆，这片区域也是王府的生活区。建筑为内地汉式建筑，馆内同样是满眼绿色。往王府深处行走，还会发现一片藕池，令人诧异。馆内存有历代库车王使用过的物品以及各代王的画像和蜡像。进入其中，宁静肃穆，让人感慨新疆与内地不可分割的关系。再往前走，则是末代库车王爷的麻扎，建筑采用伊斯兰风格。末代王爷达吾提·买合苏提于2014年7月30日在家中去世，享年88岁。

末代库车王爷达吾提·买合苏提麻扎

参观完王府生活区后又原路返回，并进入景区大门右侧的游客接待中心。中心内有库车行政区划图、阿克苏地区图、库车旅游示意图以及大型库车王府模型图。

游客接待中心的前面便是王府清真寺。据介绍，王府清真寺始建于道光八年（1828），建设目的是方便王室家族做礼拜。毁于1937年，2004年重修，成为王府的标志性建筑。继续朝前走，进入王府的古城墙部分。此段城墙为清朝“汉城”城墙遗址，墙体斑驳陆离，满目沧桑。

库车王府给人整体感觉宛如花园，果树遍地，花香满园，当然更少不了藤本植物葡萄。这种景观设计很符合维吾尔族人重视园林的传统习俗。在墙角处摆放各类盆栽花木，给人柔和之感。据说王府内有夜宴活动，此次未能亲历，实为遗憾。

从库车王府出来后，在王府门口的一个摊位上买干货，葡萄干1公斤25元，内地绝非这个价格，当时就买了1公斤。

库车王府内的清真寺

库车王府内“清城墙浏览区”

库车王府内的清朝城墙

完成了库车王府的考察任务，下一站便是库车大寺。大巴车停在库车王府外的清朝城墙下，沿着城墙旁边的小道向里走，突然发现一个烽火台——克黑墩烽火台。这似乎没有在最初的行程之中。后来在网上检索信息，发现很多人都是意外发现了这个遗址。

克黑墩烽火台现为新疆维吾尔族自治区重点文物保护单位，立牌标识，立围栏保护。根据所立牌子的内容简介，克黑墩烽火台“位于库车县热斯坦街道办事处古力巴克社区艾比布拉家里。烽火台平面呈方形，底边长7米，顶边长6米。剖面为梯状，通高9米。为夯筑与土块砌筑交替而建。时

库车王府外的清朝城墙遗址

克黑墩烽火台

维吾尔民居外的花木

库车大寺大门口

代唐代。该遗址是丝路古道上长城防御体系中的一个重要组成部分”。

从克黑墩烽火台往前走，不远处即到库车大寺。道路两边都是维吾尔民居，门前摆放无花果、夹竹桃等花果树木，搭有葡萄棚架。我们沿路行走时，有些维吾尔家门敞开，朝门里望去，有树木和葡萄架。

在新疆境内，库车大寺的规模仅次于喀什艾提尕尔清真寺，系由青砖建造而成。查阅资料得知，原寺于1918年遇到火灾被焚，1923年又重建。库车大寺现为新疆维吾尔自治区重点文物保护单位。我们到库车大寺时，恰逢维吾尔民众做礼拜，无法入内。而且天似乎要下雨，匆匆一眼，定下坐标便即离去，内部构造尚未来得及欣赏。

七

8月21日，早上8:30，考察团一行出发，前往今天考察的第一站——库木吐拉千佛洞。沿314国道新线过渭干河，抵达夏哈土尔古城遗址，该遗址为唐代拓厥关（又名柘厥关）所在地，斯坦因曾在此地发掘得到大量文物，黄文弼等专家也曾踏访此地。现遗址立有纪念碑，据《中国文物地图集·新疆分册》记载，遗址位于新和县渭干河右岸，隔河与乌什吐尔佛寺遗址相对，古城南北长150米，东西宽140米，仅残存断壁。通过实地测量，该遗址的经纬度为北纬41° 41′ 12.04″，东经82° 41′20.84″。

夏哈吐尔古城遗址纪念碑，远处为天山

夏哈吐尔古城遗址东南方向残垣

夏哈吐尔古城遗址保护碑

通过实地观察，该古城遗址目前东南方向残存墙垣，北部有一土台，正好扼守渭干河渡口及峡谷出口，地势险要。遗址北面的高坡上有当地人的墓葬，规模颇大，遗址东面的渭干河大桥由于年岁久远限制经过车辆高度，我们由原路绕道至渭干河左岸，再沿公路抵达库木吐拉千佛洞。千佛洞所处的位置在渭干河边的崖壁上，有一部分石窟开凿于渭干河支流两岸，千佛洞下游2千米左右建有灌溉工程大坝。据了解，大坝的建成对千佛洞的保护有所威胁，洪水曾侵入部分地势低洼的洞窟。此时正值渭干河水位上涨，河水极其浑浊，穿过石窟群的支流也是一片洪水过后的景象，这些对于千佛洞的保护威胁极大。

库木吐拉千佛洞与不远处的克孜尔千佛洞均为魏晋时始建，为古龟兹佛教文化的重要组成部分。洞窟管理人员向我们开放了8处洞窟。我们首先参观了66号窟，该窟位于石窟群最北面，沿崖

泛滥的渭干河

壁开凿了5个洞窟并联为一体，这种开凿方法与甘肃张掖的马蹄寺石窟有共同之处。66号窟壁画大部分已毁坏，可见人为切割及烟火熏燎造成的破坏痕迹。接着我们参观了63号窟，该窟顶部壁画保存较为完整，可见大量绘制的佛像，极为精美。58号窟的乐舞壁画对我们了解古龟兹的舞蹈艺术提供了直接的材料，45号窟则残存有供养人的壁画。在参观这些洞窟后，我们来到了15、16、17窟，三个洞窟位置紧邻，但保存状况不佳。23号窟有不少与佛教故事有关的壁画，从中可以看到鹿、鸟、叼蛇的鹰、树木等形象。24号窟开凿于渭干河支流河谷左岸，其洞窟右上角有壁画残存，可见白色的壁画底。大部分洞窟都可以见到中心柱结构的佛窟开凿形式，其中还有古老的龟兹、回鹘等文字的题记。据管理员介绍，近代以

库木吐拉千佛洞66号窟

库木吐拉千佛洞主要佛窟区

开凿于渭干河支流的石窟

考察队在库木吐拉千佛洞合影

来对洞窟的破坏既有盗窃分子的原因，也有居民居住在部分洞窟中的原因。在参观中，因洞窟内部不允许拍照，这些精美的文化遗产只能在我们脑海中留下深刻印象，让大家对古老龟兹文化赞叹不已。通过实地测量，该遗址的经纬度为北纬41° 42′ 38.56″ ，东经82° 40′ 42.16″ 。

库木吐拉千佛洞作为龟兹佛窟群的重要组成部分，对它的研究能使我们了解古代龟兹文化的兴盛，对古代这一地区宗教文化等研究意义重大。就我们所见的情况，洞窟的保护仍然有一些问题。水电站的修建使得渭干河对洞窟的威胁变大，沿河的堤坝可见洪水泛滥造成的破坏，部分洞窟被泥沙填埋，这是洞窟保护面临的较大问题。千佛洞作为景点开发后对壁画等造成了一些毁坏，一些不文明的游客在壁画上直接刻字涂鸦，使得千年文物惨遭荼毒，为人所不齿。

克孜尔尕哈烽燧与盐水沟峡谷

参观库木吐拉千佛洞后，我们前往考察的下一站——克孜尔尕哈烽燧。该烽燧位于库车北面的盐水沟沟口，建于东汉，是目前保存得较为完好的汉代烽燧遗址。《中国文物地图集·新疆分册》里提到该烽燧东西长6米，南北宽4.5米，残高15米，遗址所在地的介绍则说该烽燧长6.5米，宽4.5米，高13.5米，可能是近年来遗址有所坍塌。克孜尔尕哈烽燧耸立于盐水沟左岸，沿盐水沟往北也有几处烽燧遗址，古代从库车到拜城、阿格等地的道路途经盐水沟，这些烽燧对军事通讯及道路畅通有极大的意义。2014年，该遗址作为长安—天山廊道路网的重要组成部分纳入世界文化遗产，目前烽燧的保护情况较佳。克孜尔尕哈烽燧北邻却勒塔格山，可俯瞰整个盐水沟峡谷，附近有壮观的雅丹地貌及历史悠久的克孜尔尕哈石窟，人文、自然风光极其优美。通过实地测量，克孜尔尕哈烽燧遗址的经纬度为北纬41° 47′ 30.99″ ，东经82° 53′ 55.34″ 。

中午，在独库公路边吃过午餐后，我们一行人来到龟兹故城遗址，该遗址在库车河东岸，因位于皮朗村，又称皮朗古城。《中国文物地图集·新疆分册》中说该遗址仅存北垣、东垣，北垣残长1100米，东垣残长11.4米，原周长约7千米。该城被认为是汉唐时期龟兹的首府，唐曾设立安西都护府及龟兹镇于此地，是西域中道途经的重要城市。

我们先前往杏花园公园，龟兹故城的一段城墙位于公园内，在公园对面的公路边有另外一段城墙，这是龟兹故城残存的北垣。残垣中可见红陶片、石块等，故城的保存情况不是特别好，地表较为潮湿，且有在遗址乱扔垃圾的现象。龟兹故城如今辉煌不再，仅留残墙一片，其兴盛于汉唐，大概废弃于宋元时期，清代在库车河西岸修建了现在的库车老城。关于龟兹故城废弃的原因目前尚未

龟兹故城遗址保护碑

龟兹故城残存的北城垣

有答案，这是龟兹留给后人的一个谜。通过实地测量，该遗址的经纬度为北纬41° 43′ 16.18″ ，东经82° 56′ 38.67″ 。

离开龟兹故城后，我们乘车来到了库车东北方向兰干村的苏巴什佛寺遗址，这里曾耸立过古代龟兹著名的昭怙厘寺，《水经注》《大唐西域记》等均对该寺有所记载。苏巴什佛寺遗址是目前新疆规模最大的佛教遗址群，在古代龟兹佛教文化中占有举足轻重的地位。该遗址位于库车河流过却勒塔格山的峡谷出口，被河流分为东、西两大部分。其中西寺面积较大，也是我们本次考察的主要区域。东寺交通不便，在库车河枯水期可涉河而至，七八月份正值库车河汛期，故未能踏访东寺。西寺面积约11万平方米，东寺面积约7.8万平方米，目前西寺遗址保存较完整的有3座佛塔、1座佛寺及5个禅窟。西寺大殿又被称为苏巴什古城，建筑呈长方形，周长318米，残高10.8米，位于遗址中部。西寺佛塔现存三个，其中中佛塔保存较好，残高13米，有明显可见的斜坡踏道。通过实地测量，西寺大殿遗址的经纬度为北纬41° 51′ 19.78″ ，东经83° 02′ 49.87″ 。

苏巴什佛寺遗址西寺全景

苏巴什佛寺遗址西寺大殿

苏巴什佛寺在古代曾辉煌一时，近代以来，一些外国探险家将佛寺遗留文物搜刮而去，现藏于日本东京国立博物馆的龟兹乐舞舍利盒便是日本探险队当年窃取出境的。苏巴什曾经僧侣云集的情况早已成为过往云烟，在14世纪回鹘政权瓦解后，伊斯兰教成为龟兹地区的主要信仰，佛教在龟兹日渐式微。苏巴什佛寺的地理位置适合发展水利，我们看到在佛寺东面有滨河而建的引水渠及民国时建的大坝。穿过佛寺往北有道路通往伊犁河流域，这也是丝绸之路的一部分。2014年6月，苏巴什佛寺遗址作为长安—天山廊道路网的重要组成部分成为世界文化遗产。

苏巴什佛寺遗址西寺中佛塔

苏巴什佛寺遗址附近的引水渠

离开苏巴什佛寺后，我们乘车离开库车，由高速公路向东返回“南疆之星”库尔勒。傍晚时分，我们到达库尔勒，结束了今天的考察日程。

八

8月22日，早上8:30，我们启程返回乌鲁木齐，一路上主要考察了博格达沁古城及峡口古城。

10:00左右，我们到达博格达沁古城。博格达沁古城位于焉耆回族自治县四十里城子镇东南，从卫星地图上能清晰看到古城的大致形态。古城大致呈西北—东南走向，《中国文物地图集·新疆分册》中记载该城周长3088米，墙外四周低洼，似为护城河遗迹，该城被认为是唐代焉耆国都所在地。我们主要考察了古城西角，城墙的痕迹十分清晰，城外的护城河遗迹仍有水流。古城北角墙垣保存较为完整，城内可见土台数处。从古城所处的自然环境看，该地适合放牧耕作，附近有河流。我们考察所见的其他古城大都草木稀疏，博格达沁则水草丰美。通过实地测量，博格达沁古城西角的经纬度为北纬41° 57′ 35.99″ ，东经86° 29′ 53.55″ 。

博格达沁古城卫星图

博格达沁古城西南城垣遗迹

离开博格达沁古城后，我们由吐和高速向北行进，中午在库米什暂作休息，然后继续前行。下午时分，经过托克逊后我们进入达坂城白杨河河谷，唐代著名的白水涧古道便是从此经过的。在高速公路上，我们看到了修建在白杨河谷北端出口的峡口古城，该城地势较高，俯视整个河谷，军事上的位置十分重要。经过白水涧古道后，我们一路北行，傍晚时分抵达乌鲁木齐，结束了八天的考察之行。虽然辛苦，但队员们都觉得收获很多。

峡口古城

清代四川僻北路渝合段考察札记

张颖

作者简介

张颖，男，1982年生，就职于重庆自然博物馆。

清代重庆通往陕西的大路与嘉陵江水道互为补充，其路线由巴县北经合州、定远、南充、西充、南部、阆中、苍溪，在广元与金牛道相接。雍正《四川通志》卷二十二下《驿传》载："僻北路奉裁驿站，自广元县起温汤驿止，共九站。"[①]乾隆《巴县志》卷二《驿递》载："温汤驿，在县西北一百里，往陕西僻站……"相对于成都通往陕西的川省北大路（即金牛道），我们可称渝利段为川省僻北路或重庆的北大路。

僻北路最早在元代被置为川省内部的干线驿路[②]，联系当时另一条从广元东南接梁山的驿路，可以看出其设置与元军当初在四川战场上以川北进据川东的军事行动渊源甚深。僻北路第二次因军兴受到重用是在明清之际，清军由陕西入川之初主要以川北为据，在与大西军、南明的反复拉锯

① 九站为圆山驿、施店驿、阆中县（锦屏驿）、南部县、金山驿、南充县（嘉陵驿）、刘家场驿、合州站、温汤驿。

② 蓝勇：《元代四川驿站汇考》，《成都大学学报》（社科版）1991年第4期。从广元到重庆依次设有宁武陆站、板石陆站、永宁陆站、槐树陆站、宝峰陆站、芦溪陆站、顺庆陆站、青居陆站、平滩陆站、盐滩陆站、合阳陆站、钓鱼山陆站、古渝陆站。

中，包括后来康熙平藩反攻四川，重庆成为几方争夺的重镇而多次易手。全川恢复后，僻北路作为清前期盆地内唯一不由成都发出的省级驿路，体现了重庆在川省日趋重要的地位。而雍正年间将其马驿尽行裁汰，并将部分站马调拨川东路，也反应出僻北路在承平时期的地位有所下降，同时与明清以来川省南北向的交通作用逐渐式微于东西向的趋势相符①。

鉴于僻北路在古代重庆与川北、陕西之间的交通地位，我们在2015年对其中川东岭谷区的渝合段进行了系统考察，梳理了清代僻北路翻越华蓥山三分支的具体路线，对沿线的塘铺设置与历史遗存有了确切认知，为今后继续北上考察并绘制重庆北大路历史交通地图奠定了基础。

关于僻北路的具体走向，在不同时期各段多有调整。如明代合州北路是在云门铺（今云门镇）渡嘉陵江，经江东北上②。而在乾隆《合州志》中，合州北路则改走大石铺、回龙铺、古楼铺、香炉铺，俱在江西。这样看来，清代合州北路的改线主要是因为定远县在明嘉靖三十年的迁治，即由江东的旧县迁往了江西的庙儿坝（今中心镇）。同样在我们考察的渝合段，各时期的走向也有差异。据《析津志》和《经世大典》记载，元代渝合段设有三个陆站，分别为古渝陆站（今重庆渝中区）、钓鱼山陆站（今钓鱼城）、合阳陆站（今合川合阳街道）。联系南宋在江北建多功城、南齐于东阳设郡（宋为东阳镇）、东阳一带发掘的汉代遗迹及大型巴人墓葬等，可基本判断在宋元乃至更早时期渝合间的主要陆路为嘉陵江小三峡一线，与清代江北厅至合州的大路大致相仿。笔者曾于2014年考察过此线，具体走向为今江北城、头塘、尖山、鸳鸯桥、花朝（多功城山下）、悦来场、清溪口、亭溪口、水土、白庙子（观音峡）、黄桷、东阳镇、二岩（温塘峡）、草街子、麻柳场、沥鼻峡、龙洞沱、钓鱼城、东渡口、合阳街道③。

到了明代，主线有了根本变化，不再傍小三峡而行。据正德《四川志》卷十三记载，当时巴县总铺往北设有浮图铺、龙坎铺、双树铺、天池铺、停子铺、石英铺、斜崖铺、沙溪铺、青木铺、高滩铺、铜佛铺、水清铺、澄江铺，合州以南设有高歇铺④。其中浮图铺在浮图关，龙坎铺在小龙坎，天池铺可能在歌乐山大天池，青木铺在青木关，澄江铺在北碚澄江镇，高歇铺在合川南津街道高歇铺，其他地名消失已久，无从考证。不过从中可以看出，明代翻越歌乐山的路线应该与清代不同，过了缙云山青木关后也没有继续翻越云雾山，而是在澄江交合州界。

及至清代，路线又有了进一步调整。据雍正《四川通志》卷二十二下记载，当时巴县以北设有白崖铺、金刚坡铺、高滩铺、青木关铺、温汤驿铺、杨家场铺、青石镇铺、凉风垭铺，合州以南设有瀼溪坝铺、风垭铺。风垭即今璧山八塘通往合川的云雾山垭口。至此，渝合段形成了翻越华蓥山三支脉即中梁山、缙云山、云雾山的完整路线。乾隆之后，铺递的站数虽有调整，但路线已成固定。据乾隆《巴县志》卷二《驿递》，巴县通往合州的西北路为："由底铺十里至佛图关，十里龙

---

① 据雍正《四川通志》卷二十二下《驿传》，除僻北路外，川省僻南路和僻东北路的各站马驿也被尽行裁汰。又据乾隆《巴县志》和道光《綦江县志》，由重庆经綦江通往贵州的大路在雍正间也相继裁汰了重庆境内的马驿。

② 据正德《四川志》卷十三记载，明代合州北路为思归铺、云门铺、普贤铺、冠山铺、丰门铺、清水铺接定远县，万历《合州志》所载相同。其中除了思归铺（今思居老街），其他俱在江东。

③ 据近代文献与实地考察，近代江合大路在过了沥鼻峡后改走沙溪庙、东津沱、南津街至合州。

④ 正德《四川志》在合州的铺递中没标注方位，万历《合州志》在合州以南只设有高歇铺。

坎，十里白崖，十里石道，十里金刚，十里高滩，十里八庙，十里青木，十里打铁铺，十里温汤，十里伏虎，十二里七塘，十里蛮子铺，十里八塘，十二里新市，十三里九塘交合州界，共十五铺司，兵四十五名。”乾隆《合州志》卷二《铺舍》载：“底塘下行十五里至岗石铺，十五里至瀼溪铺，十五里至观音铺，十里至南峰铺。”后来几部《巴县志》和《合州志》的铺站照录上述，我们对于渝合段的考察即以此为依准。

需要特别注意的是，清代在交通要道上还设有绿营兵驻守的塘汛。乾隆《巴县志》卷五《塘汛》记载西北路旱塘为：“三圣殿十里佛图关，三十里白岩镇，二十五里金刚坡，十五里高滩桥，二十里青木关，二十五里温汤驿，二十五里杨家场，二十五里青石镇，十里风垭塘交合州界，俱右营，每塘兵二名。”乾隆《合州志》卷二《塘汛》载：“自底塘南行二十里至瀼溪塘，十五里至侯家漕，十里至峰丫塘。”塘是清代绿营兵驻守的最小单位，类似于军事哨卡，主责治安警备与军机传递，由营汛分派于各交通要道，每若干距离设一站，形成连绵不断的塘路，沿陆路而设称为旱塘，沿水路而设称为水塘，每塘驻兵数名，建有塘房、墩台、望楼等。除了职能上与铺递之类的一般邮驿设施有别，在设置性质上，塘兵属军队系统，由绿营管理，费用在军饷内支付；而铺递的司兵属行政系统，由地方州县管理，费用由地方财政支付①。由于旱塘也具备一定的邮递功能（以军报为主），在特殊时期也兼传一些国家紧急公文，又常与铺递设于同站，故一些志书如道光《重庆府志》也将两者以“塘铺”合计。具体在渝合大路上，我们发现一些旱塘与同站的铺递在记载中并不同名，显示出一些地名因塘站而改称（如璧山的七塘、八塘等），所以渝合塘站的考证对于铺站定位具有很大的参考价值，同时也可以考察沿线地名的沿革变化。

一、佛图关西北路、大龙坎、小龙坎

按乾隆《巴县志》的记载，巴县西北路（渝合线）与西路（成渝线）在佛图关分道，佛图关是塘铺并置，并设有绿营专汛，因“渝合十塘”的俗称，佛图关被作为巴县至合州的头塘②。关于渝中半岛扼颈要塞佛图关的名实沿革、地理定位、过往路线等，西南大学的蓝勇教授已有非常详尽的研究③，其中西北路通过佛图关的路线与西路一样从仁靖门入，经夜雨寺、姚公上场、佛图汛坊门，在过了南屏关门后与西路分道，转西北角从瑞丰门出。笔者于3月6日沿着蓝勇教授的考察路线将佛图关各要素现场复原，其中仁靖门的位置在今佛图关摩崖题刻西端“有求必应”神龛处，瑞丰门在今大坪医院家属区20栋、24栋与25栋之间，由此出佛图关为一个长下坡至九坑子，再往虎头岩、六店子、大龙坎、小龙坎便是西北路。后来笔者在查阅清末国璋《重庆府治全图》、张云轩

① 唐冶泽：《重庆出土清代沿河查盗章程碑考》，《中华文化论坛》2013年第1期。

② 乾隆巴县档案《重庆府图》中在浮图关注有头塘，并在各站分注二塘、四塘、五塘，道光《四川分县详细图说》巴县图中分注有三塘、四塘。

③ 蓝勇：《浮图关名实及地理定位研究》，王希主编《中国和世界历史中的重庆——重庆历史研究论文选编》，重庆大学出版社，2013年。重庆城至浮图关的路线参见该文考证。

《重庆府治全图》、刘子如《增广重庆府治全图》时发现同一个问题，即三图都将出佛图关的大路绘于瑞丰门外，而我们知道大路所出应是西路通往成都的大关门，这从通往成都的白市驿注为冲站，而通往陕西的温汤驿注为僻站也可一鉴。要么于两门外皆绘出大路，要么仅于大关门外绘出大路，而仅于瑞丰门外绘出大路是明显的错误。在近来出版的法国国家图书馆藏《渝城图》中，我们看到佛图关虽分注有“通省塘路”和“通合州璧山大塘路”，但也存在一定问题。首先，“大塘路”应该是通省城；其次，往璧山的解银解犯大路虽在高店子与僻北路分道（详后），但并非设有驿递的塘路①。

考察完佛图关后，笔者当日下午从大坪乘轻轨来到小龙坎，东向考察了平顶山至九坑子一线的渝中龙脊，后来在6月13日又去补拍了些照片。按民间相传，平顶山呈龙状延绵至鹅岭，上下分别有大龙坎、小龙坎，指两处由天然石壁形成的门坎，坡脚的石门相对要窄些，所以叫小门坎，又称小龙坎。明代正德《四川志》中已有龙坎铺的记载，清代巴县档案《重庆府图》中西北路出佛图关后是经大龙坎、小龙坎通往二塘，说明当时就有大小龙坎之分，后来一些民国地图上也有了大小门坎的分别标注②。在小龙坎广场打听上大龙坎的老大路，说是要从后山坡上平顶山，但原径已基本被毁，现在多走变电站前的健身梯。从后山坡老街依势而上，部分石板遗迹比上部的健身梯要旧一些，但年代应该也不太久远。问当地老人小龙坎的“门坎”具体在何处，都说目前地形变化太大，已无法确定，又说旧称的小龙坎实际上在今广场附近，与后山坡是相接的。考虑到小龙坎正街和新街是后来才发展起来，最早的小龙坎应该就在后山坡脚临近广场一带，这里原来的地形与小龙坎的得名也比较符合。

平顶山至鹅岭一线是渝中半岛的制高山脉，故有渝中龙脊之称。山顶的地势比较开阔，有条半米多宽的土路通往六店子，当地人说这就是以前佛图关过来的老大路，只是石板早被抽作田坎或屋基，所谓的大龙坎就在这一带。按1984年《四川省重庆市沙坪坝区地名录》认为大龙坎在虎头岩，小龙坎在马家岩，与当地百姓的俗称不符。结合民国地图上对大小门坎的标注，我们认为大小龙坎分别位于平顶山顶部和坡脚的说法是比较合理的。

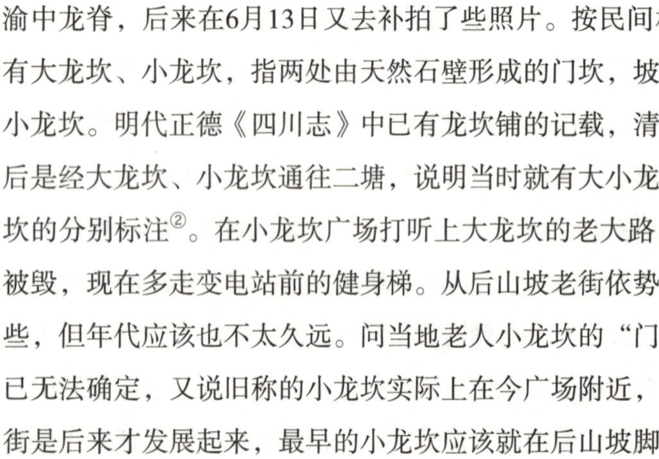

以六店子命名的车站

沿小路行走山脊，视野高旷，北侧山脚的嘉陵江、土湾一目了然，对渝中龙脊的说法有了直观感受。平顶山下六

---

① 据同治《璧山县志》卷五《铺递》，璧山县走递公文的塘路是南经画眉铺、虎峰铺、响水铺、三溪铺接成渝东大路。

② 如民国参谋本部陆地测绘总局1931年十万分之一尺巴县（重庆）图、军令部陆地测量总局1931年十万分之一尺巴县（附江北县城）图等。

小龙坎后山坡老街

平顶山顶部即大龙坎

店子的路坡度很缓，从一个变电站旁穿过，来到阿卡迪亚小区，附近有以六店子命名的车站、小区、学校，但原址老街早已面目全非。六店子在清代文献中并无记载，但在民国的地图中多有标注，是从浮图关往小龙坎的必经之处，从地名可以看出这里曾是老大路上的腰店子。之后一直沿公路经虎头岩到九坑子，发现从佛图关至九坑子的坡度明显大于从六店子至平顶山，平顶山的海拔比佛图关要稍低一些。“龙脊”两头的制高点之间为一凹伏平坦地带，故城区开发选择向此段延伸，这里也是连接佛图关和平顶山最便利的路线，僻北路出瑞丰门后即取此线通往小龙坎。

二、白崖镇、高店子（石道铺）

除了铺递，白崖镇在乾隆《巴县志》中的西北路旱塘和水塘也有记载，是今沙坪坝著名古镇瓷器口的旧称，按渝合旱塘的站数顺序当为二塘所在。但我们在查阅光绪《巴县乡土志》“乡里大势图”和民国《巴县志》“第一区全图”时发现，“二塘”被标注在井口北部，距磁器口有十多里路。同样，在20世纪八九十年代出版的一批新方志中，都把“渝合十塘”之二塘定为今井口镇的二塘村，其中《重庆市沙坪坝区交通志》介绍经过考证得出二塘白崖在井口的结论，但并没表述具体的考证过程，其复原的路线图有明显的不合理之处。除了官方志书外，渝合二塘在井口的说法在民间也流传甚广，网上搜索结果众多。鉴于不同时期文献记载的差异，以及现实中二塘地名与古道路线的偏离，我们需要对有关资料作一定的梳理与解释。

“白崖”最早在宋代就有了记载，是当时巴县的一个草市。《舆地纪胜》卷一七五《重庆府·景物上》：“白崖，在府北三十里，有白崖山及白崖市，白崖寺又有白崖神墓。”《方舆胜览》卷六十《重庆府·山川》：“白崖山，在府城北三十里，有市及寺。”从中可以得知白崖市傍依白崖山，还有白崖寺，皆以景物得名。元明时期白崖地名仍见史载，《大元混一方舆胜览》卷中《重庆路·景致》：“白崖山，上有寺”；嘉靖《四川总志》卷九《重庆府·山川》：“白崖山，一在府治西北五十里，又名朝阳山”；万历《重庆府志》中载有白崖乡。清乾隆三十九年

（1774），四川学政吴省钦由重庆北往阆中，继著诗《佛图关》后，续有《自白岩（崖）至梁滩宿福善寺》[①]。乾隆《巴县志》卷二《津渡》载："白崖镇，县西三十里，直一甲，渡船三十三，通璧山、铜梁及县属祥、正、直、礼、义五乡，米口"；又卷一《山川》载："龙隐山，一甲，在县西三十里，即白崖镇，脉出歌乐山……宋咸平年间建宝轮寺……"；卷十六《七绝》中录有邑令王尔鉴的《望白崖宝轮寺》。在清代巴县档案及所附的乾隆《重庆府图》中多有龙隐山和龙隐镇的记载，显然这时白崖镇已有了龙隐镇之称，宝轮寺即《舆地纪胜》中的白崖寺。同时乾隆间也有了瓷器镇的地名[②]，据道光元年的一份巴县正堂告示："照得渝城临江门搭船至磁器口，逆水四十余里，磁器口搭船至临江门，顺水三十余里，系水陆冲衢，并通璧山、铜梁、大足等处，每日经过客商络绎不绝。"[③]又民国《巴县志》卷一《山脉》："歌乐山东衍为龙隐山，宋咸平中建宝轮寺……按白崖山即龙隐山，白崖寺为宝轮寺……又东为石璧山，一名金璧，石璧崇峻，横斜江边。龙隐、石璧之间为龙隐镇，水陆交会，极便舟车，为城西重镇，陶器甲全县，故里人又呼曰瓷器口。"从上引文献来看，白崖镇就是今磁器口无疑，井口白崖说没有任何史料来源。同时乾隆《巴县志》卷二《津渡》中将井口镇与白崖镇并列，显然不是同一地点。而从地望来看，位于瓷器口以北十多里的井口二塘与头塘佛图关及三塘金刚坡的间距远超乾隆《巴县志》所载，其迂回的路线极不合理。在乾隆巴县档案《重庆府图》中也可以看到，二塘位于小龙坎和高店子之间[④]，所以井口二塘的得名并非"渝合十塘"中的二塘白崖。而关于近代地图上对井口二塘的标注，由于缺乏文字方面的史料，我们暂时还无法考证其缘由，如果一定要作出推测的话，也许是水塘调整带来的地名。按乾隆《巴县志》卷五《塘汛》的记载，巴县境嘉陵江上设置的西北路水塘从朝天门往北依次为白崖、七孔子、土沱，在草街子与合州水塘相交，如果以白崖为西北水路头塘的话，七孔子（今同兴渡口对岸略下游）便是二塘。其实文献记载中并不乏塘汛改移或增置的例证[⑤]，考虑到井口二塘距"渝合十塘"的陆路确实偏离过多，距七孔子倒很近，又毗邻嘉陵江，在道光《江北厅志》和光绪《江北厅乡土志》中也有"水二塘"之称，其得名或许就来自于清后期某次嘉陵江水塘的调整。

磁器口古镇的地势分布大致可概括为"三山两溪四街"，由北往南依次为金璧山（又名石壁山）、金碧正街、凤凰溪（又名金碧溪，有金碧古桥）、金蓉横街（磁器口横街）、白崖山（又名龙隐山、马鞍山）、金蓉正街（瓷器口正街）、清水溪（又名跳石河、杨公桥溪，有金蓉古桥）、金沙正街（又名新街）、凤凰山。3月8日，笔者在考察歌乐山之前来到磁器口南侧的凤凰山眺望，磁器口正街所傍依的白崖山由歌乐山前衍抵嘉陵江，山上的宝轮寺耸立巍然，整个形势与文献记载非常相洽。当时以为小龙坎至磁器口间已完全城市化，便没作此段的细致考察，对于老大路如何进

---

① 吴省钦：《白华入蜀诗钞》，《清代诗文集汇编》（第372册），上海古籍出版社，2010年，第271页。

② 四川省档案馆编：《清代巴县档案汇编：乾隆卷》，档案出版社，1991年，第241页。

③ 四川省档案馆编：《清代乾嘉道巴县档案选编》，四川大学出版社，1989年，第409页。

④ 按该图中二塘的位置在龙隐镇西南，可能略有偏差。

⑤ 如江北厅原设有大庵汛及相应的塘路，据光绪《江北厅乡土志·道路》记载，大庵汛后来曾移驻秦家场，清末又移驻龙王洞；又如乾隆《巴县志》卷五《哨船》记载，乾隆二十五年曾在鲁班庙增设了一站西北路水塘。

出磁器口场镇也没有注意。后来在当地文物保护志愿者的指引下，我们在凤凰山附近一个叫大碑的地方找到了一块义冢捐修碑，紧贴一家人户的门口，年代落款为“大清道光乙酉五年八月”，碑侧还剩一段以前从沙坪坝过来的老大路，只是石板已经过整治。按《沙坪坝区地名录》的记载，“大碑”地名来自于1750年立于此地的修路记功碑，不知以何为据。访问周边居民，说是真正的大碑原在这家人户屋里，是义冢的正碑，现已不存，又说以前这一带有好几块碑，目前只剩这一块，至于是否有修路碑已说不清楚了。通过后来的考察，从小龙坎过来的老大路应该是在大碑翻越凤凰山，然后沿着金沙正街经金蓉桥跨过清水溪，进入磁器口正街后再出西场口通往歌乐山。不过据民国的一些地图来看，近代以来又形成了一条从小龙坎西北经大小杨公桥抵歌乐山的近道，在山脚的杨家院子附近与磁器口上高店子的老大路汇合。

接下来要落实石道铺，检索各版新地图皆不存相关地名，来到烈士墓、白公馆附近询问，也没人知道所在，看来只有在沿途考察中来确定。白公馆前的健身道旁有一条旧礀路从松林坡背后通往老黄桷树，仍被附近百姓作为上山的捷径，这就是歌乐山东坡遗留下来的“古道三百梯”。礀路初段从几户人家穿过，大概一米宽的石板，道旁有一口六角古井，附近居民仍在打水，想必当年也为路人取饮。至一陡坡处，石梯扩宽达两米，右边临崖一线有残缺的半米高石质护栏，地名俗称“石栏杆”，又称“挡马墙”。栏杆遗存很短，大多仅剩础基，相对完整的只有两版，每版为两块长形石板横立垒砌，两头嵌以石杆固定，与一些石桥上的栏杆类似。可以看到，为了扩宽道幅与巩固路基，礀路外侧的边坡还用规整的石方磊筑了保坎，但因日久水土流失，边坡地基渐渐沉陷，其中一版栏杆已沉至几乎与礀路平行，稍不注意还看不出来。在我们所

凤凰山义冢捐修碑与附近老大路旧径

凤凰山义冢捐修碑与附近老大路旧径

磁器口即白崖镇

宝轮寺即白崖寺

考察的重庆周边古道中，路边护栏也有零星遗存，但多为利用天然基岩就地凿制，或碎石干磊，像三百梯这样用规整构件砌筑的石栏杆还仅此一例，这是非常宝贵的遗迹。

上行不远的左侧崖壁上有“请君一念”题刻，字迹清晰可辨，无落款年代，可惜下部被好事之徒刻上了一幅猥琐的图案。全文内容分两部分，上文是一首打油诗，感叹三百梯古道的陡峭艰辛，首句为“缓步扶筇高店场”。按，高店场即垭口处的高店子老街，同治《巴县志》中载为高店子，光绪《巴县城乡全图》中标为高店场，民国《巴县志》中又称为高店乡，这样看来题刻年代可能在光绪间。下文是“请君一念”的主旨，大意是叫人要行正道，不取昧心钱，刻在大道旁应该还有遏盗劝善的意思。沿着一条干涸的沟涧继续前行，有座废弃的单孔石拱桥横跨其上，部分被山洪冲毁，拱顶无年代题刻，当地称之同善桥，古道应该从此跨沟，但现已不能通行。碥路从沟涧右侧上行不远便被上山的公路截断，沿公路走几十米又接上了立有“古道三百梯”石碑的步道，是当地政府在原有碥路基础上打造的健身梯，一直延伸到林中乐辣子鸡总店前的老黄桷树，之后又与公路相接。从黄桷树到高店子还有几百米的缓坡，以往行人攀爬至此便在黄桷树下歇气喝茶，稍稍调整后再继续上行。老黄桷树据说在20世纪90年代因枯死被截，现当地政府在原址立有相关介绍的画幅。后来在6月12

三百梯碥路

三百梯磡路

三百梯石栏杆

三百梯六角井

“请君一念”题刻

同善桥

老黄桷树

日，笔者与市气象局的段理、歌乐山镇纪委书记兼宣传委员何江、史地爱好者江洲又重新考察此段，补拍了些照片，热情的何江先生请我们品尝了原汁原味的辣子鸡。

高店子老街已被铺成了水泥路，中部微微凸起，场口两头跨垭口分别缓缓而下，街上还有些木构老屋，建有沙区首位党员喻克由烈士的展览馆和塑像。乾隆《巴县志》卷二《场镇》直里中有高店子，同卷《关隘》载：“高店，隘口，县西北四十里，直里一甲，石路陡峭，盘五里而上，高临歌乐山，北俯嘉陵，南连龙洞，此处置守则水陆可相为犄角。”垭口关隘附近大多设有铺递，比如之后我们考察的缙云山青木关和云雾山风垭口等。笔者在乾隆《巴县志》卷三《赋役志》中发现，石道铺被另写为“稻（道）场”，而磁器口至金刚坡间只有一个高店场。在清代巴县档案《重庆府图》中，西北路经二塘后的下一站便是高店子。同样在道光《四川分县详细图说》的巴县图中，西北路是经过高店子再通往三塘。所以石道铺应该就设在高店子老街，石道的得名可能与上高店关“石路陡峭”的路途地形有关，而西北路经高店子翻越歌乐山也从侧面证明了二塘不可能在井口。关于高店关口的具体位置，当地人说就在老街中部微微凸起处，以前有一道关门（待考），旁边还有收押犯人的卡房和官府设的官店，现全无遗迹，只剩下垭口状的老街还依稀让人看出关隘的形势。另明正德《四川志》记载巴县北路第四站为天池铺，可能在歌乐山大天池，与清代翻越歌乐山的路线有别。

关于“高店子的黄糕——去不吃，转来吃”的典故，从当地人口中说来栩栩如生。大意是一位受冤的重犯黄老幺被押往省城，路过高店子想吃黄糕，被差人制止，卖黄糕的老板同情地说：“你转来吃嘛。”后经成都省府衙门审理，黄老幺冤情得洗，无罪释放，果真回到高店子来吃了黄糕，并报答了老板的良心吉言。典故中由重庆往省城押送要犯的路线应该是小川东路，即“由川东大路上之简阳分出，东经乐至、安岳、大足、铜梁、璧山、而达重庆”，为“蓉渝联络之捷径”，行程“八百一十五里，较南道（大川东）缩短两百里”[①]。当地老人说旧时此路为成渝必经，对东大路反而不甚知晓，反映了普通百姓在信息不畅的年代只识家门路的习性。其中重庆往璧山的路线在乾隆《巴县志》卷一《幅员》有载：“又西北由高店、虎溪河至金剑山抵璧山县界，由金剑十五里抵璧山城，系解银解犯赴县寄监库大路。”据嘉庆十九年虎溪场（即虎溪河）客长黄联元向县令提交的具禀状称，其场境内有条大路系成都至重庆的交通要道，每天“商贾往来络绎不绝，兼有运解银饷、招审人犯，均由此过”[②]。由此看来，当时重庆往省城解银解犯可能取用过小川东路，而这条成渝捷径最早应该在乾嘉期间便已形成。《四川新地志》又谈到小川东路由璧山往重庆“于凉亭关、高店子两次渡山”。在乾隆巴县档案的一份刑书禀状中记载：“上由西路璧山、铜梁、合州，自城起递解，必由高店子，原修有卡房一所，现存，周围垣墙丈尺不高，应宜修补。”[③]可见由重庆通往合州、璧山、铜梁的递解大路在翻越歌乐山时都要经过高店子，其中往璧山的小川东路是在高店子与僻北路分道，从冷水沟下歌乐山，经永兴场、虎溪场、伍家沟，于瓦亭关翻越缙云山[④]。

《读史方舆纪要》引孙氏曰：“重庆三面临江，春水泛涨，一望弥漫，不可卒渡，其出入必经之要道，惟浮图关至二郎关一路耳。”其实我们还可以看到，受扼颈半岛特殊地形的惯性控制，即便出浮图关后，重庆西北向的陆路交通网仍未完全展开，直到翻过中梁山脉才渐渐发散，所以才会在高店子之前呈“多途并于一径”的现象。歌乐山镇政府曾于2006年在高店子小学内发现了道光二十五年的《禀遵示禁》碑，是当时巴县县令发布的治安协查告示。碑文大意为：高店子过往商客频繁，外来闲杂日多，盗窃抢劫案件频发，故颁文规定不许非法之徒往来，且禁止当地寺庙与客栈等收留、招募来历不轨者，如有发现尸首，需报官而不得私埋等[⑤]。当地人说高店子小学即旧时的庙宇，以前还有戏楼，此碑文也印证了高店子实为重庆西北向交通上的枢纽驿站。

作为僻北路和小川东路的节点，在近代的川省战事中，高店子往往成为西北向攻守重庆的军事要塞。1920年5月，川军第二十一军刘湘潜袭久据重庆的黔军，由合川分两路南下，“一由江北，一由璧山，其由璧山来者，逾高店子险隘，直抵城西四十里之磁器口，激战数日夜，刘军乃去。黔

① 郑励俭：《四川新地志》，正中书局，1946年，第288页。

② 巴县档案6—2—369—2，转引自梁勇《移民、国家与地方权势——以清代巴县为例》中华书局，2014年，第168页。

③ 四川档案馆编：《清代巴县档案汇编：乾隆卷》，档案出版社，1991年，第53页。

④ 重庆经高店子、青木关、璧山、铜梁、遂宁往成都的小北路在青木关与僻北路分道，详后青木关部分。

⑤ 《沙坪坝文化地图》，重庆大学出版社，2010年，第60页。

军旋出兵夺取合川、武胜等县”[①]。又1923年9月，前敌总司令赖星辉率一军与三军合组之同盟军各师旅，突击偕鄂部北洋军进驻重庆的二军杨森，取道璧山，“由凉亭关、虎峰山各隘侵入县境，杨部退却，赖部遂夺取高店子要隘，直达沙坪坝，分驻小龙坎、石桥铺一带，派兵攻击佛图关，日夜不息”[②]。通常认为青木关是重庆的北大门，这样看来在未通公路前，主城近郊的高店子尽控佛图关外的西北向交通，同样具有非常重要的地位。

需要补充的是，近代以来又形成了一条由磁器口不经高店子翻越歌乐山的支路。光绪《巴县乡土志》下卷《地理·道路》记载：“又由临江门赶船，上水至磁器口登岸，上滚柴坡到对角桥，十里廖家店，走槽上四里合高店子支路。又由廖家店下金刚坡计四里，又三里余至万寿桥，八里至土主场，十五里八庙堂，十五里青木关交璧山界。”经我们后来的补充考察，此路由磁器口横街过金碧桥跨凤凰溪，经石井坡、大河沟、对角桥、廖家店抵金刚坡，其中对角桥段仍保存了三四百米的碥路，廖家店有支路通冷水沟接小川东路。结合民国的一些地图与实地的访问，我们发现近代以来僻北路翻越歌乐山的路线有了一些局部的变化。从浮图关、小龙坎一路过来，如果行旅在磁器口没有事务的话，一般取大小杨公桥经三百梯、高店子往金刚坡，这样路程相对取近；如果要经过磁器口或乘舟至磁器口登陆，则不再西折上高店子，而是从大河沟上对角桥往金刚坡，这样路程也不迂回。其中在国民党将白公馆附近（包括松林坡三百梯）划为军事禁区的时期，普通百姓可能更多是走对角桥这边上山。值得注意的是，在我们对高店子的访问中，当地上了年纪的老人都回忆说新中国成立前这里是成渝中大路，即便在我们的刻意提示下也没有谈到是否通合川，在对角桥的口碑也相似。后来经过我们对民国时期重庆纪行文献的梳理，发现当时重庆北出的主干又恢复至江北小三峡一线，除了一些战事外，僻北路渝合段几乎没有被行旅取用的记录。由此我们可以估测，其时途经歌乐山的行旅应该多为小川东路一线或往铜梁、遂宁等地，而往合川的行旅或水或陆又多取小三峡，僻北路渝合段作为重庆北大路的作用逐渐弱化，久之，当地便模糊了这条清代驿道的印象。

临近高店子垭口残存碥路

① 民国《巴县志》卷二十一《事纪》，民国九年五月四日。

② 民国《巴县志》卷二十一《事纪》，民国十二年九月二十三日。

高店子老街

对角桥段礌路

由高店子到金刚坡垭口一线位于歌乐山顶的槽坝，没有峰谷状的起伏，地势开阔平坦，多被技校和工厂占据，古道已无迹可寻。于是乘公交来到金刚坡街，多处打探下歌乐山西坡的旧礌路。原先以为三塘金刚坡就在槽坝上的金刚坡街或金刚村，但在一家茶馆与几位六七十岁的老人聊天中得知，真正的金刚坡在歌乐山西坡，又叫三塘坡，有下山的老大路，以前路旁还有墩台（旱塘一般设有烟墩）。不过此时天色已晚，还要返回北碚，只好下次再探。

三、金刚坡、万寿桥、土主场、高滩桥

3月10日，段理参与了本段考察。上午十点我们在赖家桥轻轨站会合，先去参观了张治中和郭沫若的旧居，然后坐公交来到歌乐山上的金刚坡街，继续考察西坡段。在西坡垭口的老成渝公路左侧，我们发现了一条石质较新的礌路，石板很窄，应该是近年修葺，但当时并没有注意。顺石阶下行百来米，坡度较陡，半腰途中搭有诸神庙子，再往下一两百米便与公路相交。这里有几家老屋和旧楼房，其中一座二楼阳台墙面有“金刚坡林区食店”几个字，由此往下至山脚坡度就比较缓了。由于上段坡度太陡，公路不得不盘旋而下，当地人称之为“九道拐”。向老屋主人打听，说上面这段陡坡就是金刚坡，半腰的庙子是后来搭的，最早叫金刚庙，礌路与公路相交处原有金刚桥。《沙坪坝区地名录》记载金刚坡的得名即来自于半腰上的金刚庙，因此当时我们已确信经过金刚庙的礌路就是老大路。不过在后来查阅旧地图时发现，民国军事委员会军令部陆地测量总局在1930年测绘的一份包含磁器口周边地区的五万分之一尺地图中，老大路是在成渝公路右侧分支下金刚坡，经万寿桥、土主场通往四塘。而补充考察金刚坡差不多是在半年之后了，果然在金刚坡成渝公路右方的一倒拐附近发现了真正的老大路，只是大多因修泄洪道而毁，只零星残存了十来米礌路，石板宽度超过了一米。询问一倒拐附近居民，这确实是金刚坡的老大路，上通垭口，下走万寿桥。看来金刚坡的得名可能来自于金刚庙，但老大路并不从庙前过，而金刚坡的地理范围当概指成渝公路附近这一片

金刚坡金刚庙

的歌乐山西坡。

穿过公路，我们继续沿小路往山脚走，地图上显示山脚有处“三塘院子”，如今已被工厂占据，仅剩地名。穿过一片工地来到梁滩河畔，乾隆《巴县志》卷一《山川》载：“梁滩河，出直六甲戚家坝，转北碚入江。”梁滩河流经北碚龙凤桥后称龙凤溪，在朝阳桥前的毛背沱汇入嘉陵江。在熙地锦绣城附近，路人指引我们找到了万寿桥，乾隆《巴县志》卷二《津梁》正里载：“万寿桥，县北，七甲，梁滩河。”万寿桥现状是一座近二十米长、一米宽的梁板桥，一半立于岸阶，一半横跨梁滩河，桥墩保存得还好，北桥头的保坎被洪水冲毁得比较严

一倒拐残存碥路

万寿桥

重，梁板后来应该有翻新。夹在中梁山和缙云山之间的梁滩坝地势平坦，由于西永微电园各类工厂及轻轨站等建设，风貌变化很大，考察完万寿桥后我们直接坐公交来到土主镇。

乾隆《巴县志》卷二《场镇》载有土主场，属正里八甲，场期为一四七，现仍逢期赶场。土主老街已基本翻新，只有临近梁滩河的场口连着一座二十来米长、两米宽的梁板桥，当地称作巨虹桥，七个桥墩保存完好，梁板上新修了红色的护栏，可通行三轮车。场口这端的桥头有石梯下到河边半月台，只是现在梁滩河污染严重，估计已没有人于此浣洗了。乾隆《巴县志》卷二《津梁》正里中载有巨虹桥，“县北八甲梁滩河，有碑”，我们找了一圈，又询问当地人，碑已不存。

接下来打听高滩桥，问了好几位都说不知道有个什么高滩桥，转即改问四塘，结果都知道，说那里有座四塘桥，看来清代的塘站确实对沿线地名影响很大。高滩桥距离土主场还有两三里路，我

土主巨虹桥

土主老街

往高滩桥碥路

们徒步前往，正值油菜花开的季节，途中一段两百来米保存完好的碥路从鸟语花香中穿过，不禁心旷神怡。

高滩桥为六孔石拱桥，券拱纵联砌置，南北横跨梁滩河，长五十多米，宽约五米，高近十米，桥面已铺成了水泥路，连接着通往青木关的乡村公路。每孔拱顶两侧有残缺的龙头龙尾，头迎来水，尾朝下游，象征“龙吞来水”的寓意，以保佑石桥免于洪灾。桥面两端的护栏构架基本完好，但隔柱顶部和栏板上的石刻雕饰已残漶不堪，细细辨认，大致有狮、象等吉兽，据说以前桥头两边还立有石狮，现已不存。乾隆《巴县志》卷二《津梁》正里：“高滩桥，县北七甲，梁滩河，有碑。”我们在两边桥头都没有找到石碑，据村民说已毁。在1994年的《巴县志》中，尚记录残碑隐约可见“池曲几如虹卧影，滩高尚有雁横空”之句，其中“滩高”指的是桥下游不远的飞雪岩瀑布，高滩桥即得名于其断层飞溅的景象。南桥头连着四塘桥村，这里的村民都称高滩桥为四塘桥，除了年长的老人，稍年轻点的甚至不知道这座四塘桥原名高滩桥。村里还保留了一段旧碥路，路旁有废弃的店铺，据说新中国成立前这里还兴赶场。

高滩桥

高滩桥桥面

高滩桥护栏

高滩桥拱顶残存龙头

高滩桥隔柱顶部雕饰

考察完高滩桥后，我们沿梁滩河下行约百米来到飞雪岩瀑布，落差近十米，因上游两河口处纳入了虎溪河，此段梁滩河的水量明显大增，河床比我们在万寿桥看到时宽了许多。梁滩河上此类断层瀑布甚多，最有名的是北碚歇马镇的磨滩瀑布，只是现在的水质确实不敢恭维。郭沫若驻永兴场期间曾多次游览高滩一带，写有著名散文《飞雪岩》。按文中所叙，我们在瀑布下方右岸的崖壁上找到了南宋至清代的题刻与观音龛，题刻多被藤蔓遮掩，有几座石龛已成空室，瀑布上方河床中“池曲几如虹卧影”的九曲池遗迹仍清晰可辨。乾隆《巴县志》卷一《古迹》：“流杯池，在飞雪岩上，溪中有平石丈余。宋淳熙间，状元冯时行修层阁于盐畔，复于溪石上凿九曲池，引水流觞，以资胜览。明大学士王应熊、巡按詹朝用等重游于此，复继流风。今阁圮，池犹存。”该志对飞雪岩也有

四塘碥路

四塘老街

飞雪岩瀑布

飞雪岩石龛

题刻

九曲池

详细的记载，并附有瀑布下方的摩崖题文。我们发现梁滩河过高滩瀑布后便进入了丘陵地带，之前古道一直在平坦的梁滩坝穿行，三次跨河，在过了高滩桥后与梁滩河彻底分道扬镳。

傍晚，我们从土主镇转赖家桥轻轨回，准备次日继续考察。

四、八庙铺、青木关

3月11日上午10点，与段理在土主镇会合。

老成渝公路是走陈家桥往青木关，不经过八庙堂，我们仍然从高滩桥继续徒步考察。这条乡村公路大致与古道傍行，一路边走边问，旧碥路断断续续还能寻觅到一些踪影，有些仍被当地人作为小路，有些已荒草丛生，部分仍被使用的碥路上铺了新石板或水泥。我们注意到此段位于缙云山前的丘陵地带，地形较高滩桥之前的梁滩坝明显有了起伏，每逢翻越一个小坡，公路盘旋绕行，碥路便得以保存。

往八庙场碥路

大约走了一个多小时，经不断打听，我们终于在公路旁一个毫不起眼的角落里找到了萧条的八庙场。之前在地图上显示为八庙堂，老街的门牌号上写的是八庙场，属青木关镇石碾桥村，清代的八庙铺当设于此处。场口有座单孔石拱桥，当地称之鲤鱼桥，桥面步道中部因长年践踏，明显比两旁光磨，且微微塌陷，两边的护栏基本完好。至沟底仰望，拱顶无年代题刻，当地老人也说不清这桥建于何时了，想必不晚于清代。北桥头正对一座石质牌坊，在场口右侧的阶梯上，没有横跨

八庙场老街

八庙场鲤鱼桥

八庙场鲤鱼桥

八庙场德政牌坊

老街，整体形制保存尚可，只是字迹已漫漶难识。正对桥头一面的坊额被涂改为“巴县青木乡中学”，背面无法看到，据说是个德政坊。牌坊背后的门被封堵，当地老人说那里面就是以前的八庙堂，以供奉八仙得名，抗战时国府教育部迁驻青木关，在八庙设有一个进修班，新中国成立后改为青木乡中学，现已荒废，包给了一个私人老板。古道穿场而过，两侧的老屋多破败将倾，现在八庙场也无场期了，早已不复当年热闹的景象。

我们继续前往五塘青木关考察，不久便与村公路相接，之后的碥路基本无迹可寻了。临近青木关，远远望去，此段缙云山仿佛被硬生生劈出一个缺口，又像被河流切穿的峡谷，形成一条天然的通道。民国《巴县志》卷一《山脉》：“山断中开，曰青木关，人家百余，与璧山分治焉，成渝马路经途也。”从地质上来说，青木关位于缙云山背斜中的一段喀斯特侵蚀盆地，垭口低伏，地势坦缓，易于翻越。当初修建成渝公路时为减少施工难度，在缙云山段没有遵循成渝古线，而是“避老关口之险，由来凤驿北折，由璧山东渡青木关之山口而趋重庆”[①]。

穿过青木关新区，我们来到老街考察，以前的石板路已打了水泥，两边的老屋稍有翻新。相傍老街的小溪上跨有以朱家骅（字骝先）命名的“骝公桥”，为单拱石桥，抗战时国府教育部迁驻青木关，朱家骅为副部长。记得五六年前，每逢冬天笔者都要到老街附近一处温泉游泳，后来见乾隆《巴县志》卷一《山川》记载：“宝峰山温泉，祥里一甲，县西北一百里，在青木关宝峰山上有宝峰寺，亦名温泉寺，水极热，磺气重，不可浴。”此段缙云山在清代被称作宝峰山，志书中还有温汤峡温泉、桶井峡温泉等记载。经切身体会，青木关温泉的硫磺含量确实比温汤峡（今北温泉）要重得多，能见度很低。川东平行岭谷是由褶皱形成的山系，在形成褶皱时产生了很多断裂，加上众多水系的切割，丰富的地热沿裂隙出露，这是重庆多出温泉的原因。

青木关的关口在老街上方1千米外，沿老成渝公路缓坡而上，直到临近垭口都还没有爬山的感觉，看来这里的确是突破缙云山最“薄弱”的环节，不禁感叹古人择路的智慧。明代未见设有青木关的记载。但同治《璧山县志》卷一《古迹》记载青木关有“石壁血书”，相传明末有将军姚姓者驻军此地，啮指血书“甲申四月二十八日，余帅师至此”数字于壁。又正德《四川志》卷十三载巴县北路有青木铺，说明当时重庆的北大路已经由此翻越缙云山。清代关于青木关的记载比较详细。雍正《四川通志》卷四下《关隘》：“青木关，在巴县北九十里。”乾隆《巴县志》卷二《关隘》：“青木关，县西北一百里，正里八甲宝峰山口。宝峰山上接缙云山直抵嘉陵，下连虎峰至于岷江，绵亘二百余里。其通成都驿路由龙洞关出璧山之平兔山为一要隘，走铜梁、合州以达川北则

① 郑励俭：《四川新地志》，正中书局，1946年，第285页。

青木关为一要隘。”道光《重庆府志》卷一《山川》：“青木关，县北三十五里，宝峰山口也。上接缙云直抵嘉陵江，下连虎峰至于岷江，绵亘二百余里，驿路达铜梁、合州，此其要隘也。”同治《璧山县志》与同治《巴县志》所载略同，可见青木关已成为重庆北路的重要门户。四川癸丑讨袁之役，熊克武任命颜德基为炸弹队长，“给手枪百余支，炸弹数百枚，命往扼青木关”①。因北路讨袁军范榛部在前方作战失利，川军王陵基模范团遂由合川突入关内，与南路黔军一同攻入重庆。又1920年8月，熊克武与刘存厚联合发动靖川之战，北路第一军但懋辛在占领合川后分水陆三路攻渝，其中“第二混成旅旅长张冲所部刘明照团长由青木关进攻”②，与由铜梁、璧山进攻的第一混成旅喻培棣所部追击黔军于磁器口激战，后占领浮图关，逼黔军退往綦江，于10月15日进据重庆。

据《巴县卡房设置图说明》：“上由西路璧山、铜梁、合州，自城起必由高店子卡房三十里。高店子至青木关五十里，系巴璧交界处，卡房应修璧界。”③今璧北一带包括北碚澄江镇是在乾隆二十四年由巴县划与璧山，之后缙云山便成为两县的界山。按道光《重庆府志》的塘铺记载，往铜梁的塘路过青木关后便与僻北路分道，经接龙铺、大路铺、墙光铺、镜滩铺、桐梓铺达铜梁县，据当地人说这也是一条通往成都的“中大路”。在我们后来考察重庆周边其他几条老大路的过程中，多次听到沿线百姓有“中大路”的俗称，包括本次考察的僻北路及之后的小川东路。根据我们的考察总结，在这里“中大路”当是一种泛指，而非“东南西北中”的路线地望，意为正中不接岔的主干道，其通行距离往往要跨越数县，或通省城，或接省外，或是连接盆地内某两极之域，有时候府州厅县之间的塘路也有如是俗称。关于小川东路在重庆境内的具体走向，从当时采访来看，似乎有璧山—大足和青木关—铜梁两条“中大路”。而据我们后来对两条路线的系统考察与文献印证，璧山—大足线可确认为成渝小东路，而青木关—铜梁线应该是经遂宁往成都的小北路。周传儒在《四川省一瞥》（1926年）第四章《巴县》谈到重庆的主要陆路交通，其中“（一）自重庆往西，经永川、隆昌、资州可达成都，是为东大路；（二）自重庆往北，经璧山、遂宁亦到成都，是为小川北路”。日本东亚同文会在清末所调查的重庆主要陆路中，通往成都除了东大路外，也列有重庆经璧山、遂宁往成都的北路，其中还有经遂宁、太和场、新都往成都之北路复线④。而由巴县经青木关往铜梁的塘路要经过璧山北境，又光绪《铜梁县志》卷一《疆域》：“正北四十里至斑竹园交潼川府遂宁县界，又五百二十里抵成都”，所以我们访问到的这条经璧北、铜梁、遂宁往成都的“中大路”就是成渝小北路，其走向大致与今成渝环线（渝遂）高速相仿。相对成渝东大路及分出的小东路，这条路线更靠北，而从铜梁往遂宁也没有驿递设置，称为成渝小北路很贴切。据近代的一些纪行文献，民国后小北路多走合川往成都，在成渝公路未通车前一度成为行旅主线，同时渝合段也多取江北小三峡，这与连年兵祸导致川东岭谷区匪患肆虐、通行梗阻不无关系⑤。

① 向楚、李植等：《四川癸丑讨袁之役》，《四川军阀史料第一辑》，四川人民出版社，1981年，第36页。
② 《川军复渝后之局面》，载民国《申报》1920年11月9日。
③ 四川档案馆编：《清代巴县档案汇编：乾隆卷》，档案出版社，1991年，第55页
④ 日本东亚同文书院1917年编《中国省别全志》第九册，线装书局，2015年，第92页。
⑤ 关于成渝小东路与小北路，笔者将另拟详文。

关于青木关口的形制，原先以为就是一道关门跨在老成渝公路打通的垭口上，但一打听才知道，以前还有一座大关门，位于公路穿过的小关门右上方，又叫大关口或老关口，是真正通往合州的大路所经。这个消息让我们有些意外，在当地人指引下，从公路右侧钻进一条石质较新的碥路往垭口右上方的山脊爬去，在成渝环线高速即将跨入槽谷处，我们确定了大关口的具体位置。大关口其实就在小关口所处的V型垭口山脊右上方与陡崖相交处，比小关口高出十来米，两口直线距离五六十米。高速路正好从大关口压过，穿过路桥往下进入一段槽谷，顺着谷底的碗厂沟溯行便是往六塘去的僻北路。

青木关老街

骝公桥

成渝公路打通的小关口

往大关口碥路

据当地老人回忆，小关口是在修老成渝公路时打通的，以前并不通路，大关口的城门在解放后因修粮仓拆了一部分，近年修高速路时被完全填占，已毫无遗迹可寻，只能看出大致的地形，“石壁血书”也同时被毁。又说原先还有道一字城墙从大关口顺着山脊往下，至今小关口后再往左侧山脊上延伸，直至陡壁，也被陆续拆作它用。我们连续问了好几位老人，后来又到青木关镇关口村村委会去查询，所言基本一致。最后在一张民国的老照片中，我们看到了当时迁驻青木关的国立音乐学院师生在大关口城门前的合影，至此终于确信无疑。但回去后又在《璧山县交通志》上看到，青木关以前有大小两道关门，小关口的城门在修老成渝公路时被拆除，与当地百姓所述不符。在7月24日补充考察青木关至打铁铺时，我们再次多方询问，确认了以前只有大关口一道城门。

傍晚时分，趁余晖我们又去考察了关口村长五间社的碉楼，距离场镇比较远，之后爬上宝峰

被遂渝高速占据的大关口即青木关老关口

国立音乐学院教师在大关口前合影旧照

山寻找果老坡寨址，无功而返。当晚段理要转程回江北，分手后笔者又打摩的来到青木湖村考察了穿眼洞双层崖居，暮色降临，最后转歇马镇返回北碚。

五 、打铁铺、温汤驿、伏虎铺、七塘、蛮子铺、八塘

3月26—27日，继续考察青木关至八塘段，段理因故缺席。

26日上午10点，笔者从歇马镇转公交至青木关，再次翻越大关口，来到其北侧的碗厂沟，这里有条乡村公路沿沟傍行。一路打听以前往六塘的老大路，都说已被填占，顺着沟走就是了。关于打铁铺则无人知晓，只有边走边看。过大关口后不远，来到联庆桥，现为一块三米多长的新石板直搭在旧堡坎上，当地人说桥名取意联接顺庆与重庆，而往铜梁的塘路也就是成渝小北路过桥后便与僻北路分道，经璧山接龙场、大路场、宝光寺、茨竹沟越云雾山入铜梁境。由此我们想到，如果历史上青木关真有大小两道关口，当如佛图关的大关门和瑞丰门一样有不同的通往路线，或是偏北的大关口通合州，偏西的小关口通铜梁。但从考察来看，通往合州和铜梁的大路是在过了大关口后才分道，如此也证明了历史上并无小关口存在的必要性，所以青木关在历史上只有一道大关口是可信的。

过联庆桥后，小北路要经石门坎翻缙云山西坡，僻北路则继续沿着碗厂沟西岸上溯。由于多年未有人迹，荒径难寻，只好又退回联庆桥，从沟东岸走村公路继续考察。

大概走了两三里，右方离沟几十米处有一合围的村落，围墙中间的大门顶额有“联庆村”三个黑色大字。入内探问，说这里以前是联庆村村公所驻地，以联庆桥得名，现已并入关口村。我指着门牌号上写的碗厂沟，问以前这里是否有碗厂？说新中国成立前联庆村有邓家地主开的碗厂，附近还有煤矿，村里的碉楼就是防“棒老二”修的。在村里仔细探了一圈，多为废弃坍塌的木构老屋，有两座保存较好的三层土制碉楼，据说以前有五座。联庆村可能为旧时青木关至六塘间最大的聚落，村名也与古道相关，打铁铺是否就在这里呢？但村民们都不知道打铁铺这个地名，又问附近以

原联庆桥

前有铁匠之类的店铺没有，也答不出来。是否最早为打铁铺而民国后开碗厂使地名发生了变化？但此地又偏离沟西的大路原径，感觉不对，带着疑问继续上路。

临近碗厂沟垭口前走上了一段碥路，当地人说是老大路所遗，沟槽在此已溯源无形了。此段坡度较陡，村公路要绕坡上行，碥路的石板被抽得七零八落，大部分宽度仅剩半米。上至垭口与村公路相交，路旁有几户人家，门牌显示这里已进入璧山县龙泉村，是今沙坪坝与璧山的交界，距离联庆村大概两三里。通过从青木关至碗厂沟垭口一线的感知，发现古道翻过大关口后并没完全走出缙云山，碗厂沟地处缙云山中的一段槽谷，其西侧还有一排山岭。本想与垭口几户人家再问下打铁铺，但喊了几声没人回应，可能出农活去了，只好作罢。后来在考察七塘与八塘之间的蛮子铺时，有以前常走渝合大路的老人告知，打铁铺就在碗厂沟垭口处，那里以前是个幺店，从璧山翻过那个垭口就进入巴县。在7月24日的补充考察中，我们再次来到垭口向住户打听，对打铁铺的地名都没有印象，只说这个垭口叫歇气坪，以前五塘和六塘赶场时，两边的行人爬到垭口都要在此休整。据同治《璧山县志》记载，打铁铺等是在乾隆二十四年随依来乡划与了璧山。考虑到今属沙坪坝区的老联庆村最早应在巴县境，且与碗厂沟西侧的老大路偏离不少，那么巴璧交界处的歇气坪更具备打铁铺所在的可能性，这里也大致位于青木关至六塘的中程。

联庆桥附近碥路

联庆村朝门

联庆村碉楼

歇气坪即打铁铺

往六塘途中残存碥路

原六塘老街

翻过垭口往下来到一处路卡，碥路从机耕道右侧分出，石板只剩半米宽，在田坎中穿了一两里后被鞍子水泥厂截断。水泥厂外已接上了县道，从这里开始算是完全走出了缙云山脉，地图显示地名为林口。县道旁有小卖部，稍事休整补充后打听前往六塘的老大路，说要沿着公路旁一条小溪走，不过很久没人走，恐怕草很深了。小溪是璧北河的某条支流，缙云山前仍是丘陵起伏，沿着溪沟砌路应该最为便捷。沟旁初段比较荒芜，走了几百米后才发现石板遗迹，但不连贯。离开溪沟与公路相交前有段一百来米的碥路保存尚好，石板接近一米宽，仍被附近村民取用，之后一路沿公路走到六塘。

六塘镇在2003年并入了大路镇，现为大路街道下的六合社区，公路从以前的老街穿过，场镇已完全翻新，逢一四七赶集的集市是在北部的新菜市场。乾隆《巴县志》卷二《驿递》：“温汤驿，在县西北一百里，往陕西僻站，康熙十九年额设站马六匹……”温汤驿在巴县西北路旱塘中位于第六站，所以又名六塘。在同治《璧山县志》的铺递中仍载有温汤铺，但在集市中则另载为六塘场，如今六塘之名众所周知，温汤驿则销声匿迹。按康熙《四川总志》载此站原名为温汤峡，不过从地形来看六塘并非位于峡谷或山口，问当地人也没听说附近有发现温泉，那么这个地名是否因驿站改移而带来的呢[①]？可能性很大，但尚待实证。

据康熙《四川总志》卷三十三《驿传》：“皇清开复全川后，四川督抚司道因时度势，酌量冲僻，于顺治十六年、康熙二年、六年三次题请设陆站五十一、水站三十四”，其中巴县陆站温汤峡“站马十匹，马夫五名，扛夫十名，岁支银五百四两”，与乾隆《巴县志》所载设站年代及夫马配置有出入。该《四川总志》为康熙十二年刻本，《驿传》中记载四川巡抚张德地于康熙六年咨称：“蜀省驿站前经二次题请神宣、柳边三十八站，计当日之冲要而设，昔川东百节至乌江等十一站，东北刘家场、合州、温汤峡三站，比因路僻差

① 因驿站改移而带来的地名变化并不乏见。据《大明神宗显皇帝实录》隆庆六年十月丙辰条，“四川重庆巴县土陀（沱）驿改移铁山，仍隶巴县；彭水县黔南驿改移沙镇，隶长寿县；江津县白波（渡）驿改隶垫江县”。按铁山即巴县东路的铜锣山，明代原设铁山铺（又有铁山公馆），隆庆六年将位于今北碚水土镇的土沱水驿改移铁山铺，故又名土沱驿、土沱铺。为区别两处土沱，在道光《江北厅志》中又分别名为水土沱和旱土沱（即今旱土场）。另据实地考察，沙镇铺位于今长寿县梓潼场，当地仍有黔南驿的俗称。

简，暂时停止，今全川大定，二路差繁……议将华阳等县驿夫马抽僻济冲……”并收录同年上喻：“同百节至乌江共十一站，每站添设马六匹、马夫三名、扛夫十名，亦足应用。惟川东原设温汤峡、合州、刘家场三站乃达顺庆之路，每站应设马十匹、马夫五名、扛夫十名以通东北邮传。”温汤驿于明代并无记载，可能在顺治间曾短暂设站，因川东局势动荡而一时停置，所以才会有康熙六年的题请复设①。从顺治三年（1646）肃亲王豪格率清军由陕西汉中入川，到康熙四年（1665）四川总督李国英完全平定夔东十三家，期间清廷在四川的有效控制范围更多局限于以保宁府为主的川北一带，随着军事上的节节胜利而逐步向全川扩展，最后才稳定川东。康熙元年五月，李国英疏言率领兵马“暂驻重庆”②，就近调度以定夔东，康熙四年二月“下东（下川东）底定”③。所以我们看到，僻北路在川东地区的驿站恢复相对川北较晚，这与清军在四川的进据形势紧密相关④。而乾隆《巴县志》中记载温汤驿于康熙十九年设站，包括同年朝天驿、白市驿、铁山驿（即土沱驿）各设驿丞一员及冷水驿、在城水驿设站，随后康熙二十年百节驿设站，这应该是清廷在平藩之役中再次恢复四川后所新设⑤，夫马配置较之前已有调整。另雍正《四川通志》卷二十二下《驿传》载温汤驿“原设站马三匹，马夫一名半，雍正八年调拨长寿县应站，其杠夫八名雍正十年尽行裁汰”。与此同时，僻北路上各站马驿皆于雍正间尽行裁汰，部分站马调拨至川东路⑥，反应出当时川省干线驿路的发展形势。

继续往七塘考察前，我着重打探了伏虎铺，问了好几位都说不知道，地图上也没有相关显示，估计地名已消失了。我改问以前从六塘往七塘要路过什么幺店子没有，得到的答复是要过一个叫瓦店子的地方，查看地图尚存地名，里距地望也大致符合，便寻路前往。按当地人指示，在六塘的北场口与公路分道，沿机耕道稍走一段便插入左侧田间的老大路。此段碥路断续有1千米，石板近一米宽，部分被荒草半遮，途中被机耕道截断几次。临近瓦店子前要翻一座叫牌坊岗的小丘坡，村民说以前岗上有牌坊，老大路从下穿过，现牌坊已无遗迹。翻过牌坊岗后来到一处采石场，碥路已被挖断，此处又与公路相接。

沿公路往北走了一阵便来到了当地人所说的瓦店子，仅剩二十来米的废弃老街，规模很小，原先的碥路上已铺了水泥。北侧上街口有废弃的老屋店铺，石质凉棚中堆满了稻草，出口的田坎还剩一点以前的石板，挨着公路旁的下街口住有两户人家，门牌显示为三台村4组68号。向街口老人打

---

① 如果一定要对六塘温汤驿的地名来历作文献之外的推测，可能是小三峡在清初的战事中一时受到重用，并于温汤峡置驿，后来局势稳定后复辟青木关线驿道，便将温汤驿移置今六塘，驿名进而覆盖了原地名，又因位于渝合旱塘第六站，久之便俗称六塘。

② 《大清圣祖仁皇帝实录》康熙元年五月癸酉朔条。

③ 《大清圣祖仁皇帝实录》康熙四年二月癸亥条。

④ 与此相应的是清廷对川省土地的清丈，据康熙《四川总志》卷一〇《贡赋》：“皇清田赋户口，川北久归版籍，于顺治十年已经清丈，上下川南，康熙元年清丈，川西、川东，康熙六年清丈。”

⑤ 按吴三桂于康熙十三年陷川，据《平定三逆方略》记载，清廷于康熙十八年十二月复广元、保宁，十九年正月复顺庆，十九年三月复重庆。

⑥ 据雍正《四川通志》卷二十二下《驿传》，除了温汤驿站马调拨长寿县外，合州站马调拨至垫江县，西充县站马调拨至云阳县。

听伏虎铺，说瓦店子又叫伏伙铺，旧名未知来由，是六塘与七塘之间的腰店子，上面那座废弃老店就是以前行人打尖歇气的地方。后来查阅了几本相关志书，都只有伏虎铺的记载，伏伙铺应该是伏虎铺的近音异写，而“伏虎”的得名可能与当地在清初的虎患有关。

往瓦店子碥路

牌坊岗碥路

瓦店子过后碥路基本被县道填占，一路走到七塘已是晚上8点，这一线的地势比六塘出来要平缓些。在镇上找了家旅馆住下，吃过晚饭后又去老街为第二天的考察打探。七塘目前二五八的场期是在新街赶集，老街萧条已久，晚上几无灯火。回到旅馆后作了些笔记，大概12点入睡。

27日上午8点起床，吃过早饭后来到七塘老街。

在雍正《四川通志》的巴县北路有杨家场铺，乾隆《巴县志》的西北路旱塘中，第七站为杨家场，而在铺递的西北路中则载为七塘，可见在乾隆时期当地就有了七塘之称。如今再向七塘百姓打探杨家场，没人知道，只说附近璧北河上有座杨家桥。从“杨家”这个地名来看，应该与清初移民插占有关，只是后来又因塘站而改称。老街中部有处近十米的陡坡，当地称之十八梯，老街以此为界分南北两段，两头各保存了部分石板路，中间段打了水泥，街上木构老屋与混砖房掺杂。来到北场口，这里还存有一个栅门框架，据说以前南北两端场口都有栅门，当地称之为栅子口。老街的梁国雄老人向我讲述，据他祖上相传，最早的七塘场是在二里外的四楞碑，被土匪劫焚后才迁于今址，而具体什么时候迁场已说不清了。后来为了防匪弭盗，在两端场口建了栅门，晚上闭门自守，轮番巡逻。于是我又打听来到四楞碑，只有一棵大黄葛树和两三家人户，看不出有场镇的遗迹。

随着大量移民涌入，在清朝中前期的四川社会中形成了一种以外来游民和本地闲散人员结成的啯噜劫匪，用巴渝方言来说就是“棒老二”或“棒客”。乾隆《巴县志》卷二《场镇》载：“第蜀有奸匪，名曰啯噜，猛如豺虎，鸷若鹰鹯，往往场镇中结党肆毒，小则酗赌打降，大或抢掠伤人，兼有拘捕伤差，估童淫妇，墟市不宁，愚氓畏惧。”各县志及巴县档案中对啯噜之患多有记载，关于场镇上如何防范，据嘉庆十二年的一份巴县告示："各乡场市镇设立栅栏，置备高脚虎头牌，虎皮木棍……每场备置梆锣，应雇诚实更夫轮流值更……齐集团练，无论黑夜白日，遇有偷窃抢夺的匪人入场，即将栅栏关闭，敲梆鸣锣，经众团练协力擒拿送县，以凭按律究办。"①七塘老街的栅子口应该就是文献中提到的"栅栏"之类防御设施，在巴蜀许多场镇老街上都还有相关遗迹，比如走马场口的门坊。

瓦店子即伏虎铺

瓦店子残存碥路

七塘老街

蛮子铺在道光《重庆府志》和同治《璧山县志》中又载为蛮坟铺，各新版地图上已没有相关地名。在老街打听至八塘间是否有叫蛮子或蛮坟的地方，结果真还有个蛮坟场，据说埋有蛮子什么的，不禁喜出望外。

出七塘不远便来到璧北河，老杨家桥早已被拆，只剩桥头堡坎遗迹，以前的古道要从此跨河，现旁边建有新桥。璧北河在清代称作高滩河，乾隆《巴县志》卷一《山川》祥里："高滩河，出虎耳山至澄江口入江。"今八塘境内的璧北河上有著名的高滩瀑布，最早的高滩河或得名于此，璧北河应该是在缙云山以西的依来乡划与璧山后的晚近得名。我们注意到明代正德《四川志》在巴县北路中的最后一铺是设在澄江，说明当时并没有形成后来清代翻越云雾山的路线，而是沿璧北河流域到澄江口接合州境。

过杨家桥后沿县道前行，四周为大棚蔬菜基地，这一带的碥路已基本被填占，偶尔田坎中还剩有小段以前的石板，顺着其中一段发现了废弃的古井。

① 四川大学历史系、四川档案馆主编：《清代乾嘉道巴县档案选编（下）》，四川大学出版社，1996年，第362页。

栅子口

往蛮坟场途中古井

一路打听到蛮坟场，这里有片桉树林，位于一座小丘前的缓坡，原先的碥路从林中穿过，北端有几座废弃的土屋，看规模像是幺店子。今早出发时便天色转阴，此刻已下起雨来，于是就近找了户人家避雨，顺便打听关于蛮坟场的情况。据智灯村6组127号的80岁老人甘云讲述，蛮坟场又叫蛮子坟，在新中国成立前是七塘至八塘间的一站小集市，但规模比瓦店子之类的幺店要大得多。当时没有那片桉树林，附近全是店铺与住户，还有私塾学堂，完全不像现在这么荒凉。关于蛮子坟的来历，说是元朝统治时期，一个蒙古兵管辖十户汉人，这里有二十户，便驻了两个"蛮子"，死后葬于就近，当地便称之为蛮子坟。老人回忆小时候曾入蛮子坟的墓室躲避匪乱，内部空间非常开阔，可容纳十多人，目前毁掉一座，另一座也只剩个坟头。老人指引我来到位于他屋后的蛮子坟，坟头为两竖一横垒砌状的三块青石，坟包面积只剩三四平方米，据说原来占地要比现在大得多。关于元朝为防止汉人造反，规定十户或多少户共用一把菜刀的典故在民间流传甚广，而一个蒙古兵辖十户汉人之说还是首次听到，但都没有确切的史料依据，至于这个蛮子坟是否为元代遗迹还无法判断。

甘云老人早年多次来往渝合一线，对沿途的塘铺幺店了如指掌，聊起来如数家珍，让笔者受益匪浅。关于打铁铺就是他告诉我在碗厂沟垭口处，从璧山这边翻过垭口的幺店便一路下坡进入巴

蛮坟场即蛮子铺

蛮子坟

往石面山碥路

蛮坟场碥路

石面山凿岩石道

感应寺

县，还有他所说的三塘金刚坡也与我们的考察定位相符。同时我们注意到，从四塘高滩桥到八塘段基本是标准的“十里一铺，二十里一塘”，塘铺并置的站点都是志书中载有的场镇，甘云老人称为大站，而只设铺的多是幺店小站。对比成渝线上“逢铺并塘”的设置，渝合线多为“隔铺并塘”，其旱塘设置的密度也反映出沿线场镇的繁茂程度。

雨一直下个不停，此刻已过下午3点，还要从八塘返回北碚，不能过于耽

往八塘碥路

搁，于是冒雨上路。

从蛮坟场出来后翻过一个小丘，近一米宽的碥路保存尚好，只是久无人踏，杂草丛生。下坡后被一段泥泞的土公路截断，再次打听，又要翻一座叫石面山的小丘，路面为就地生凿的石梯，仅半米宽，至半腰后被采石场截断。翻爬至山顶，雨实在太大，这次出来没带雨伞，几乎全身打湿，不得不在山上的感应寺又躲了一阵。待雨稍小，觅旧碥道下山，此段石板上的茅草更深，部分已齐肩了，只能隐隐看出路线。下石面山后接上了乡村公路，再翻个小坡便一路来到八塘。这一段为连绵丘陵，地势明显比蛮坟场之前的璧北河坝子有起伏。

八塘正街就是以前的老街，场期为三六九，现两边都建起了居民楼，路面也铺上了水泥，只有北端牌坊背后还剩一点旧貌。八塘在璧北一带算是比较大的场镇，同治《璧山县志》卷一《公署》载有八塘公馆，当地旧有"九宫八庙"之说，据县志零星可考的有帝王宫（齐安公所）、天上宫（福建会馆）、万寿宫、文昌宫、盖泽寺、观音阁等，不过现皆无迹可寻，只看到一个以万寿宫命名的酒店。

殷李氏节孝牌坊横跨北场口，整体保存尚好，四柱三层三间，高近9米，宽约7米，顶檐下的须弥莲花座、横梁上的人物浮雕及右间栏板的镂空麒麟等雕工精美、栩栩如生，可惜左间的麒麟被损毁，部分题刻与雕饰也有不同程度的损坏。前后两面的顶檐下有圣旨匾额，下侧横梁刻有"大清嘉庆十一年丙寅岁孟冬月建"，两面的二层坊额为"节孝"两个大字，三层正面是上至四川总督下至璧山训导的各级官吏姓名，背面为"旌表儒士殷璧元之妻六品衔庠生殷义璜之母李氏"叙文。同治《璧山县志》卷九《节孝》载："旌表殷璧元妻李氏，三十夫亡，事孀姑，抚幼子，备历艰辛。子入武庠，堵御教匪有功。嘉庆八年。"其子殷义璜堵御白莲教之事，卷五《武功》载："嘉庆四年，教匪窜扰江北、合州等处，知县张人龙谕民筑寨练团，制战器，备城守，铸大炮数十座于邑。绅刘国辅率徐玉龙、殷义璜及左坉罗廷飏等，督乡勇千余人于澄江口、北碚、炭坝、无息溪、马项颈、风垭诸处日夜轮守，相拒年余，贼不敢渡江。复造渡船数只，全活北岸难民无算。"又据嘉庆《璧山县志》（抄本）记载，殷义璜因堵御之功还被总督勒保赏给六品顶戴。牌坊背后有座清代的单拱石桥，护栏保存尚好，拱顶有残缺雕塑，当地称狮子桥，同治《璧山县志》中有载，过桥后可遥望云雾山的风垭口。在北场口的地面上似有门枋基址，向当地人打听，果然旧时八塘在场口两端也拦有栅门。

八塘牌坊

八塘牌坊上的残缺题文

八塘牌坊上的镂空麒麟雕饰

吴省钦在行经僻北路时著有《新市（一名八塘）》一诗[①]，同治《璧山县志》卷一《场镇》也记载八塘古名新市镇，不过关于八塘相关地名在各志书上的抵牾，这里仍需要多说几句。乾隆《巴县志》的西北路铺递载：“……十二里七塘，十里蛮子铺，十里八塘，十二里新市，十三里九塘交合州界……”西北路旱塘载：“二十五里杨家场，二十五里青石镇，十里风垭塘交合州界……”旱塘中杨家场为七塘，青石镇为八塘，那么铺递中八塘铺之后的新市铺呢？我们发现在道光《重庆府志》和同治《璧山县志》中，璧山北路铺递在过了蛮坟铺后只有一个新市铺，同样在乾隆《巴县志》卷三《赋役志》中，由地丁银月给工食的西北路铺递载为“……杨家、蛮子、新市”，在祥里的场镇中也只载有新市镇。由此我们可以肯定，新市就是八塘，乾隆《巴县志》卷二《建置志·驿递》中对于西北路铺递的记载有误，过了蛮子铺后应该是“十里八塘（或新市），十二里风垭，十三里九塘交合州界”。后来嘉庆《四川通志》、道光《重庆府志》、同治《巴县志》和民国《巴县志》在巴县西北路铺递的记载中仍照录乾隆《巴县志》卷二《建置志》，延续了这种错误。至于旱塘第八站的青石镇，应该是新市镇的近音异写，这种情况在志书中比较普遍。比如在乾隆《巴县志》卷三《赋役志》中，对比卷二《建置志·驿递》的记载，龙坎写为龙看，白崖写为白岩等等。其实“新市”在明代就有了记载，万历《重庆府志》卷二《沿革疆域·巴县》：“依来乡，有井泉、新市、多荣、宝积、大同五里。”此依来乡在乾隆二十四年划与了璧山，其中的新市里就是后来的新市镇。在雍正《四川通志》的巴县北路铺递中，新市镇被写成了青石镇，乾隆《巴县志》的西北路旱塘在第八站也写为青石镇，但在祥里场镇中仍载为新市镇，在铺递中则另载为八塘。乾隆二十四年依来乡划与璧山，之后的道光《重庆府志》、同治《璧山县志》等在璧山北路铺递中只载有新市铺，所以青石镇应该是新市镇的近音异写，而非新市镇更早的地名。“新市”取意市肆新生，加上八塘旧有“九宫八庙”之说，原先以为得名于清初移民开辟，但现从文献来看，可能与明代更早的移民相关。

考察完牌坊和狮子桥后，又打听了上云雾山风垭的路，此刻已过下午6点，到北碚的车已停班，便打摩的至澄江镇永兴桥转公交回。

---

① 吴省钦：《白华入蜀诗钞》，《清代诗文集汇编》（第372册），上海古籍出版社，2010年，第272页。

狮子桥

八塘牌坊背后老街

栅门基址

六、风垭、九塘、十塘、岗石铺、南津渡、合州城

4月3日，段理和史地爱好者侠姐参与了八塘至南津街的首次考察。4月19日，我们又与重庆地理地图爱好者群、重庆老街历史文化群的群友，以及西南大学地科院、重庆邮电学院的同学们作了一次分享探访。

往偏岩寺碥路

穿过节孝坊和狮子桥，我们沿着山脚前的一条碥路开始翻越云雾山。从偏岩寺一殿往上不远，碥路便被上山的公路截断，之后一直沿着公路走，偶尔路旁能看到以前的石板。至一碗泉碑林，泉眼仍涌，题刻则多为新作，遗有50多米的碥路通往偏岩寺二殿，殿内有几龛石刻，当地自立的文保碑上说是南宋遗迹，不好确认。临近风垭口前坡度较陡，公路盘绕而上，保留了近百米的碥路，部分宽达两米，间为基岩凿制的石梯。感觉这段云雾山的地势明显比缙云山青木关和歌乐山要高，华蓥山的三条支脉大致越往南延伸地势越缓伏，除了中梁山外，其他两支都没伸过长江。

风垭是由八塘翻越云雾山通往合州的垭口，为璧合交界处，雍正《四川通志》中设有风垭铺，又称凉风垭铺，乾隆《巴县志》卷一《山川》载："风垭山，六甲，城西北一百七十里，高五里，山势绵亘，峰峦翠青。山半一垭，清风徐来，盛暑多以此憩息，抵合州界。"我们注意到乾隆《合州志》南路旱塘设有瀼溪坝塘、侯家漕塘、峰丫（风垭）塘，乾隆《巴县志》西北路旱塘载："……二十五里青石镇（八塘），十里风垭塘交合州界……"风垭无疑设有一站旱塘，那么渝合之间就应该是十一塘，而非俗称的"渝合十塘"。按

云雾山南坡公路边残存石板

往风垭碥路

顺序风垭是第九塘，侯家漕塘和瀼溪坝塘则为十塘、十一塘。不过我们看到在乾隆《合州志》的乡里中已经载有九塘场，光绪《合州志》的场镇中载有十塘场，并没有十一塘的场镇记载，显然“渝合十塘”之说在当时就已俗成，风垭并没有算作一塘。之前蛮坟场的甘云老人曾给我说过，风垭是八塘至九塘间的幺店，从考察来看，风垭口只有一家小卖部和几户人家，规模很小。由此我们估测，风垭虽在文献中设有旱塘，但沿线俗将设在场镇上的旱塘算作大站，加上风垭距八塘只有十二里，较之前大致“二十里一塘”的间距过近，同时出于凑整十的俗成，所以只将风垭看作“小幺铺”，没有算入“大塘站”。因此，依文献记载渝合间应该设有十一站旱塘，“渝合十塘”则是俗称，乾隆《合州志》中的侯家漕塘、瀼溪坝塘就是如今的九塘、十塘。

风垭设旱塘驻守可能是出于关防考虑，同治《璧山县志》卷五《关寨》：“风垭，县北九十里，与合州交界，要隘，距合州五十里。”同卷《武功》中有当地乡勇于此堵御白莲教的记载。小卖部的老板告诉我们，风垭口原有一道城门，城墙沿垭口两边的V形山脊往上延伸，后来在大兴农田水利和修公路时被拆，现遗迹全无。清代僻北路渝合段由南往北依次翻越了华蓥山的三条支脉，在中梁山、缙云山、云雾山分别设高店关、青木关、风垭关。因川东平行岭谷的地形使然，这种山垭关防呈雁列体系的设置在重庆周边其他大路上也多有体现，比如西路通往成都的中梁山二郎关、龙洞关，缙云山老关口，以及东路通往湖广的铜锣山铁山关、明月山张关等等。

老板还告诉我们风垭口左侧山峰上有座保良寨，相传建于南宋，后被作为防匪之用，新中国成立前上面住有好几十户人，仅有一大路从南门下往八塘。为了考察这个寨子与风垭关防之间是否有联系，我们顺着左侧山脊往上攀爬，山势极为陡峭，半个多小时后沿一条不太明显的小径从东侧进入寨内，这里已看不到风垭口了。我们发现寨城多被拆除，偶有小段墙体，从遗存来看并不具备宋代特征。寨内林木葱郁、荒草杂蔓，已基本看不出形制，不过从大面积的屋基和荒田来看，原先的规模应该不小。我们从南侧往山下走了一段，有明显的石梯，穿过几处类似寨门的隘口，两侧遗有墙体，然后又绕回至东侧原路返回。从考察来看，保良寨就是以前当地百姓防匪避乱的工事，正对八塘的南口为出入大路，与东侧下方的风垭关防应该没有直接联系。回去后查资料，同治《璧山县志》卷五《关寨》载：“保良寨，县北九十里，风垭山上，咸丰三年邑人高春山捐地募修。”

一碗泉碑林碥路

临近风垭口碥路

在小卖部稍事休息，我们继续前往九塘，从垭口公路右侧的一条小道往下，不久便接上了以前的碥路。在同治《璧山县志》的地图中，云雾山北峰和南峰之间的地带标为南槽，从我们考察来看，此段云雾山的地貌应该是三岭夹两槽。南北峰之间还有一道稍低缓的山岭，将槽谷分为两段，当地人分称为南槽和后槽。从风垭往下先是进入后槽，此段喀斯特槽谷多为薄层灰岩，碥路就地取材，顺裂隙打制的石板明显比之前的砂岩条石要薄，部分呈片状散砌于道中，踩踏的感觉比较松脆。碥路在后槽谷底被土石路截断，不久在中山岭的一条沟口又找到了前往九塘的老大路，顺沟一路缓缓而下，不知不觉便穿过了中山岭。这段碥路约有1千米，部分仅剩土埂，石板保存零星，仍被附近村民取用。

风垭口

考察保良寨

往九塘碥路

往九塘碥路上的薄层灰岩石板

往九塘途中

九塘老街位于南槽，这里的地势较后槽要低些，所以我们从后槽穿过中山岭时感觉是在走下坡，从南槽仰望中山岭也感觉更高些。乾隆《巴县志》卷二《建置志》中的西北路铺递最后一站是在九塘铺与合州交界，虽然乾隆二十四年之前两县的交界处是在风垭，但这段衍文也说明了当时在九塘确实设有一站铺递。之前已经考证，九塘原名侯家槽，是合州南路旱塘的第二站，渝合旱塘的第九站（不算风垭塘）。"槽"显示所处的槽谷地形，"侯家"应该来自于清初的移民插占。在乾隆《合州志》的乡里中已有了九塘场的记载，后来人们惯以九塘称之，我在老街问了好几人，都不知道侯家槽这个地名了。另乾隆《合州志》中的南路铺递依次为岗石铺、瀼溪铺、观音铺、南峰铺，其中瀼溪铺在十塘。又光绪《合州志》疆域图中，合州南路除了岗石铺外皆以旱塘标注，并没有观音铺和南峰铺。如今当地所称的南（岚）峰是在十塘西南方向的铜梁县境内，曾为乡级建制，而九塘所在的槽谷也有叫南峰槽的说法，因此对于南峰铺位置及地名演化，尚需进一步调查。至于观音铺，在九塘至十

往九塘途中小平桥

塘间我们没有打探到任何与之相关的地名。

合川的九塘乡现已并入了盐井街道，以正中老街为界，右边属于合川盐井街道茶园村，左边属铜梁旧县镇九塘村，当地俗称“半边街”，已不赶场期。老街仅百来米，路面为土石，两边还剩有一点废弃的木构老屋，我们在南场口稍作补给后继续前往十塘。

九塘老街

本佛寺

在云雾山北峰垭口眺望

云雾山北坡碥路保存完整

穿过老街又接上了翻越北峰的碥路，坡度不算太陡，不一会便来到垭口处。这里有座本佛寺，大门紧锁，看不到里面有何古迹，附近搭有石制的凉棚，棚内的崖壁上供有神龛。站在垭口，我们眺望北峰两侧，南槽的地势明显比北侧的山脚要高不少，所以从九塘上垭口并不觉得有多高，而下北峰则要陡峭得多。在4月19日的那次分享活动中，几位西南大学地科院的同学对“一山三岭夹两槽”的地貌颇感兴趣，在北峰垭口反复比较两侧地势，对川东平行背斜山岭中的侵蚀槽谷有了直观感受。

往十塘途中

下北峰的碥路保存得比较好，有1千米多长，部分石板宽达两米。途中林荫遮道、鸟语松涛，时而穿过茶场，颇有访古踏幽之感，而整个云雾山在我们考察的渝合段中也是古道保存最完整的一段。

脚前有座山王庙，之后接上了土石路，过头道桥后右拐，一路来到十塘老街。途中穿过一道石门，两侧崖壁比较规整，应该是人工凿开的小丘峪口，北口外的路边右侧有一口古井。

十塘乡已并入南津街道，老街路面打了水泥，保留了一定木构民居。这里地处云雾山前丘陵间的一块坝子，场镇规模比九塘要大一些，现仍赶二五八的场期。雍正《四川通志》中合州南路有瀼溪坝铺，乾隆《合州志》载为瀼溪铺，南路旱塘有瀼溪坝塘，因位于渝合旱塘第十站（不算风垭塘），故名十塘。进十塘南场口之前的路旁有一条小沟，不知是否就是历史上的“瀼溪”，问当地人已无从获知。九塘至十塘只有十五里，可能与三塘金刚坡至四塘高滩桥段一样，之间没有再设“腰铺”。

一路从头塘佛图关走来，发现有半数以上的塘站保留了相关地名，比如三塘坡、三塘院子、四塘桥以及六至十塘的场镇，其中除了三塘金刚坡外，其他更早的原名已完全因塘站而改称。在巴县四至的大路中，渝合线的塘站对地名影响的程度可谓最大，其他如东路往长寿的头塘村、二塘村及南路往綦江的二塘村等，都只占沿线站名的少数。究其原因，可能与渝合间俗成整十的旱塘站数有关，沿线百姓顺数而称，朗朗上口，久之便以塘站替代了原名。同时我们也注意到，一些铺递直接以旱塘的站数为名，其背景应该与清初川省的驿传经制有关。乾隆《巴县志》卷二《铺递》记载康熙六十年川督年羹尧奏称：“直隶各省皆设铺司，川省兵燹之余未经请复，公文系付塘兵传递，偏僻州县里民输送不能如式包护，擦损印封甚至失遗无可寻就，请于冲途每铺设司兵四名，次冲设三名，偏僻设二名……”巴县在雍正元年八月内设底铺及四路共四十九铺后，于雍正六年三月内又尽行裁革，公文仍交塘兵递送。乾隆二年少詹隋人鹏再次奏称：“革除铺司概用塘兵递送公文，于边省尤属不宜，请复设铺司以重邮传，知县王裕疆于原报四十九铺外详添六铺……”之后巴县的驿传系统才固定下来。由此可以看到，川省因战事影响，铺递的设置相对塘汛较晚，清前期主要以塘兵递送公文。所以文献中记载旱塘的地名往往是原称，而一些同站的铺递则改记为旱塘的站数，反映出旱塘在设置一段时间后其站数渐渐影响了地名，同时也印证了川省铺递的设置晚于塘汛。另外，一些文献称川省驿路为“塘路”，将旱塘和铺递合称为“塘铺”或“铺塘”，应该也是受到清前期塘兵递送公文的影响。

十塘老街

老建筑朝门

穿过十塘老街北场口外的一条小巷，我们找到了前往高歇铺的碥路，当地人说高歇铺就是岗石铺，与我们估测相符。翻上一个小丘，垭口前有座观音庙，此处古道为基岩中凿出的石梯，右侧临崖高出部分的石体被作为护栏。继续往前，下坡后碥路被乡村公路截断，路边断续能看到一些以前的石板。在翻越又一座小坡时，正在修整的土石路从右侧绕行，原先的碥路直上垭口，得以保存。坡上有座观音庙，当地称作双观音。此段久无人迹，杂草盛茂，只能大致看出线路，大家摸索着前进，不时用脚试探草下的石板。在过了一棵黄桷树后，碥路又清晰呈现，由此开始下坡，直至公路。公路对面的一条土石路口挂有“川主庙高歇文化室”的指示牌，几经打听，我们在田坎、鱼塘、果林之间左右穿梭，终于找到了合州之前的最后一站铺递。

高歇铺在明代正德《四川志》和万历《合州志》中就有记载，在乾隆《合州志》中被载为岗石铺，是合州南路铺递的第一站。关于岗石铺的得名，当地人说是这里的土层中有大片鹅卵石，周边都没有，就这个坡上有。我们在路过的林地中仔细观察，发现土壤中确实嵌有卵石层，大多长径都超过了10厘米。高歇铺位于一小丘顶部，较合川城区段的嘉陵江高出约七八十米，附近的卵石层应该与中更新世末期嘉陵江曲流下切四川盆地古平原之前的河床有关，这在嘉陵江中游的红砂岩层丘陵中并不乏见。

往岗石铺碥路

往岗石铺碥路上开凿的基岩石道

往岗石铺途中

高歇铺老街即岗石铺

高歇铺川主庙遗址

岗石铺得名于附近的古河床卵石层

圆通寺朝门

圆通寺厢房

文峰仿古街即南津街

高歇铺属南津街道花园村，老街已基本翻新，以前的老川主庙作过一段时间的学校，现已废弃，只剩些柱檐支架，村民在街口建有新川主庙。穿过老街后的碥路铺上了新石板，不久便接上了由合川上铜梁洞的公路。途经一座圆通寺，仅剩漫漶的朝门和破败的厢房，光绪《合州志》中没有记载。

下山后穿过兰渝铁路便进入了合川城区，顺公路来到文峰仿古街，在涪江与嘉陵江交汇处存有建于嘉庆年间的文峰塔，是南津街的标志性建筑。我们看到仿古街的指示牌上有“南津渡”和“南津古道”，“南津古道”实际上就是渝合古道，即僻北路，由南津渡过涪江便进入合州小南门。万历《合州志》卷七《桥梁》载：“通津桥，在南津渡，成化间同知高圭造船比水而加板于上，以通行者。每岁春夏水涨则撤去，冬复置，名曰通津。弘治四年，知州金祺易之以水筏。十四年，知州宋琢因坏，造船四十余只，规制坚壮。”看来为了便于通行，明代曾在涪江上季节性地架过浮桥，说明南津渡在明代渝合改道后已成为重要渡口。在光绪《合州志》的合州八景中有“涪江晚渡”，描述了当时南津街上的繁茂景象，卷四《津梁》载：“南津渡，涪江，附郭。”其中嘉陵江的东渡口也注有“附郭”。之前考察小三峡古道时曾到过东渡老街，渡口上方保存了一座完整的拱门，目前南津渡的拱门应该是在开发仿古街时原址翻新，与东渡一样供有观音像，而这种类似关卡的设置也反映了这一东一南两处附郭渡口对于合州城的重要性。因嘉陵江草街电站的蓄水，现已看不到渡口码头的遗迹了，当地政府在渡口处立有“涪江晚渡”的介绍牌。

文峰塔

东渡口拱门

被水库淹没的南津渡口

从南津渡口上南津街的老石梯

老合州城在涪江北岸，现为合川区的合阳街道，年初曾考察过瑞应山一带的北部老城区，仅剩瑞应门和少许城墙，门内有卢作孚早期于慧灵宫创办的民生公司电灯部旧址。后来西南大学历史地理研究所的张亮告之，临近滨江路还有一段城墙。此刻天色已晚，今后考察合顺段时再去补拍点资料。在仿古街吃过晚饭后，我们返回主城，僻北路渝合段的考察暂告一段落。

我们可以揣测，明清以来渝合驿路改走青木关一线，应该与原小三峡线需两次渡嘉陵江有关。在古代无机动行舟的条件下，每逢汛期要渡逾大江大河并非易事，甚至有完全封航的情况。如道光《江北厅志》卷一《沿革》在述及江北厅建置的原因时便称："嗣因（巴）县地幅员辽阔，周理维

合州城瑞应门

民生公司电灯部即慧灵宫旧址

艰，凡民以事诣官者，必涉小江，春夏之交偶遇泛涨，波涌澜翻，时虞覆溺，有隔岸惊心、驻店经旬而不敢渡江者，则因民之便，自不得不设邑分疆，予以抚人民而施政教焉。”同治《巴县志》卷一《巴县新舆地图》也谈到：“县治北界辽阔，限以嘉陵江，每夏水泛涨，居民因事赴城每多稽延覆溺之患，始详于十二里中分义里并仁里上六甲归江北厅管辖。”从中可以看到，除了江北因幅员辽阔、人烟日渐稠密而不便管理外，汛期渡江的不稳定性也成为分置的重要原因。所以小三峡线虽系嘉陵江切穿华蓥山三支脉的天然孔道，沿峡谷砌筑的碥路相对平宜，且整体行程稍近，但在汛期可能会因渡江的不稳定性而影响交通效率，若遇紧急情况，或有文报无法及时传达之虞，同时也会耽搁过往宦差的行程。而青木关线虽要翻山越岭，但只需横渡一条比嘉陵江流量小并可间歇性搭浮桥的支流（涪江），无疑比两渡嘉陵江的小三峡线要稳定，加上明清以来华蓥三支脉间的梁滩坝、璧北河流域日渐开发，驿路改走此线似乎便顺理成章了。

不过小三峡线始终具有平宜取近的优势，对于渝合间的民间交通仍具有重要地位。我们从近代一些纪行文献中发现，除了新式邮政改取小三峡线外，普通行旅也多取此线北上。在军阀混战、匪患蜂起的防区制时期，因峡防局对小三峡的整治，这里成为川东岭谷区治安最好的地方，成渝大路也一度改行此线。在1924年版的旅行指南《游川需知》中，作者介绍说：“惟近年时局不靖，此道（指成渝东大路）多匪，行人畏之，则皆改行合州之路。”其推荐的成渝小北路行程渝合段为：“第一日，由重庆渡嘉陵江至江北县起程，晚宿土沱，记程八十里。第二日由土沱附搭小船（轿及行李可置船上，力也同船）至沙溪庙起岸，记程九十里，再陆行二十里宿合州，共程一百十里。”[①]近代教育家舒新城在《蜀游心影》中有详细的成渝小北路纪行，其中渝合段便是由江北起陆，于悦来场换舟，首日宿土沱，次日抵合川。同时我们应该看到，这条水陆兼程的路线之所以在小三峡上下口取陆，是因为这两头的河段过于迂回，溯舟必定费时。对于此线的通行情况，《江北建设特刊》（1934年）调查篇《交通与运输》称：“枯水舟行便利，行客多取此径”，同时谈到“洪水时间，舟行费时”，便全程取陆“由悦来镇上行，二十五里至水土沱，三十里至黄桷镇，二十里至二岩乡，十五里至草街子，再渡河三十里至沙溪庙”往合川，而邮件往来则“不论时间，皆由斯道（指全程陆路），盖北道（即成渝小北路）入省必经之路也”。从当时的《四川邮务区舆图》上也可以看到，渝合间的邮路确实是走江北小三峡，并在沿途的鸳鸯桥、悦来场、土沱、黄桷树、草街子、沙溪庙设有邮寄代办点。不过受防区制影响，其时川省各交通运道上苛捐杂税、关卡如麻，小三峡线在货运上受到了很大影响，商旅为避沿河税卡一度改行僻道。《江北建设特刊》介绍江合复线“由鸳鸯镇三十里至桃子垭，三十里至复兴镇，三十里至静观镇，四十里至清平镇，二十里至合川之太和场”，称“此本非通道，因民国十九年以前，河运关税繁重，货物运输极为困难，故往来（成渝）北道，及渠河以上行旅，改取此道，一时肩踵相接，甚形热闹”。经过我们后来的实地考察，此避税私道由静观镇梨树垭出江北县境后，经瓦店子、清平场、太和场、滩子坎、龙洞沱、钓鱼城、东渡口抵合川，往广安则由瓦店子分路，经合川三汇坝北上。另外往返渠河的避税商旅也有取江邻线者，《江北建设特刊》称：“现因河运关税繁苛，及军事关系，此路行人渐已繁杂。”以上是商旅在特殊情况下的改线，无货负的旅客通常还是取小三峡线往返渝合。

虽然在清代没有详细的渝合纪行文献，但从民国的情况来看，清代的普通行旅在水位正常时，由重庆北上可能更多取用小三峡线，与官方为了保持邮传的稳定性而取青木关线驿道有别。据道光《江北厅志》卷一《山川》记载，道光十六年合州陈大猷等捐金数万，对小三峡的碥路进行了大规模整治，也可见此线在民间通行状况。1926年，民生公司将渝合间的嘉陵江段辟为常年客轮航线，时程缩短为八小时左右，于是全程轮运的水路成为了渝合客运之便捷通道。此后的行旅无论是取小北路往成都，还是取僻北路往川北，多乘轮船抵合川后再转陆路。如1929年8月，卢子英带领北碚峡防局少年义勇队赴川边作标本采集与社会调查，本拟由渝乘轮赴嘉定寻采区，因此间政府新加货税留难商人，以致商人群赴反抗，货物停运，航泊停驶，于是改道小北路，乘“长江”汽船至合川登陆往成都，再转嘉定[②]。薛绍铭在1935年的四川旅途中，由重庆往南充的行程也是乘民生公司的小轮抵合川后，再雇滑竿继续北上[③]。1933年成渝公路建成通车，小北路在成渝间的交通地位迅速下降。对于此间小三峡陆路交通作用的前后差异，《江北县建设特刊》称在成渝未通车前“运省及川北各地货物，除粗笨物品雇佣木船运输外，率皆雇佣力夫，取道此线，终日络绎不绝”，成渝通车后“仅有运往川北一部分之零星货物，行旅亦因汽船驶行之故，无形减少，逐日就冷落，沿途夫价，及逐渐降抵”。从中也可以看到，民国后直到成渝通车前的这一段时期，渝合交通在长途上的

① 据方志对渝合各站塘铺间距的记载，青木关线总程约215里，较小三峡线多25里。
② 高代华、高燕编：《高孟先文选》，西南师范大学出版社，2016年，第159页。
③ 薛绍铭：《滇黔川旅行记》，重庆出版社，1986年，第137—147页。

交通地位更多是体现在成渝北路之间，与川北的联系反而退居其次，同时小三峡陆路的客运作用在渝合通轮后明显下降。而小三峡大路及僻北路驿道作为渝合主要陆路交通的历史，则彻底结束于1953年国道212线（渝南公路）的建成。

清代四川僻北路渝合段主要站点遗迹表

所属县	名称	今址	里数	遗迹	备注
巴县	明清朝天驿，明巴县总铺，清巴县底铺（塘）、三圣殿	朝天驿在渝中区朝天门内，底铺（塘）三圣殿在渝中区陕西路附近			康熙十九年额设驿丞一员，四十五年裁，改设南川县典史，驿务归并巴县。
巴县	明清浮图关、浮图铺，清浮图关汛（塘）、头塘	渝中区佛图关公园至大坪医院家属区一线	十里	存摩崖题刻群	由瑞丰门出关，重庆城至浮图关路线参见蓝勇等《明清成渝东大路重庆段四年考察札记》附表。
		九坑子			
		虎头岩			
	民国六店子	六店子			昔为腰店子
巴县	清大龙坎、民国大门坎	沙坪坝区平顶山顶部大龙坎			
巴县	明清龙坎铺，清小龙坎，民国小门坎	沙坪坝区小龙坎广场附近	十里	后山坡保留了一段老街	近代多取大小杨公桥上三百梯。
巴县	宋白崖市，明白崖乡，清白崖铺、白崖镇（塘）、二塘、龙隐镇、磁器口	沙坪坝区磁器口古镇	十里	磁器口正街、横街、金碧正街、宝轮寺、金蓉桥、金碧桥等保存较好，存文昌宫、禹王宫等遗址，凤凰山存义冢捐修碑。	近代以来形成了一条经石井坡、大河沟、对角桥、廖家店达金刚坡的支路。
		三百梯		存二百米左右碥路、零星石质栏杆、同善桥、“劝君一念”题刻、六角井。	
		黄桷树			昔有茶店子
巴县	清高店子、石道铺	沙坪坝区高店子老街	十里	有《禀遵示禁》碑，存歌乐山政府大院。	成渝小东路过此与僻北路分道
巴县	清金刚铺、金刚坡（塘）、三塘	歌乐山金刚坡一倒拐	十里		旧有金刚庙
巴县	清万寿桥	万寿桥		桥墩保存较好，梁板已翻新。	
巴县	清土主场	沙坪坝区土主镇老街	十里	巨虹桥保存较好，至高滩桥途中存有一百来米碥路。	

续表：

所属县	名称	今址	里数	遗迹	备注
巴县	清高滩铺、高滩桥（塘）、四塘	土主镇四塘桥	五里	高滩桥保存较好，飞雪岩瀑布附近存有南宋至清代的题刻与神龛、九曲池，至八庙场途中断续存有石扁路。	
巴县	清八庙铺	沙坪坝青木关镇石碾桥村八庙场	十里	老街保存了一定风貌，存鲤鱼桥、德政牌坊。	旧有八仙庙
巴县	明清青木铺，清青木关（塘）、青木场、五塘	沙坪坝青木关镇老街	十里	老街还剩一点风貌，存民国骝公桥。	
		关口			历史上的老关口据老街约三里，在今成渝公路打通的小关口右上方，昔有一道城门与一字城墙。
		联庆桥		梁板已翻新	桥名取义联接重庆与顺庆，清代成渝小北路过桥后与僻北路分道。
璧山县	清打铁铺	璧山区大路街道龙泉村歇气坪（碗厂沟垭口）	十里	临近垭口前残存部分石扁路，往六塘途中零星存有石扁路。	
璧山县	清温汤驿（塘）、温汤铺、温汤峡、六塘场	大路街道六塘老街	十里	至牌坊岗途中断续存有石扁路。	雍正八年将站马调拨长寿县，十年尽行裁汰扛夫。
		牌坊岗			昔有牌坊横跨大路
璧山县	清伏虎铺	三台村瓦店子	十里	存有幺店老屋	当地又称伏伙铺
璧山县	清七塘铺、七塘场、杨家场（塘）	七塘镇老街	十二里	老街保存了一定风貌，北场口有栅门遗迹。	据传场镇最早在两里外的四楞碑，被棒匪劫焚后迁于今址。
		杨家桥			
璧山县	清蛮子铺、蛮坟铺	八塘镇智灯村蛮坟场	十里	有一座古墓，至石面山途中断续存有石扁路。	
		石面山		有感应寺，下山途中存有石扁路。	

续表：

所属县	名称	今址	里数	遗迹	备注
璧山县	明新市里，清八塘铺、新市铺、八塘场、新市镇（塘）、八塘公馆	八塘镇正街	十里	存般李氏节孝牌坊、狮子桥、栅门基址，往偏岩寺一殿途中断续存有碥路。	当地俗传昔有九宫八庙
		一碗泉		泉水仍出，存有五十来米碥路通往偏岩寺二殿，殿内有神龛。	
合州	清风垭（塘）、风垭铺、风垭山、凉风垭	璧山区与合川区交界的云雾山风垭口	十二里	临近垭口前存有一百来米碥路，垭口西峰有保良寨，至九塘途中断续存有一千米多碥路。	垭口昔有一道城门与一字城墙。
合州	清九塘铺、九塘场、侯家槽（塘）	合川区盐井街道与铜梁旧县镇交界的九塘老街	十里	老街剩一点风貌，至头道桥途中保存了近两千米碥路。	
		本佛寺			
		头道桥			
合州	清瀼溪铺、十塘场、瀼溪坝（塘）	合川区南津街道十塘老街	十五里	老街保留了一定风貌，至岗石铺途中断续存有碥路。	
		双观音		有神龛	
合州	明高歇铺，清岗石铺	花园村高歇铺	十五里	有川主庙遗址	
		圆通寺		存朝门和厢房	
合州	明通津桥，明清南津渡，清南津街	合川区南津街道文峰仿古街	十五里	有文峰塔，渡口已被库水淹没，老街及渡口拱门已翻新。	由此渡涪江入合州城小南门
合州	明合州州门总铺、合阳驿，清底铺（塘）、合州站	合川区合阳街道老城区	一里	合州城存瑞应门及少段城墙，门内有民生公司电灯部即慧灵宫旧址。	据雍正《四川通志》，雍正八年将站马调拨垫江县，十年尽行裁汰扛夫。另乾隆《合州志》载雍正三年尽行裁汰。

注：标有“（塘）”的旧地名表示在清代设有绿营兵旱塘，其中白崖镇同时设有旱塘和水塘。

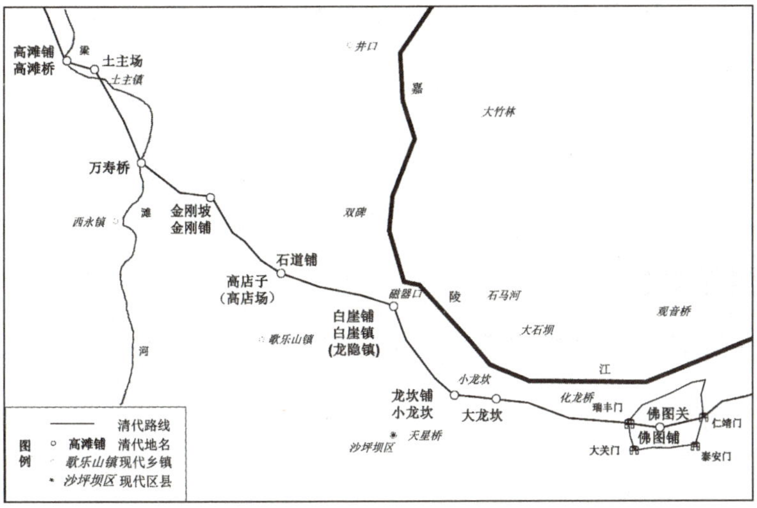

清代僻北路渝合段路线图一

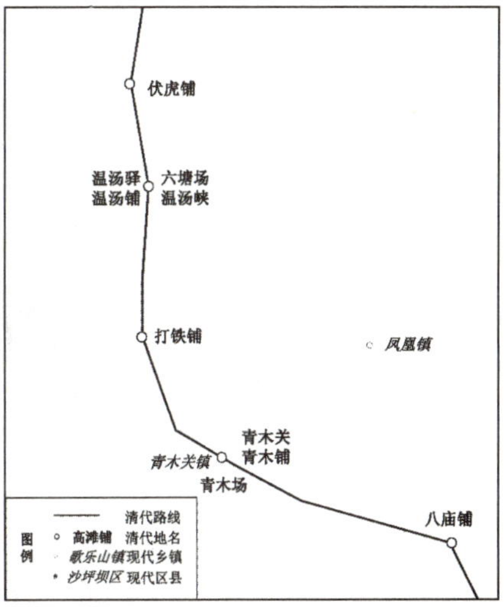

清代僻北路渝合段路线图二

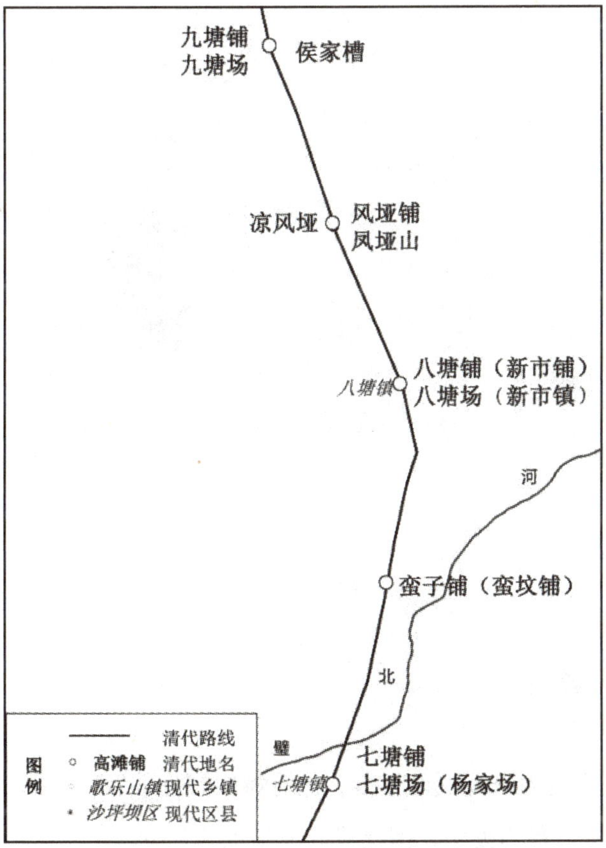

清代僻北路渝合段路线图三

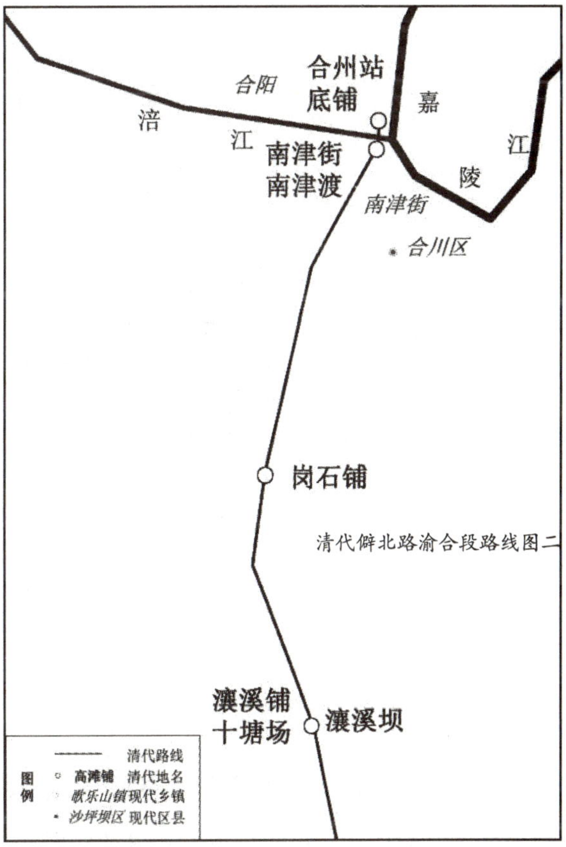

清代僻北路渝合段路线图四

“深闺待识”

——两次“荔枝道”考察记[①]

周航

作者简介

周航，男，1991年生，暨南大学历史地理研究中心硕士，研究方向为历史人文地理，现供职于广州艺术博物院。

一、绪言

蜀道研究是古代交通道路研究的热门，关于蜀道的研究成果很多，已有相关综述涉及[②]，在此则不赘述。而在诸多川陕古道中，以洋巴道见于史载最为模糊，因此研究成果也非常少，已有成果基本是泛泛而言，未及详考。在唐代，由于杨贵妃嗜鲜荔，运送鲜荔循此道，使得洋巴道名气大

① 本文系四川省社会科学重点研究基地区域文化研究中心2016年度项目“荔枝道及其相关历史的问题研究”（编号：QYYJB1603）；广东省研究生教育创新计划项目“历史地理专业研究生田野调查案例库建设”（项目号：QTLXXM005）阶段性成果之一。

② 孙启祥：《20世纪下半叶以来蜀道历史地理研究综述》，《陕西理工学院学报》2014年第3期；李龙：《十年来蜀道研究综述（2004—2014）》，《成都师范学院学报》2016年第2期。

增，故学界又多称之为“荔枝道”[①]。近年来，随着线性文化遗产被日益重视，丝绸之路、京杭大运河已成功名列世界文化遗产。与此同时，蜀道申遗准备工作也如火如荼地展开。正是基于这种背景，学界又掀起了一轮蜀道研究热潮，而“荔枝道”始终是其中薄弱的一环。当然，这也逐渐引起了一些学者的重视。

2015年3月，四川省文物考古研究院组织了一次学术探险考察，邀请了来自国内外包括建筑学、考古学、历史学等学科的十余位学者一同前往，笔者导师郭声波教授亦在此列。此次考察收获很大，发现了很多以往未被重视的信息，包括摩崖石刻、造像、碑刻以及古村落等重要遗存，这对“荔枝道”的进一步研究大有裨益。虽然如此，关于“荔枝道”的调查研究还有待进一步展开。正是在这种形势下，应导师之建议，我也开始关注“荔枝道”。有关“荔枝道”的记载，史书中极少，仅依靠文献记载难以厘清其面目，所以实地考察就显得非常重要。思量再三后，我决定有机会也要实地考察，以期有若干收获而证文献之不足。对文献资料的基本了解是实地考察的必要准备，于是在接下来几个月我便致力于文献资料的熟悉以及研究现状的了解。

关于“荔枝道”的研究，首先必须清楚的是杨贵妃所食鲜荔的产地究竟来自何方。此问题历来就有争议，从唐代杜甫等人始，至今学界依旧未达成完全一致的看法，主要有岭南说、福建说、巴蜀说，而具体到巴蜀又有涪州（今涪陵）、泸州等说法[②]。其中，史学名家严耕望先生经过仔细考辨，认为以涪州为常贡地，兼及其他地方。此结论较为公允，或可从之。而且近年来的调查发现，涪陵至西安沿途很多地方皆有贡荔运输过境的传说[③]，而且沿线也有不少唐、宋古迹遗存，尤其是一些地方还保存着较为完整的古道，它们见证了这些地方昔日的繁华和道路的通畅。再考虑距离、保鲜等因素，可以判断“涪州说”较为合理。其他几种说法虽也有文献为证，但综合考虑各方面因素，仍然有些经不起推敲。

严先生在《唐代交通图考》第四卷《天宝荔枝道》篇中大致考证了“荔枝道”的线路走向，即乐温（今长寿湖一带）—垫江（今垫江县）—梁山（今梁平县）—新宁（今开江县）—东乡（今宣汉县东北）—宣汉（今宣汉县东北）—西乡—子午谷—长安。严先生第一次将“荔枝道”的路线走向基本勾勒出来，将研究推进了一大步，可惜严先生当时身在香港，无法实地踏察，否则其考订的路线必将更加细致、可信。此后，达州等地一些地方学者相继投入到荔枝道的调研当中，

---

① 学界一般认为洋巴道即“荔枝道”，笔者以为其实二者不同，不能混用。“荔枝道”由“贡杨妃荔枝之道”省称而来，实则应包括今涪陵至长安的全程，自然包括子午道在内，今天不少学者理解的“荔枝道”实为“荔枝道”全程洋州以南部分。“洋巴道”这一概念率先由黄盛璋先生提出来，认为它是古代洋州（今西乡）南越巴山至达州的道路（黄盛璋：《川陕交通的历史发展》，《地理学报》1957年第4期），并且这一认识也多为学界认可。笔者亦持此论。

② 参见严耕望：《唐代交通图考》第四卷《天宝荔枝道》，上海古籍出版社，2007年，第1029—1037页；晓楚：《杨贵妃所啖荔枝产地考》，《人文杂志》1995年第2期；高原：《杨贵妃吃的荔枝是从哪儿来的——兼谈四川成都荔枝消失之谜》，《食品史话》1996年第11期；罗兆麟：《杨贵妃吃过哪些地方的贡荔》，《四川果树》1997年第1期；蓝勇：《贵妃食荔自何来》，《史学月刊》1998年第3期；杜文玉：《杨贵妃、高力士与荔枝的情结》，《南方论刊》2007年第6期；张光：《略论杨贵妃笑尝的荔枝产自广东茂名的科学依据》，《南方论刊》2008年第S1期等。

③ 如在今天宣汉、平昌、万源交界处的马鞍、鹰背、庙垭等地还流传着这样一句童谣：“上了鸡公寨，梨子在不在；进了竹筒沟，梨子就要丢；过了化米梁，梨子才稳当。”“梨子”为“荔枝”音之误读。

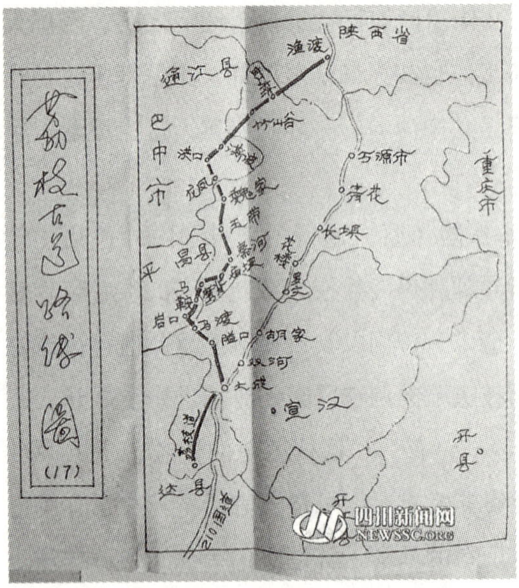

荀在江先生绘制的“荔枝道”局部（转自四川新闻网）

像荀在江、赵洪贤等先生，研究多年，深有见地。他们将“荔枝道”更为详细的路线基本勾勒出来，这也是一大进步。如荀先生认为，荔枝道的基本走向为涪陵（妃子园）—垫江—梁平—大竹—达县—宣汉（大成、三桥、隘口、马渡）—平昌（岩口、马鞍）—万源（鹰背、庙垭、秦河、玉带、魏家）—通江（龙凤、洪口、澌波）—万源（竹峪、虹桥）—镇巴县—西乡县—子午道—西安①。他们虽确定了较为详细的线路，但并没有进行严密论证，没有给出充分的依据。所以，从学术严谨角度出发，他们的结论还有待确认，故而该路线也还有必要进一步细化研究。笔者搜罗相关资料，得知荀、赵等先生所确定的线路沿途有不少唐、宋遗迹，而这些重要的材料还有待研究者们去挖掘，尤其是传言沿途有大量的碑文、题刻，尚无多少人去辨识、整理。有鉴于此，我虽不才，但甘于进取，故而暑假期间，忙里偷闲，踏上了第一次考察之路。

二、“首次出征”：大成、马渡等地

1.大成

2015年8月5日抵达宣汉，在姑妈家住了一晚。8月6日早上从宣汉县出发，向第一个考察点大成出发。宣汉县城到大成镇需转车，略微不便，虽然只有30多千米，但到达时已是9点多。此次考察的具体位置为大成寨，离大成街道大约1千米。

这里需要交代一下，为何第一站首选大成。据1994年代出版的《宣汉县志》记载，大成寨上有清人所题“下蒲旧治”四个大字，即认为大成寨是南朝齐代所设下蒲县的治地。但距此往北30千米的马渡，也流传着南朝下蒲县治地的说法，现在马渡还有一条街道叫做下蒲街，据说就由此而来。孰是孰非，有必要一探究竟，奈何文献无载，则需从实地踏察获取线索。另外，前文已经述及，荀在江等先生所考证的“荔枝道”经过此地，要是能发现与此相关的线索，也不虚此行了。“荔枝道”路线的确定，沿途的几个唐代县城如阆英、宣汉、太平（东巴）等地望的确定非常重要，但至今仍有争议，其中就有人认为大成为阆英县治地，②实地考察或能为我们提供一些线索。

我顺着山路上去，很快就看到颇为整齐的石砌路面，不过历史应该不长，旁边石壁上有刻字，由于破坏严重，文字很难辨别。依稀可断的是上面第一次题过字后，后来又用石灰刷过，然后在上

① 荀在江：《达州荔枝古道遗迹多多》，《达州日报》2008年5月12日。
② 蒲孝荣：《四川政区沿革与治地今释》，四川人民出版社，1986年，第246页。

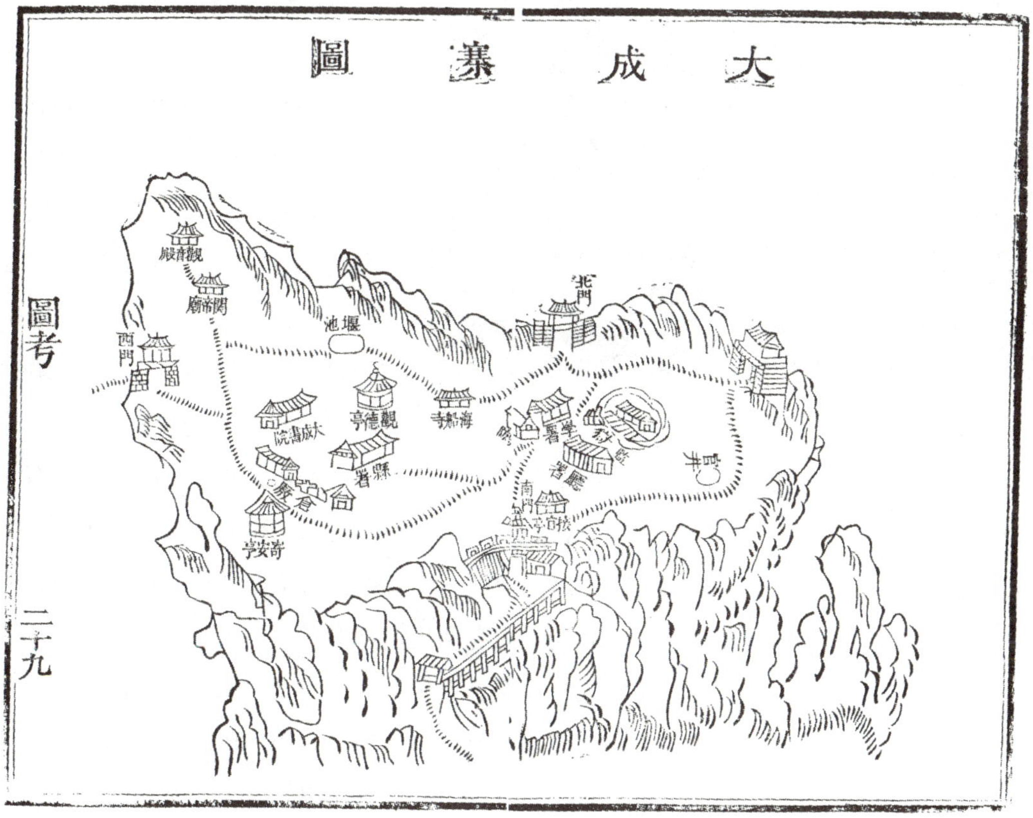

光绪《东乡县志》中大成寨图

大成寨下题刻

大成寨南寨门

面重新题字，“坚决”二字还能看得清楚，应该是新中国成立后进行社会改造的宣传口号。仔细辨别，石壁上还有不少墨迹，估计是文管部门已做过拓片。再往上走，就是大成寨的寨门，上面长满杂草，但大门两边砌墙的石砖清晰可见。寨门宽1米多，高2米多。进去后回看寨门，上面赫然题着四个大字“下蒲旧治”，旁边落款的时间是“庚……”，“庚”后字迹漫漶不清，不过以此能推断当为光绪年间所题，这就是《宣汉县志》里提到的题字了。查光绪及民国的县志得知，大成寨始建于明朝中期，到了清代，这里已成为县内极为繁华之地。嘉庆时，白莲教兴盛，攻陷东乡县城，这里成了县政府临时治所。光绪《东乡县志》里还有大成寨的地图，其中有书院、县署、海船

“下蒲旧治”题刻

寺、观音殿等建筑。

进寨后，我找到一位60多岁的老者询问当地掌故，他也只能讲个大概。说20世纪30年代红军曾在这里战斗过，更早的历史他也不太熟悉，并提到，往前走不远有一块几年前立的红军战斗遗迹碑。我又问这里是否有书院、衙门、寺观等建筑，他回答有，顺手给我指了大概方位，且言这些在“文化大革命”时已被毁，只有残存的观音殿。又问“下蒲旧治”四字来历，老者不知，并说以前这里住有一位80多岁的老者，谙熟掌故，现已搬下寨去了。略感遗憾之余，决定到周围察看一番。顺着道路没走多远，就看见了大成寨战斗遗址碑，是县政府2013年所立，背面记录了红九军二十五师在此歼敌数百人的历史。当时红九军属红四方面军，主要领导人有何畏、许世友等，川东北地区随处可见他们战斗的遗迹。再往高处去就是观音殿，这里人迹罕至，残破不堪，昔日的繁华早已湮没，现存唯有几尊泥塑佛像和杂乱堆砌已损坏的物品。进门不远处有一口铁钟，锈迹斑斑，其他遗迹皆未觅得。出殿时俯瞰周围地形地势，山寨并不开阔，且不是特别平坦，水源也不充足，县治选址于此可能性不

红军战斗遗址纪念碑

远望观音殿

重修的观音殿

大成寨下清代所题“忍”字

大。嘉庆以后此处作为临时县治，乃战时特殊情况，和宋蒙战争时期巴蜀地区县治多迁至附近山上的情况类似。这种山寨适合战时作为防御之地，但承平时期，并不适合县城选址，不知清人何所据而作“下蒲旧治”。我又向几位长者询问，除题字外，皆未发现此寨有明代以前的遗迹或传说。更详细的情况，我也很难在此作了解，只能寄希望于有机会到县文管部门咨询。

马渡拟建腊梅基地

2.马渡

下午3点多抵达马渡。此地除了有下蒲县治地的传说，还有阆英县治地的传说。马渡至今仍有浪洋寺遗迹存在，据说是唐代所建，尤其是残存的摩崖造像附近还有不少题刻，将是开启那段久远历史的金钥匙。休息期间，我约到了谙熟地方掌故的退休老师雷先生，对当地的情况作了进一步了解，雷先生还答应明早带我去走走“荔枝古道”。问及下蒲、阆英县的情况时，雷老师明显也不能言之凿凿，不过提到了一个传说倒是很有意思。据说在决定这一带的县如东乡、阆英、石鼓、宣汉等谁废谁留时，当地的方法是称量各县治所在地土壤的重量，谁重谁留，最终阆英因土地重量不及而废除。这个传说以前已经听说过，不过是发生在离此不远的壁州（治今通江县）地区。据记载，阆英县废于967年，太平（东巴）县废于966年，是宋初政区调整的结果，而这一带流传的这个称土存废县的传说实在未省有何含义。《太平寰宇记》载：“废阆英县，在州（指达州）北一百二十里，县本天宝九年，太守韦虚受奏于应水南一里置阆英县，以县南五里阆英山为名，四白山在故县西北四十里。”①当地传说距此不远的小寨子风景区就是阆英山，应水就是旁边不远的沙溪河。客观地讲，就里距、方位而言，此处完全吻合，且“阆英”发音和“浪洋”极近，初步估计阆英县和浪洋寺二者当有一定关系。但遗憾在于，作为一个存在了217年的县城，至少也应当有一些城墙、砖瓦等建筑遗迹存在，而马渡至今没有相关发现。四白山，明清地志改称为四面山，检索地图，唯今宜宾和重庆境内有四面山，然距此太远，明显非所指，此处四白山（四面山）当属时过境迁而易名，于今无可考矣。

马渡风景宣传语

浪洋寺离马渡街道大概1千米，有公路直达，现存唯有一块巨石和前面的两只石狮，石壁前后有十几个佛龛，每个佛龛内有佛像数座，损坏较为严重。造像多为“一佛像二弟子二菩萨二天王二力士”风格，属典型的唐代风格。石壁上现在还能看清的题刻有三处，基本清晰，我决定将其抄录下来以求寻得蛛丝马迹。环顾四周，有“省级文物保护单位——浪洋寺”石碑，还有“世界自然与

① 乐史：《太平寰宇记》卷一三七《壁州》，中华书局，2007年，第2677页。

文化遗产——荔枝古道”的标签（实际上所谓“荔枝古道”申遗之事八字还没一撇，当地宣传实在有些言过其实），以及马渡诸风景的宣传语。对石壁上三处题刻的释读是我这次来访的最主要目的，所以接下来的精力都集中于此。其中一处石刻内容较少，文字较清晰，释读难度不大，很快便将其抄录下来。其云：

镌字人张胜

咸通十二年正月二日记

讫随众供养心，今已功毕，设斋表庆，德乞合家康健，所求随弟子任师立修妆，前件切敬，再妆释迦牟尼佛一龛。

残存的浪洋寺佛龛

被破坏过的造像

背面的造像

寺前石狮

另外两则内容相对较多，信息量大，但剥蚀严重，识别难度较大，费了近一小时才勉强将内容少的一则抄下来，大致识别如下：

石像记

峨眉山人李尚甫撰

佛以慈悲之心，智慧为本，不生不灭，无去无来，遍世界救苦度危，神通力放，其斯福化，凡

题刻《重修佛殿记》

咸通年间题刻

莫知焉。有前录事纪礼，高阳之望，为乡邑之身，分地之宜，析置兹县。初入道众，恭修法门，造立龛像，玉毫炫耀真相，俨然是为奇也。礼则不幸奄化，冥途未究其因，记生何道，乃有长子，惟庆位于折冲都尉，□□□貌极，潘仁孝光，不有岁考，乐善积仰，念□□□□□归依供养，赞曰□□□□□□□□□□□□□□□□□□游戏神通，□□□子□□心其与□敬□□像，焕然□功□□刻石□□永□□□□□□□□□□□□□记。

后半部分剥蚀尤为严重，暂时只能存疑。观其表面，墨色尚多，估计是县文管部门所为，不知拓片效果如何，待有机会见到后再进一步释读吧。内容最多的一则题刻位置较高，要借助梯子近距离识别，且天也快黑了，留待明日再录。晚上在马渡街上一家便利旅店内住宿。

沙溪河上的古桥

第二天早上天未亮，起床收拾好东西等待雷先生的召唤，雷先生有晨练习惯，故起得早。跟着雷先生矫健的步伐，聆听着他讲解当地传说，我们已经走了很远。据传，张飞当年从湖北入川，在今川东北一带夜过三关，其中就有马渡关，马渡得名便源于张飞在此骑马飞渡沙溪河。实际上，张飞的活动范围并未到达这一带，一些人将义释严颜之故事附会到了距此不远的巴中，更属无稽之谈，马渡由此得名，系后人附会无疑。我在路边将一块石板翻过来，发现背面还比较新，而且踩踏的一面也没有明显的凹陷痕迹，显然这些石板没有经历多长的历史，顶多不过二百年。我们继续往前，并没有发现若干沧桑可信的遗迹。我不禁感叹，一千多年前的古道要被保存下来确实不易，哪有这么容易就能看到呢？

走完“古道”，我又返回浪洋寺前，借来梯子，花了3个多小时，勉强将这段内容最多的文字抄录下来，方知其题名为《重修佛殿记》。由于剥蚀非常严重，不可辨认的字极多，所以至今也未有人系统地整理过，我勉强为之，颇觉内容晦涩，回头还需花大力气整理才行。这时已快到中午，饥肠辘辘的我在街上简单地吃了午餐，本打算继续前往马鞍、鹰背等地考察，但觉此次单枪匹马“作战”颇为不便，加上对文献资料的准备略显匮乏，收效大打折扣，于是决定先返回广州，后面有机会再来。

雷先生在“古道”上

严重剥蚀的文字

残存的兽面瓦当

三、“再战沙场”：竹峪、庙垭、鹰背、马鞍等地

1.竹峪

经过两个月的准备，我再次踏上了考察之路。吸取了上次的教训，这次不但约到了对“荔枝道”颇为熟稔的赵洪贤先生，而且还准备了“通关文书”——学院开具的介绍信。如此充分的准备，想必此行更加顺畅，更有收获。然而临行时，赵先生突然告知他临时要忙于市里公务，不能一起前往。深感遗憾的我不得不再次单枪匹马“出征”。虽然没有了赵先生这位得力向导，但这次其他方面皆已足备，所以也没有太大影响。

10月8日早，到达州，乘车至万源，再乘车至竹峪。万源至竹峪大约63千米，为省道，路况还行，但中途并不顺利，由于山坡塌方，阻碍道路，到竹峪时已是下午5点过了，我在一家农家乐住了下来。此行第一站首选竹峪，是因为此地处于肖口河上，乃万源西北一重镇，为川东北入陕的一大要口，也是前文提到传说中的张飞夜过三关之一。不久前，通江县文管所工作人员在实地调查时发现此处有宋代的摩崖石刻，为宋代绍兴年间所题。但他们并没有释读该题刻，只是拍了几张照片，我此行便为此题刻而来。

10月9日早上，我拿着介绍信去拜访竹峪镇政府的工作人员，希望他们能为我找一个向导指路。这里的工作人员比较热情，得知来意后，立即安排人员与我随行。可是当我提及宋代的石刻时，在场无一人知道，负责文管的人亦不知情。这就让我颇感纳闷了，难道是通江县文管所的工作人员骗我？可是根据我得到的照片，千真万确啊！我跟他们讲明此情况后，负责文管的人到处打电话问此事，终于有了蛛丝马迹。原来宋代题刻所在位置叫小三溪，新中国成立前后属通江管辖，后来才划归万源市。目标明确后，我们一行三人（除我外，还有一位工作人员和一位司机）立即出发，坐着一辆长安车，在泥泞的道路上行驶了约半小时才到目的地。据这位工作人员介绍，我们刚刚过的地方以前还有竹峪关关口遗迹，上面题有对联一副：包台月朗鸣刁斗，竹溪水清洗甲兵。现在遗迹不存，什么也看不见，甚是遗憾。这时一位长者过来迎接，说题刻就在肖口河旁，现在电站蓄水，这一带水位上涨了很多。跟着长者的步伐，在河边的丛林里找到了几尊摩崖造像，旁边有几处题刻，我拂去一处题刻上的尘土，仔细辨别，赫然刻着“大明成化二十年十二月吉旦”等字样，再大致观看内容，确定此处题刻是明代的。我翻出通江县文管所工作人员给我的照片对比周围场景，很明显不是一处。原来这周围除了有宋代的题刻，还有明代的，我不禁一喜，意外收获呀！我赶紧拂去这些题刻表面的尘土，和造像一起拍了许多照片，有些文字已难辨认，加之时间仓促，未及细读，故暂时对这些造像的相关情况还不是很了解，只能留待以后了。接着我在周围反复搜索，寻找宋代的题刻在何处，竟然未能找到，这让我好生着急。问长者相关情况，他也不清楚。我又在周围百米范围内反复寻找，亦不见有摩崖造像或者题刻。我很纳闷，又拿出手机查看通江县文管所工作人员给我的照片，发现其中水位确实比现在要低好几米。发消息问他们去年拍摄时的水位，回答是很低，且离题刻很近。很明显，现在的水位已经淹没了宋代的题刻了。我问随行的工作人员水位会降吗，回答是现在

万源至竹峪的道路被阻挡

工作人员在前面带路

竹峪小三溪明代造像

电站蓄水发电，一般不会降，即使降，也不会降好几米下去。我颇感失望，此来寻宋代题刻，不期为水所淹没，所幸发现了明代题刻，否则一无所获。这里既有宋代题刻，又有明代题刻，看来从唐宋以来，确为要冲之地。从树林里出来后，拍了拍身上的泥土，和工作人员一起乘车返回镇上。再三致谢后，乘车返回达州。

造像旁的题刻一

造像旁的题刻二

2.庙垭

10日8点，我从达州乘车至庙垭，沿途经国道210至罗文，行程顺利。后转为乡镇公路则比较难行，道路狭窄，走走停停，到庙垭地界都12点过了。在车上遇到了一位村干部，聊起“荔枝古道”的事，他有几分了解，且推荐我去找名扬村的张书记，说张书记是最熟悉此地掌故之人，还表示愿意亲自带我去。我当然求之不得，下车后，便和他一起乘坐他早已准备好的摩托车，往名扬村方向驶去。庙垭乡据说也是“荔枝道”所经之地，至今仍有宋代遗迹嘉祐寺。听这位村干部讲，此地关于荔枝古道的传说很多，但只有张书记才能将这些传说讲得清清楚楚。大约十分钟后，我们便到了张书记家，随后这位村干部便匆匆离去，我亦不知其姓名。张书记很随和，正忙于家务，见有“贵客”到访，欣然出来迎接。此时已是下午一点过，一路奔波的我饥肠辘辘，正巧张书记邀请在他家吃饭，我不推辞，唯称谢而已。

张书记略通文墨，在当地应该算是文化人了。他给我讲解了这一带的一些传说，不过多系明清时期的，有些和“荔枝道”扯上关系，很是牵强。他至今还记得当地流传的一首有关荔枝古道的打油诗：

饮马槽中马嘶鸣，运送荔枝路难行。龙王漸滩涨大水，一步跃过义庄坪。

义庄坪即当地地名，嘉祐寺又名义庄寺（又讹称义当寺）。另外，他又提到当地以前有块巨石，上刻有一些奇奇怪怪的文字，其中隐含一首诗，据说是唐伯虎当年过境而刻。文字刻画大致如右图，其诗解为：

大云细雨半边风，东倒西斜月中空；盘龙卧虎藏山岭，道人不见觅金钟。

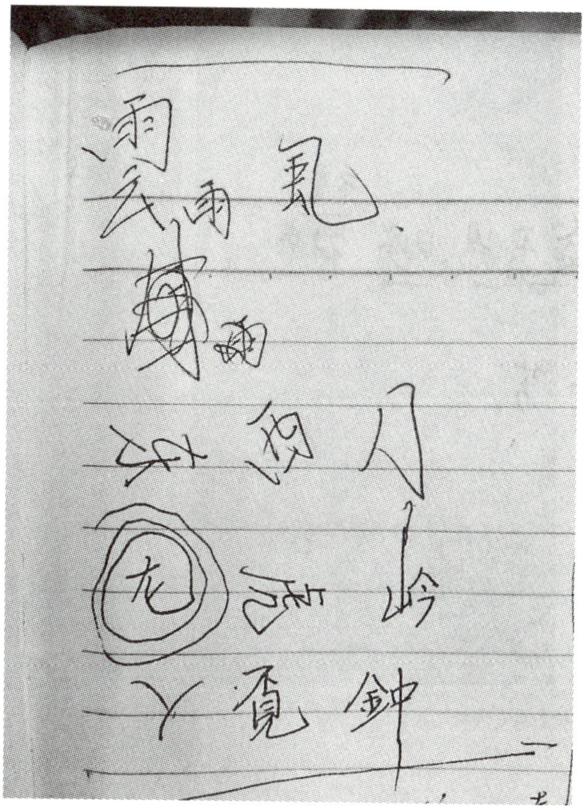
张书记描绘石头上文字的样式

可惜此石前几年竟被盗，不知所踪，不然亦为一重要文物。随后他便带我去嘉祐寺察看。嘉祐寺离他家很近，现在已是当地小学的一部分，保存得还算完好。寺前石墩上刻有文字，但现在完全看不清楚。房屋横梁上也刻满了文字，隐约能见，多是姓名，以杨姓、苟姓为主，当是此寺修建或者后来重修的捐赠者。寺中佛像造型简陋，应该是后来重塑的。据称嘉祐寺保存最为完好的是房顶的十二生肖雕刻图案，非常精美，颇为罕见，被不久前省上组织的考察团队的专家高度评价。旁边的屋子里杂乱地摆放着记述嘉祐寺历史的碑刻，它们都只有残片，是当地人在周围耕种时发现的，据说多是“文化大革命”时所毁。其中字迹大多清晰，但内容不全，碑刻题目如《重修义庄寺□嘉祐寺功德记》《嘉祐寺□》都能清晰地看见。《重修义庄寺□嘉祐寺功德记》的末尾有“皇明万历拾贰年，岁在甲申季冬望旦，晚生杨价顿首撰书”等字样，可知此寺在万历时重修过。碑文虽

嘉祐寺中的佛像

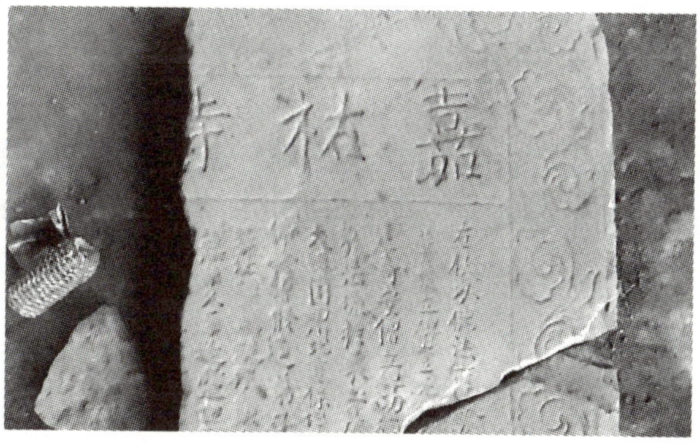

嘉祐寺残碑一

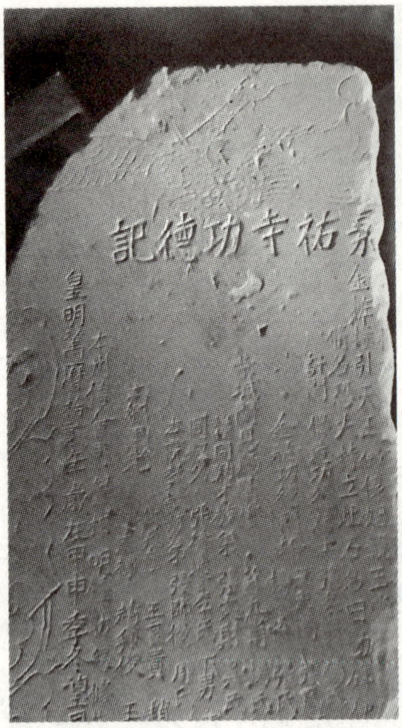

嘉祐寺残碑二

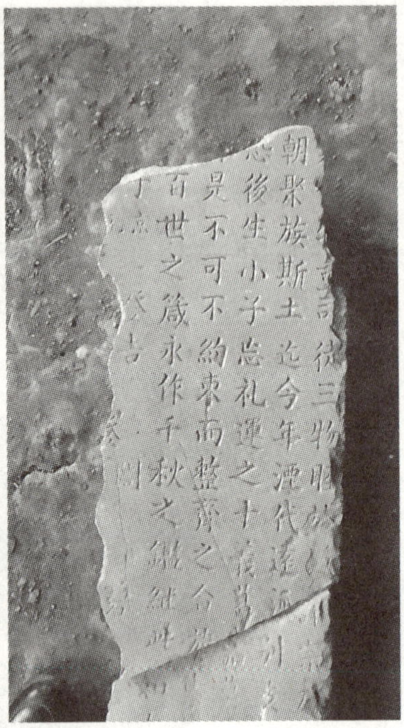

嘉祐寺残碑三

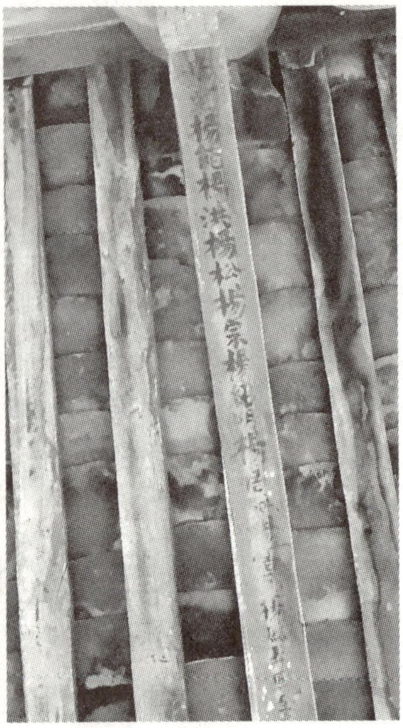

房梁上的题字

张书记家丰盛的午餐

多，但内容残缺不全，依然不能对此寺的情况有非常详细地了解，我也仅能多摄几张照片留待以后进一步探究而已。

我在四周打量了一番，别无他获，便和张书记一同吃午饭去了。午餐很丰盛，菜肴味道极佳，我并不拘谨，连连称赞。饭后，我即和张书记夫妇告别，准备往下一站鹰背出发。此处距鹰背只有十几里路，沿着漸滩河支流的小路往前走翻过一个山头就有公路，顺着公路就可以到鹰背街道。张书记嘱咐我到鹰背联系瓦子坪村的苟主任，我再三致谢，辞别而去。

3.鹰背

往鹰背的山路现在已极少有人走，我在杂草密林中穿梭，路不易行，四下无人，不禁有几分落魄感，随兴便吟两首打油诗聊以自慰。其一云：古道荔枝何处寻？餐风露雨架白云；宣达太平方千里，尤似长征走红军！其二云：山空涧深人迹罕，树森径幽蝉声喃；妃子一笑万人泪，至今尤觅白云间。

到鹰背已经是下午5点过了，苟主任热情地接待了我，晚上在鹰背街道一家农家乐歇宿。鹰背有关“荔枝道”的传说也很多，现在的很多地名据说都与此相关。对“荔枝道”深有研究的苟在江先生便是此地人，可惜他现在住在万源城里，否则有苟先生作向导，此行收获将更大。

荒废的墩子桥

11日早上，乘坐苟主任的摩托车，我们先去了化米梁，听苟主任讲，以前的专家们在此考察时，发现了汉墓。现在还能看清楚汉墓上面覆盖的巨大石板，上面的云纹图案依稀可辨，专家们应该就是据此判断的吧。距此不远有一个传说中的饮马槽，现在还能看见石槽和打桩用的石洞。随后就去了大名鼎鼎的竹筒沟。这里保存有较完整的古道，从道路上石板被踩踏的痕迹看来，其历史应该不短。旁边还有一块巨大的石头，石面比较平，上面有十余个圆孔，当是打桩用的，据说当年此处建有一个驿站。前面不远的古道旁还有一个梨子（荔枝）庙，传说当时贡荔常遭贼人劫去，故修此以祷平安。竹筒沟前通化米梁，苟先生曾在此发现一块界碑，将其内容做了拓片并释读，不久前在网上看到照片，兹将其内容引述如下：

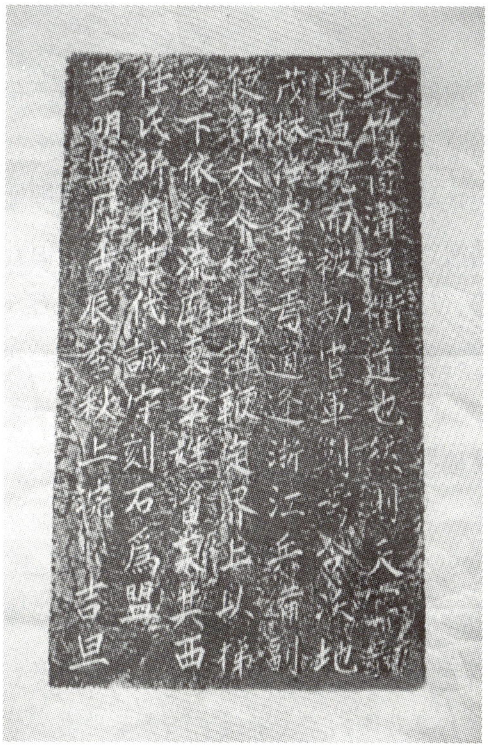

苟在江先生所作界碑拓片（转自四川新闻网）

此竹筒沟通衢道也，然则天宝贡果过境而被劫，官军剿焉。今沃地茂林，任李争焉。适逢浙江兵备副使卫大人经此，挥鞭定界，上以梯路，下依溪流，庙东李姓管业，其西任氏所有，世代诚守，刻石为盟。皇明万历壬辰季秋上浣吉旦。

很明显，明代此处已有贡荔过境的说法。而文中提到的天宝贡果经常遭贼人抢劫，官军不得不镇压，说明开元、天宝时期这一带的治安并不好，流民、匪寇较多，这和《太平寰宇记》中“唐开元十三年，壁州三县耆老状论太平曲水王福村，界东南连通州，向为浮游所集，州县不便理，请置邑就以抚之”[①]等记载相吻合。由此也可以看出，贡鲜荔运送之难，不仅难在路途遥远，保鲜困难，还难在要防止沿途匪寇打劫，确保荔枝不被劫走。当然，也可理解为正因进贡这些贡品劳民伤财，一些亡命之徒才铤而走险，参与抢劫，以此泄愤。

① 乐史：《太平寰宇记》卷一四〇《壁州》，中华书局，2007年，第2723页。

传说此处为饮马槽

传说此处曾有驿站

竹筒沟的古道

破败的荔枝庙

接着前往鸡公寨。鸡公寨海拔1057米，是方圆几千米之内的一个制高点，属马鞍地界，但离苟主任所在的瓦子坪村很近。此寨比较开阔，居高临下，可据险而守。四周有很多石头砌成的围墙，此地传说为拦马墙，即当年贡荔过此处，因山势险峻，为防止马匹受惊而修砌。我仔细查看周围地形及石墙的规模，觉得此说法太过离谱，因为寻常大路皆循河谷或山腰而开，若翻越山顶，不但开路不易，而且人、马等翻越亦难。寨上有寺，不知何年所建，现已破败，但残迹尚多，其中还有几块碑刻。我拂去一块碑上的尘土，见上面刻有“大清光绪岁之乙未七月上浣日”等字样，原来是块光绪年间的碑。听苟主任讲，此前的专家考察亦到访过此地，只因此碑乃光绪年间所立而未被重视。我见碑上文字尚清晰，识别较易，于是用树枝小心翼翼地擦去嵌在刻纹里的尘土，逐一释读，内容如下：

夫寨以避贼，庙以栖神，二者均不可不修也。如本境鸡公寺，高踞山顶，多历年所，远近咸蒙眷佑焉。自辛酉年间，朱贼猖獗，窜入我境，彼时之人，无所措手足，于是缘山而上，依神以居，草行露宿间备尝险阻。幸国政、文佑、文钦、文荆诸公董率丁男勒墙砌石，不崇朝而成坚壁矣。贼稍却，鸠工塑玄祖像，基址仍旧，气象顿新，诸公之益于人神至也。但时久则墙垣倾，径荒则香火息，凄凉莫此为甚。近朝栋公思前创造之艰，悯斯特庙宇之废，爰邀四围善士募化各处锱铢，始有功者继仍有绩，初捐梁者后复捐赀，重修玉宇，再塑全容，神威既镇于北方，圣德更流于西蜀。矩雍虽非，宏敞灵通，借极昭彰，善作善成，善始善终，此之谓也。功竣，乃建碑记于廊内，永垂姓字于庙中，俾千秋万载，知前为创而后为因，庶功显名，成人极欢而神极喜。是为序。苟明先拜撰并书。大清光绪岁之乙未七月上浣日建立。匠师苟盈儿、苟朝新。

碑文提到，此石乃辛酉间“朱贼”叛乱时所砌，查地方志，未觅得明清时期这一带有姓朱的起义头领。事件发生在辛酉间，光绪之前较近者有1861年、1801年、1741年、1681年、1621年等，而当地叛乱事件较大者，莫过于白莲教起义，即当指1801年。清代反清人士多以“复明”为号，“朱贼”或许是当地官方对这些反清人士的称呼。文中提到“拦马墙”为当时抵御叛乱所砌，而非唐代防马匹受惊而砌，由此也可见这些传说要考实的地方还很多。至于鸡公寺始建于何时，方志以及此碑文皆未提及，暂无从知晓。

鸡公寨上的“拦马墙”

弄清了此石墙的来历，也算是不虚此行了。此时已经是下午两点过，我们还没吃午饭，于是返回鹰背街道。饭后，在旅馆休整，没有出行。

破败的鸡公寺

4.马鞍

12号上午，随荀主任一起前往马鞍。马鞍，顾名思义，即地形很像马鞍，该乡以前叫石板，街道在山梁上，并不开阔。此次考察，郭师特别交代一定要考察马鞍，因为马鞍乡驻地叫城隍庙，这个名字很特殊。一般而言，在古代，有县城的地方必有城隍庙；反之，有城隍庙的地方大多也是有城的，所以导师怀疑此处可能有县城遗址。不过从地形来看，该处地无三尺平，有县城的可能性不大。但推测终究是推测，实地考察才能解决问题。

鸡公寺内的碑刻

马鞍这边接待的工作人员也姓荀，因为荀姓在这周围几个乡镇是大姓，人数比较多。此时鹰背的荀主任已经

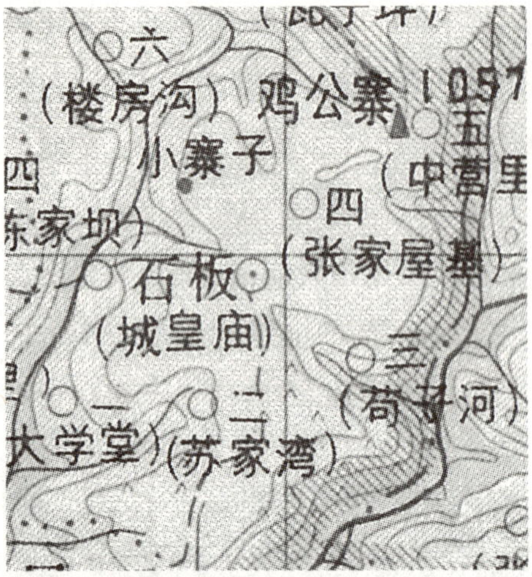

马鞍乡地形

峨鼻寺前石狮

返回，接待工作由这位苟主任全权负责。我问及城隍庙来历，他找来了两位当地的长者为我解惑。交谈得知，此地从没有故县治地的传说，也没有任何相关的遗迹。关于城隍庙的来历，听他们讲，明末清初苟氏祖先大贤在南京做官，颇有政绩，准备返乡时城隍爷托梦，要求带他偕行，并嘱咐大贤，等到大家旅途困乏休息时，便可将他就地安置。大贤取城隍爷一手臂，携同返乡，快到家时方才停歇，于是城隍爷落根此处，大贤遂于此修庙供奉。此城隍庙毁于“文化大革命”，遗迹全无，而两位老者对此庙昔日的兴旺记忆犹新。我翻看苟氏族谱，发现里面有他们所说的先祖苟大贤，确是官宦之家，看来此传说并非毫无依据。随后，又乘坐摩托去考察了峨鼻寺等古迹，因为没有确凿的文字记载，无人知道这些古迹的来历。

下午返回鹰背，准备13日乘车至万源拜访苟在江先生。

13日上午10点半抵达万源，苟先生热情接待。终于有幸一睹先生风采！我不厌其烦地请教了苟先生诸多关于“荔枝道”的问题。苟先生极为慷慨，将多年来所收集的资料分享于我，并嘉勉我努力向学。苟先生酷爱诗词，2006年出版了一本《四川风景名胜诗词选注》，口碑较好，同时又对古道颇有兴趣，前后十年间专注于此。经过他的点拨，我对“荔枝道”的认识又加深了许多。苟先生提到，在万源鹰背、庙垭和宣汉红峰间有很多古迹，年代非常久远，多在偏僻的地方，知道的人并不多，我此次考察很遗憾也错过了。尤其是他提到的一些地名引起了我的兴趣，这一带有城隍庙、衙门田、小京城、皇城等地名，加上丰富的古迹，以及文献的记载①，或许可以判断唐代的宣汉县治地可能就在这一带。如此一来，唐代壁州、通州几个县的治地就可以初步确定下来，这对“荔枝道”走向的重新认识极有帮助。

峨鼻寺残存的雕塑

下午乘车返回广州，此次考察到此结束。

① 《太平寰宇记》载：“废宣汉县，在州北一百七十里。”约在这一带。

四、一些认识

交通道路的复原研究不外乎确定关键的节点，节点越多，道路复原越精细，反之则越粗略。“荔枝道”的复原研究必须结合文献和实地踏访，这样才能在文献记载极度粗略的情况下，将道路考绘得相对细致。从《舆地纪胜》《方舆胜览》等文献所载的州一级的点，到严耕望先生所确定的县一级的点，再到近来赵洪贤、苟在江等先生确定的乡、镇一级甚至到村一级的点，虽然越来越精确，但问题也越来越多。即越细化的点并非在原来粗略的路线上精确而来，而是路线走向已有很大改变，后来的研究者不得不对前面诸家所考一一核实。严先生无法实地踏察，注定无法将此路线复原得更加精确；赵、苟等先生虽有详考，吾辈却不能尽信，因为其方法并不严谨，他们所勾勒的路线最多只能是晚清以来至民国时期乃至新中国成立初期的道路走向，而未必是千年前的唐代道路实际情况。若能在他们所考证的路线上不断发现唐宋时期的古城遗址、驿站阁道等，或许能证实其所考。现据笔者实地考察及文献推断，今达州市、巴中市境内大致确定以下几个点为可能性极大的经过之地：

达州通川区城区　唐代通州州治，为官道必经之处。《舆地纪胜》引《洋川志》云：“杨妃嗜生荔枝，诏驿自涪陵，由达州，取西乡入子午谷，至长安才三日，香色俱未变。”[①]严先生认为“荔枝道”不过州治，恐怕对当时的官道格局的判断还是有不确之处。

宣汉马渡乡　如前文所述，极有可能是唐代通州阆英县治地，若是，则从州治至阆英县当有官道，是往北通往洋州（今西乡县）的必经之地。今通川城区至马渡间的罗江、蒲家、大成、三桥、隘口为两地间必经地，当为沿路所经。

万源鹰背、庙垭，宣汉红峰之间　如前文所述，唐代宣汉县治地极有可能在这一带。此处离马渡50里左右，且处于北方，符合《太平寰宇记》的记载，也当是往北官道必过之地。严先生将唐宣汉县治定于离今万源市极近的地方，且未察今开江与万源间高山阻隔地形而强行通行[②]，笔者以为不可取。

万源玉带太平坎　《太平寰宇记》载：“废巴东县，在州东一百四十里，二乡，本汉宕渠地，唐开元十三年，壁州三县耆老状论太平曲水王福村，界东南连通州，向为浮游所集，州县不便理，请置邑就以抚之，由是敕许置太平县。”[③]今检地图，玉带乡太平坎不仅名称、里距相符，而且地形开阔，更重要的是此处明、清古墓极多，可证昔日之繁华，姑且以为是唐太平（东巴）县治地。此处南接唐宣汉县，当为向北官道必经之地。

通江文胜乡　有白石寺，为唐白石县治地的明证，并已被学界认可。虽在太平县北偏西一点，但为县城所在，且离唐太平县不远，当为官道所经。之后顺着今肖口河而上出川入唐洋源县，顺洋水而下至唐洋州州治西乡县。

---

① 王象之：《舆地纪胜》卷一九〇《洋州》，浙江古籍出版社，2012年，第3905页。

② 严耕望：《唐代交通图考》第四卷，上海古籍出版社，2007年，第1116—1117页插图。

③ 乐史：《太平寰宇记》卷一四〇《壁州》，中华书局，2007年，第2723页。

当然，这只是我初步的看法，而且这些点我也不是都已考察过，所以还有待进一步探索。严先生考证，“荔枝道”长约1000千米，而我这两次考察只是其中极少一部分。要将其线路梳理得更加清楚，还有很长的路要走。我辈虽站在巨人的肩上，却任重而道远！

宁夏平原段黄河及古城址考察记①

王兴锋、陈娇

作者简介

王兴锋，男，1984年生，陕西宝鸡人，贵州师范大学历史与政治学院副教授，主要研究方向为中国边疆史地。

陈娇，女，1989年生，陕西蓝田人，现为陕西省安康市高新中学教师。

宁夏回族自治区的北部，滔滔黄河斜贯北流，流程三百多千米。河水浩渺，水流平缓，沿河两岸地势平坦，土地肥沃，加之峰峦叠嶂的贺兰山阻挡了来自于西北方向的寒流、风沙，遂形成了得天独厚的自然环境。早在两千多年前，生活在这里的先民，凿渠引水，灌溉农田。流淌至今，形成面积辽阔的自流灌溉区，这就是举世闻名的塞上江南——宁夏平原。

宁夏平原位于贺兰山与鄂尔多斯高原之间，经黄河长期冲积和贺兰山长期洪积而成，呈北偏东方向延伸。海拔一般在1000~1120米之间。贺兰山呈南北走向，耸立于平原的西北部，不仅阻隔了西北寒流的入侵及沙漠的南移，而且自秦汉以来，也成为阻挡北方游牧民族南侵的一道天然屏障。

① 本文系国家社科基金青年项目“秦汉时期河套地区民族迁徙与边疆治理研究”（18CZS048）阶段性成果之一；贵州师范大学博士科研项目“秦汉魏晋时期河套地区民族地理研究”（2016社科博［8］号）成果之一。

笔者曾对宁夏平原段黄河部分河段及古代城址进行过考察。在此基础上，笔者有幸再次参与艾冲教授组织的考察，从而对这一区域的历史地理有了更为直观的认识，收获亦非常丰富。

考察队这次对宁夏平原进行了为期四天（2014年10月13—16日）的实地考察。参与此次考察的成员有：艾冲教授、肖爱玲教授、张维慎研究员、王兴锋副教授以及研究生陈娇。考察内容主要是沿黄河两岸行进，对沿途黄河、灌溉渠流向以及古代城址进行勘察。考察所涉及地区包括银川市、青铜峡市、吴忠市、灵武市、石嘴山市等地。

一

万里黄河流经宁夏境内共397千米，以青铜峡为界，上段处于峡谷、盆地之间，水流湍急，有利于灌溉，且河道摆动不明显。河水穿过青铜峡后，地势平坦，水流减缓，冲积出土壤肥沃的银川平原，但由于地面坡度小，泥沙淤积致使河道移动不断。

北魏郦道元的《水经注》是历史上最早记述此段河道的著作。《水经注·河水》记载：“河水

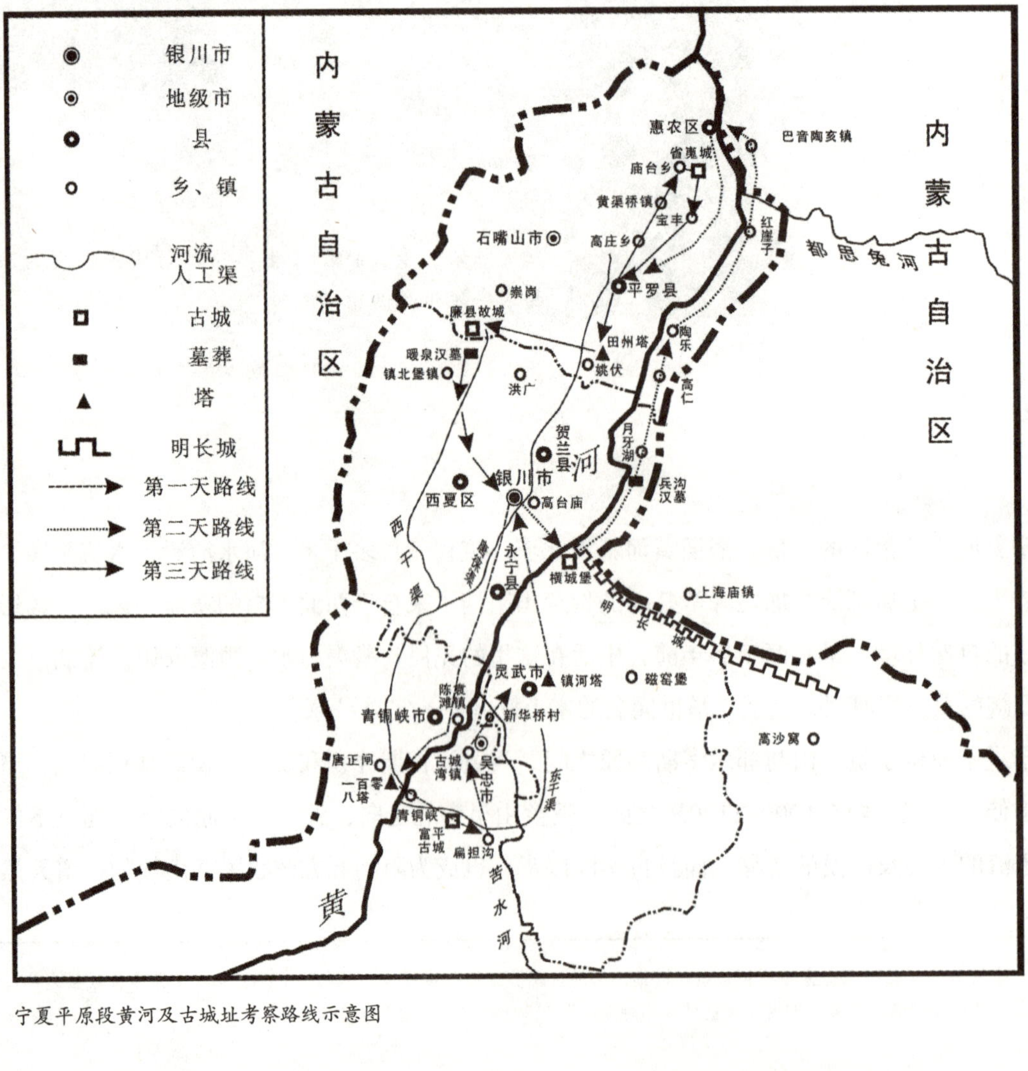

宁夏平原段黄河及古城址考察路线示意图

又北，过北地郡富平县西。河侧有两山相对，水出其间，即上河峡也。世谓之青山峡。河水历峡北注，枝分东出。河水又北径富平县故城西，秦置北部都尉，河水又北，薄骨律镇城在河渚上，赫连果城也……又北径上河城东……河水又北，径典农城东，俗名之为吕城……河水又东北，径廉县故城东……河水又北，与枝津合……河水又东北，径浑怀障西。”从此段记载可知，黄河流经宁夏境内自南向北依次经过富平县故城、薄骨律镇、上河城、典农城、廉县故城、浑怀障等。此次考察正是沿着黄河自南向北行进并经过以上数城。

2014年10月12日，下午2点半，我们由陕西师范大学长安校区出发，到达西安火车站与艾冲教授、张维慎教授、肖爱玲教授集合，一起踏上去往银川的火车（K1085次，17点38分开），正式开启此次考察之行。

列车经过一夜的长途奔驰，于13日上午8点抵达银川新火车站。宁夏社会科学院历史研究所保宏彪研究员前来迎接。经保宏彪研究员安排，我们入住火车站东南方向500米的吉运快捷酒店。这里交通方便，出门即公交站。吃过早餐后，10点整我们从银川出发，沿着109国道前往青铜峡。道路西侧是黄河主干道，河面忽宽忽窄，河滩上随处可见飘扬的芦苇荡。此时正是农收季节，放眼望去，尽是引黄河水灌溉的良田。无怪乎，常言道：“天下黄河富宁夏。”

一个小时后，我们到达著名的一百零八塔。此塔修建在青铜峡市大坝库区西边的陡峭山坡上，由108座覆钵塔组成。塔群坐西朝东，背山面河。远望108座宝塔，错落有致，非常奇特。由上到下分阶而建，按1、3、3、5、5、7、9、11、13、15、17、19的数字排列。据与我们随行的保宏彪研究员告知，一百零八塔原为土坯砌筑，后来重修时在土坯塔体外用砖包砌。前些年，考古工作者于塔内发现西夏经卷，这就进一步表明一百零八塔为西夏遗迹。

考察一百零八塔

唐徕渠古渠引水口地理标志点

由一百零八塔东走约百米，立一块碑，上书“唐徕渠古渠引水口地理标志点”，再由此向东，就是滚滚黄河。岸边有渡口，游船可以停靠。随后，我们在此拍照留念。肖教授站在碑文处，我们用测距仪测量唐徕渠碑文至黄河为110米。同时，测量黄河宽245米。由此（故渠口至河道距离）可以看出，黄河古今河道东西方向的变迁。

离开一百零八塔，我们向北行进，来到唐徕渠进水口管理站。唐徕渠进水闸与汉惠闸左右相望，水量很少，张教授告诉我们，如果前五月汛期时来，水位就会很高。唐徕渠乃宁夏第一大渠，从名称看，应是唐代时修建。但汪一鸣在《宁夏人地关系演化研究》一书中考证，唐徕渠上游段在汉代已有原始渠道，就是《史记》中记载的御史渠，唐代渠线得以延伸，灌溉面积扩大[①]。其实在宁夏平原，除了唐徕渠外，还有众多灌溉渠道交错纵横，引黄河水惠泽万亩良田。

考察古城也是我们的任务之一。半小时后，我们抵达吴忠市利通区的扁担沟村，寻找汉代的富平故城。据《汉书·地理志》载，秦始皇三十三年（前214）置北地郡，北地郡领19个县，富平县为其中之一。东汉初年，北地郡郡治由马岭迁至此地。直至东汉末年郡治内迁，城遂废。《水经注·河水》载：“河水又北径富平故城西，秦置北部都尉，治县城。”由此可知，黄河故河道流经富平县故城，但按照《中国文物地图集》标绘的地点，富平古城位于今黄河以西数千米，河道变化之大由此可见。

据艾教授介绍，富平故城在东干渠以南，70年代修建东干渠时，城的西北角被破坏。我们驱车沿S101—金五路行至扁担沟村三队，询问当地几名村民，但无人知晓富平城，只知东干渠的具体位置。我们只好前往扁担沟村委会所在，但到达后却空无一人，我们只能根据地图集指示的位置寻找。汽车行至东干渠与S101交汇处遇到一个70多岁的老者。艾教授上前询问，老者称知道附近有一古城，但现已被推平，没有遗迹可寻。在老者的热心带领下，我们沿东干渠向东三四百米再向南拐进一条小路，来到其所说古城的位置。在众人查勘下，并未发现任何古代遗物。搜寻未果，只能标记好位置，留待下次考察。

众人略带遗憾地离开扁担沟，驱车前往古城湾。四年前，我们曾考察过这里，那时古城湾一带正在开发黄河生态园旅游区，道路正在整修，一路上尘土飞扬。与四年前的景象不同，如今道路整

① 汪一鸣：《宁夏人地关系演化研究》，宁夏人民出版社，2005年。

洁干净，令人感慨万千。这一次我们只是站在黄河东岸的大桥下远望陈袁滩。之所以考察陈袁滩，是因其与历代史书记载的灵州故城有着直接的关系。据乾隆《宁夏府志》记载：“灵州城，旧在黄河南，洪武十七年，城为河水所啮，移筑于河北七里。宣德三年，河又崩塌，移筑于东北隅五里。景泰三年，展筑之，并南关周围七里八分……国朝乾隆三年，地震损塌，五年重修。”可见由于黄河的泛滥和改道，迫使灵州城数次迁徙。

而据艾教授《灵州治城的变迁新探》一文考证，原灵州治城薄骨律镇位于今吴忠利通区古城湾村西侧，黄河河心州东侧的黄河大桥之下，今陈袁滩即古代河渚的一部分①。由于时间关系，我们这次并未到陈袁滩详细查看。艾教授认为，现在的陈袁滩只是史书记载河渚极小的一部分，而我们所站的黄河对岸位置在古代也应该是河洲。但随着黄河河道的东、西移动，河渚随之被冲掉，因此灵州城也被毁，以至于有了后来的迁建。

在陈袁滩查看后，我们沿黄河西路向东走七百多米来到原古城湾村（新村现已迁建至原址北面3千米左右）。此路经过一处面积较大的低洼处，据艾教授介绍，2010年考察时，此处为一较大的湖泊，但现在已基本干涸。古城湾村已搬迁，只余路南标志性建筑——古城湾清真寺。

17点10分，我们抵达新华桥村二组。新华桥村二组即明代洪武年间灵州治城的迁建之地。2010年夏，我们访问灵武市文管所，据刘所长告知，新华桥村二组村民在种地时挖掘出青砖等遗物。我们试图寻找这位村民了解详情，但是无果。

由新华桥北行，途经苦水河大桥，桥下立一碑，上书“苦水河吴忠过渡区界碑”。苦水河是黄河一条重要支流，在距此处不远的地方汇入黄河。18点15分，我们抵达灵武市东塔镇的镇河塔。镇河塔又名“东塔”（银川海宝寺塔称“北塔”，承天寺塔称“西塔”），位于今灵武市东南。顾名思义，它的地理位置最能说明历史时期黄河河道移动对古代城池的影响。从寺门外望之，镇河塔雄姿伟岸，高入云端。当我们的车停靠在寺门口，寺内出来了一位50多岁的管理员，邀请我们入寺参观。据几块碑文介绍，镇河塔自诞生以来多次重建，或因地震，或因河道变迁。参观快要结束的时候，管理员送给我们两本有关镇河塔的读物，在表示感谢后我们离开镇河塔。

据寺内碑文和《灵武市志》载：镇河塔始建于清朝康熙七年（1668），历时三十年的修建，于康熙三十七年（1698）竣工。此后的二十年里，灵武地区先后发生两次大地震，镇河塔彻底倒塌，成为一片废墟。康熙五十八年（1719），又在原地重建，期间因财力问题，直至乾隆三年（1738）才最终建成。镇河塔如今已经远离黄河干道，如果按照镇河塔的位置推断河道的变迁，现今的黄河向西移动数千米左右。

二

长城是中国古代劳动人民智慧的结晶，也是中国古代军事史上的奇迹。长城并非简单的一道

① 艾冲：《灵州治城的变迁新探》，《中国边疆史地研究》2011年第4期。

墙，而是包括前沿哨所、关键支撑点、交通道路等一系列防御设施组成的防御体系。10月14日上午，我们由银川市东南行，渡过黄河后，抵达明长城、横城堡，继续沿黄河东岸北行，沿途考察了兵沟大峡谷及汉墓等地。

我们本计划先前往兴庆区黄河东岸的横城堡，未料走错了路，先抵达横城堡之北的明长城。城下立有一保护碑，上书“长城”字样。在这里笔者啰嗦一句：在明代，人们不称长城，因为自秦汉以来，人们都把长城与秦始皇的残忍暴政、汉武帝的穷兵黩武联系起来。明朝为避此恶名，而以“边墙”相称。众所周知，宁夏境内的明长城资源极为丰富。按照地理分布，可称之为：河东长城、北线长城、西线长城和内边长城。我们所在之地正是河东长城的起点，即临河镇黄河岸边的横城村。河东长城修筑于明成化十年（1474），由横城村向东，于盐池县苟池东北3千米处进入陕西定边县的周台子。

在明长城遗址处

明长城银川段的简介

走过保护碑，我们登上明长城，发现部分墙体已被现代仿古石砖包砌，还有很多砖堆砌在长城上。大约西走了两百多米，我们从长城下来，又发现一座保护碑，上书“明长城——银川段”六个醒目大字，背面有明长城银川段的简介。从此处南望可以看见横城堡，西望便是黄河，我们站在河边用测距仪向西岸测量，大约345米。据我们观察：明代时长城应该更向西延伸，后来随着黄河河水的向东侵蚀，明长城墙体不断被冲毁。总的来说，明长城较前代各期所修位置有了明显的内移，除与当时蒙古不断南下侵扰有关，另一方面也与当地生态环境的恶化不可分离。

由明长城南行100米左右，就是横城堡。现在已经开发成旅游度假区，买门票才能进去参观。如今的横城堡仅剩下北墙完好，我们从北墙中段的祖师庙处登上城墙，进行了测量。随后走到北墙东北角，发现有城门一座。西墙为黄河冲毁，已淹没在黄河河道中。

横城堡以南是横城古渡，据《魏书·刁雍传》载：公元446年，北魏太武帝下诏，命驻守薄骨律镇的刁雍把河西囤积的50万石谷粮运到内蒙古的沃野镇，刁雍上表奏呈太武帝请求改水运。于是当年冬天，刁雍造木船200艘，每艘载粮千石，仅半年就运完了50万石粮。这是有记载的黄河上游第一次大规模的木船水运。显然，随着黄河河道的变迁，今天的横城古渡已经不是当年刁雍运粮的渡口。横城堡位于明长城与横城古渡中间，地理位置非常重要，既能保障长城守卫，又能保护渡口的后勤供应。嘉靖《宁夏新志》卷三载，横城堡为“正德二年（1507），总制右都御史杨一清奏筑，周围一里许。置旗军三百名，操守官一员，守堡官一员”。据《读史方舆纪要》载，横城堡在清水营西北八十里黄河东岸。《舆程志》：“繇清水营而西北四十里，为红山堡。又四十里为横城堡。堡西三里，即黄河渡。渡河处有关，亦曰镇远关。又西北四十里，即宁夏镇也。”今横城堡砌筑的砖石，仅城南门及附近尚存一些，其余多被拆走，残剩夯土。

11点15分，离开横城古渡。途经水洞沟桥，此地应距宁夏地区最古老的文明——水洞沟旧石器时代遗址不远，但因不在考察内容中，我们只是下车简单观察桥下河水，未过多停留，随后沿203省道北行。在红墩子向东北绕过一个大圈后，继续北行。也正是在这里，地势发生了明显变化。203省道的东侧是一条延绵不断的兵沟大峡谷。大峡谷跌宕逶迤大约10余千米，深约15米，宽10~70米不等。峡谷在尽头突然西转，直向黄河东岸，203省道则穿越峡谷继续向北延伸。我们来到黄河岸边，发现兵沟内有一小河源源不断地向黄河方向西流。沿兵沟北坡爬上一台地，台地处有多座汉墓，并发现盗洞。兵沟汉墓群于1986年为考古工作者发现，经调查有墓葬一百多座。汉墓群是兵沟秦汉文化的重要历史遗迹，是浑怀障戍边将士的墓葬。兵沟汉墓现在已经被开发为旅游景区供人们参观游览。由于黄河的侵蚀，据说汉墓室已经裸露在外。史书记载，这里是秦汉时期的屯兵之地，故称“兵沟”。秦将蒙恬、汉将卫青都曾在此征战。秦始皇三十三年（前214），秦将蒙恬北逐匈奴，在此设立浑怀障，设都尉镇守。我们推断，浑怀障大概就在这些汉墓以西的黄河河道附近。

除地形上的变化外，土壤情况也有所不同。进入平罗县境内后，公路两边遍地银白，土壤盐碱化严重，这与地势南高北低，地下水位高有着密切的关系。越向北，盐碱化问题越严重。从各地遍布的排水渠来看，这一区域主要采取排水的治理措施。

12点50分，离开兵沟峡谷继续北行，途经月牙湖镇。月牙湖乃黄河古河道遗迹，河道向西摆动以后，在原位置上留下众多湖泊，月牙湖正是其中之一。月牙湖的存在，有力地证明了黄河河道的移动幅度。下车询问当地人，得知月牙湖乃路西侧的一块滩地，零散分布着几

在兵沟河入黄河口

都斯图河畔合影

个小湖泊，当地人也充分利用这些湖泊做些渔业。随后，我们在月牙湖镇吃了饭，继续沿203省道北行，途经红崖子乡，抵达黄河重要的支流——都思图河。都思图为蒙古语，意为“似油的河”。它是宁夏与内蒙古的分界线，渡河北去就是内蒙古鄂托克旗。我们发现都思图河滩上有野生植物，不知其名，因颜色红润，我们暂叫它“红崖子草”。回到学校后，我查了资料，这种植物应叫“盐蓬”或者“碱蓬”。该植物正反映了此处土壤盐碱化的问题。

15点50分，我们离开都思图河，通过黄河浮桥回到平罗县城。

宽阔的都斯图河河谷

碱蓬

三

10月15日，7点半吃过早饭后，我们步行至县城北隅的玉皇阁。据说玉皇阁是西北地区最大的道教寺院之一。始建于清光绪元年（1875），近年来当地政府围绕玉皇阁建起了一座颇有园林色彩的玉皇阁公园，由人工湖、九曲回廊、喷泉、雕塑、假山组成，使得玉皇阁蔚为壮观。我们并未在此过多停留，因为今天考察的重点是西夏名城省嵬城和汉代廉县故城。

离开平罗时，我们看见了平罗鼓楼，它与西安鼓楼的宏伟壮丽不可比，但它有自己的风格——小巧而精致，我们下车拍照后继续我们的考察。

汽车驶出平罗县城后，沿109国道向北进入惠农区，经过高庄乡、黄渠桥镇至庙台乡，从寇家桥客运站向东抵达省嵬村五队，第六排水渠以西，在当地修渠工人的指引下，我们于10点20分找到了位于红礼路以南的西夏古城省嵬城。

放眼望去，白茫茫一片，古城内全被盐碱化土地覆盖，植物以矮灌木丛为主，但这个季节已经干枯。我们沿着北墙东走，发现城门一座。走到省嵬城的东北角，即城址保护碑处开始测量。碑为石嘴山市人民政府所立，上写"省嵬城西夏遗址"。东墙俨然已为民房所掩盖，即省嵬村五队。后来薛正昌先生告知，七八年前他们来省嵬城考察时，还没有民房。因此，我们的测量工作只好在东墙的西侧展开。当我站在东南角处，发现东墙东侧还有小路一条。南墙也有城门一座，正好与北门相对。南墙西段城墙、西墙南段城墙毁坏较重。城址四周为农田玉米地，城北有人工开凿的水渠。城内盐碱化较为严重。测量各城墙长度如下：

东墙：122+183+87+95+176=663米

南墙：83+32+106+136+195=552米

西墙：36+196+116+95+153=596米

北墙：116+166+286=568米

省嵬城西夏遗址	经度	纬度	海拔
东北角（碑文处）	106° 45.418 '	39° 05.655 '	1083米
东南角外	106° 45.459 '	39° 05.323 '	1090米
西北角	106° 45.010 '	39° 05.620 '	1088米
西南角	106° 45.038 '	39° 05.294 '	1087米

在省嵬城东北隅

省嵬城北墙豁口断面夯土层测量

又在北门豁口处测得夯土层12~13厘米。测量过程中我们发现了不少碎陶片。省嵬城是李元昊之父李德明所建，据嘉靖《宁夏新志》载，省嵬城曾经在黄河东岸，后来由于黄河改道，如今的省嵬城在黄河西岸。因此，考察省嵬城的地理环境对我们了解历史时期的黄河主航道变动有着重要意义。

我们于12点10分离开省嵬城，返回平罗。吃过午饭后，我们走109国道于两点半抵达姚伏镇灯塔村的田州塔。据载，田州塔东有一古城，应是唐代定远故城，因当地口音俗称“田州”。经我们询问，当地人对田州已无任何印象，倒是清代的一座城址令他们记忆犹新。

据乾隆《河套志》卷六载，雍正四年（1726）单畴“奏请建县城二，其一在田州塔南为新渠县；其一在省嵬城西为宝丰县”。随后，清廷在今姚伏镇设新渠县，并于是年开挖惠农渠和昌润渠。又于雍正六年（1728），设宝丰县（今宝丰镇）。未料十年之后，乾隆四年（1739）1月3日0时左右，银川一带突然发生该区有史以来最大的8级地震，城镇村庄房倒屋塌，压死5万多人。尤以平罗及其以南20千米的新渠、以北25千米的宝丰等县受灾最为严重，城垣、房舍尽行倒毁，平地或突起为丘地，或下陷为沼泽，遍地裂缝宽数米。银川城破坏亦十分惨重[①]。随后，清廷拨银七万两，重修平罗城。三月，撤新渠县、宝丰县。原新渠县的通宁、通朔、通贵、通昶、通吉堡划归宁夏县辖，其余地方与原宝丰县全境归平罗县辖。如今，当我们来到田州塔，一派宁静安详的景色，丝毫感觉不到这里曾经发生过惊心动魄的大地震。我们走到田州塔南500米的地方，试图寻找当年的新渠县。询问了一王姓老汉，他向我们介绍，新渠县城在清代由于地震遭到毁坏，他孩童时，古城遗址还存在，至六七十年代城址被推平回填，成为今天看到的农田。而我们所处的位置就是当时新渠县城的中心，现在属于永胜村范围。原东面城墙约在1千米外的地方，此处东距黄河15千米左右。虽未找到任何遗迹，但总算弄清古城的具体位置。

省嵬城内捡获的遗物

15点10分，我们离开田州塔，沿110国道南行，去寻找汉代廉县故城。据《汉书·地理志》载，秦始皇三十三年（前214）置北地郡，领19个县，廉县为其中之一。又载卑移山在廉县西北，王莽时改廉县为西河亭，东汉时恢复原名。卑移山即贺兰山，廉县故城即位于贺兰山东南麓，是汉代西北边防的一处要塞。16点20分，我们抵达平罗县崇岗镇暖泉村二队，在询问当地老乡后得知此处曾经发现过石磨、陶罐等古物。根据老乡的指点，我们来到暖泉退水闸。在退水闸西侧，我们虽未发现夯土层，但是发现了不少碎瓦片，可以确定这里就是汉代廉县故址。但据《水经注》记载，河水经过廉县故城东侧，按照现今黄河河道位置来看，如果暖泉古城为汉代廉县城，似乎距离黄河较远。即使历史上黄河河道变迁，但也不至于西迁至贺兰山麓，因此，笔者推测《水经注》记载有误。

平罗县姚伏镇田州塔

① 据中国地震信息网http://www.csi.ac.cn/。

寻找汉代廉县故城遗址

农场第二干渠及闸楼

在暖泉汉墓旁访问当地老者

暖泉农场汉墓群的大墓

考察暖泉汉墓

随后，我们继续南行去寻找暖泉汉墓。暖泉汉墓在110国道东侧，但是按照中国地图出版社的地图册来看却在西侧，让我们费了很多时间来寻找它。在询问当地老乡后，我们驱车东走1千米路后，看见了高大的封土堆，这就是暖泉汉墓。据载，暖泉汉墓南北约3千米，东西约1千米，大大小小共有300余座。那么，路西也有汉墓分布。我们看到的暖泉汉墓位于贺兰县暖泉农场苹果队，四周被铁丝网拦着，我穿过去走过几个最大的汉墓，其中最大的土冢高约3米多，直径达15米，地面石子遍地，还发现了盗洞。看来盗墓贼比我们更早一步光临，不过据当地老乡说，盗墓贼并没有发现什么宝贝。随后，我们沿着110国道南返，路过镇北堡。镇北堡位于镇北堡镇东南，110国道东面约500米。这是明清时期的一座军事古堡，现在已经改为影视城基地。

19点30分，我们返回银川市。

四

10月16日，7点50分出发，8点半抵达兴庆区高台寺小区。经过询问我们得知，高台寺小区并不是我们要寻找的高台寺。高台寺应该在距离不远的凤翔园小区。8点50分，我们抵达凤翔园小区，据一保安说，高台寺在芦花河与高台寺巷的交汇处。之后，我们去询问高台寺巷北侧一家诊所（高台寺巷120号）的马姓老者。据他讲，高台寺早在“文化大革命”时期就被毁掉，在此建一所学校，后来学校搬迁，就建成了今天的凤翔园小区。据他讲，凤翔园三号楼就是高台庙（老者称寺为庙）的所在地。考古工作者曾来此做过发掘，毫无发现。

9点10分，离开凤翔园小区。10点整，我们抵达宁夏社科院，在三楼办公室里与历史研究所所长薛正昌先生见面。

首先，艾教授与张玉海研究员、保宏彪研究员、张维慎教授、肖爱玲教授等就党项人及民族问题展开了讨论。10点40分，薛先生来了。艾教授简单地介绍了我们这几天的考察行程。论及横城堡问题时，薛先生说横城堡已经被旅游开发改得面目全非，当年考察横城堡城墙时还很完整。最后，薛先生希望今后与我们共同考察，加强双方的合作。临走之际，薛先生将他的最新作品送给了我们。

11点20分，访问社科院的行程结束。

下午5点，坐上K1307次列车于第二天返回西安。

五

通过此次考察，笔者在实践与思考的基础上收获良多。

古人常言“读万卷书，行万里路”，前者不易，后者更难。但是，对于历史地理工作者来说，“行万里路”的田野考察可谓至关重要。这种新兴的学术方法使得历史地理学，甚至考古学、人类学、社会学等众多学科走向科学化。学者不再仅仅埋首故纸堆，而是将历史记载与实际有效结合起来。那么，田野考察要求我们具备什么样的素质？在笔者看来，“田野意识”是历史地理研究者进行实地考察的第一步，何为“田野意识”？就是说，在田野工作中，不是将历史记载作为既定的事实进行验证，而是对史料作进一步研究，在实际调查中，充分了解各地实际情况，积极搜索第一手资料，以期做到对历史文献的补充。对于地形地貌、风土人情、遗迹遗存进行田野考察，并与历史文献相对照，可以使研究者对一些具体问题有更加深刻的认识。此次对富平故城的考察让笔者印象深刻，将自己亲眼所见的古城现状及地理位置同《水经注》记载相对照，就会发现如今早已物是人非，实际情况与文献记载相差甚远。暂不论古城现状如何，仅其与黄河的距离就与史书记载不符，这也为研究黄河河道变迁提供了有力的证据。如果不及时调查和记录变迁，不仅无法还原本质，更对后世研究造成困惑。

因此，笔者实地考察最大的感受就是不可盲目信书，文献记载确与实际有很大的偏差，这种偏差仅靠文献阅读很难发现，只有“读万卷书”与“行万里路”相结合，方可“运筹帷幄”。

近年来，文化遗产保护为人们所津津乐道，作为国家文化建设的重要内容，古城址的保护尤为重要，也是历史与考古工作者理应承担的重任。笔者通过此次考察，发现除灵州古城淹没于黄河之中无法保护外，富平故城已辟为农田，廉县故城因引渠灌溉遭到毁坏。两城在考古地图上虽有标识，实地却未立保护碑，这就难免被毁掉。省嵬城虽立有保护碑，但是当地居民文物保护意识淡薄，竟然将住房盖到了古城东墙，致使古城部分毁坏。笔者认为，古城址是不可再生和不可替代的文化资源，相关部门理应采取有效措施，对古城址进行全面调查，给予合理保护，同时应加强古城周边居民的文物保护意识。

明清时期苏州灵岩山采石考察记

陈浩东

作者简介

陈浩东，男，1989年生，汉族，河南永城人。现就读于复旦大学历史地理研究中心，研究方向为历史佛教地理。

灵岩山位于江苏省苏州城西，西南不远处即太湖，相传春秋时吴王阖闾于此置宫苑、琴台、响屧廊、馆娃宫，复有砚池、玩花池、明月池[①]。此山不仅苍郁秀丽，在峰峦稀缺的苏州又可登眺四方，千余年来倍受苏州官僚文人们的青睐。南宋名臣韩世忠晚年寓居苏州垂青此山，山顶灵岩寺就成为韩世忠的功德院[②]，韩蕲王薨后就葬于灵岩山西南麓。元代，灵岩山已俨然成为苏州的后花园。至正己丑春（1349），著名画家、诗人朱德润在登览时不禁赞叹道："缘（灵岩）山而下路，两旁松杉阴翳，苍藤如虬蜿，鸟声关关，游人交瞩，真一时之佳致也。"[③]

入明后，灵岩山已成为当地岁时文化中不可分割的一部分，苏州名宦吴宽曾这样评价灵岩山："唐以来诗人题咏甚多，而吴人岁必往游，故范文穆公诗有'不上灵岩即虎丘'之句。"[④]

可就是这样一个理当倍受呵护的吴中胜景却在明中期以后饱受采石摧残。这还要从笔者读到的

① 周必大撰、陈其弟点校：《吴郡诸山录》，《吴中小志丛刊》，广陵书社，2004年，第411页。
② 张郁文：《木渎小志》卷五《寺观》，苏州观前街利苏印书社，民国十七年（1928）铅印本，第1页。
③ 朱德润：《游灵岩天平山记》，（崇祯）《吴县志》卷三《山上》，第2页。
④ 吴宽：《家藏集》卷二二《纪游灵岩》，《景印文渊阁四库全书》（第1255册），商务印书馆，1983年，第1665页。

灵岩山（即图中灵岩山景区）位置示意图

一条史料说起：2012年，还在西南大学历史地理研究所求学的笔者为完成《历史地理文献导读》的课程作业，曾把明代沈德符的《万历野获编》中与历史地理相关的内容摘录出来，这条名为“灵岩山”的史料当时就引起了我的极大兴趣：

灵岩山……其石最佳者中砚材，次亦当碑碣诸用，年来山麓居民与石户为奸，据为己有，日夜锥凿，巑岏颓坠，非复旧观……（赎山人）马仲良（之骏）一去，任凿石者弥山亘谷，琢伐之声，昼夜不绝。今山腹已枵，千载名胜，夷为坡陀。再一二十年，吴中无灵岩矣[①]。

众所周知，传统时代中一地山水往往与本地气运风水紧密相关。一是站在官方角度来看，山体完整事关当地文脉和平安。二是这些地方往往也是官僚百姓的坟茔所在。因此开山凿石的行径理应受到官民一致的强烈抵制，更何况此时的灵岩山早已坐拥官僚文人的垂青厚爱，本身业已成为苏州地方文化中的重要组成部分。但事实上灵岩山一方面头顶名胜光环，另一方面，自嘉靖后也实实在在地遭受了上百年的摧残。这一个案的独特性勾起了笔者的极大兴趣，当时就以这条史料线索涂成小文一篇。来到复旦后，跟随导师研究“佛教与生态”的命题，又借复旦的文献优势爬梳了大量史料，最终写成了一篇生态视角下寺、官、宕、绅四方围绕灵岩山山体开采进行长期博弈的文章[②]。

笔者在该文中专辟一节，单写山体被破坏的时空进程，基于笔者所掌握的文献和绘画资料，大概明确了灵岩山大规模的山体破坏始自山西南麓韩世忠墓附近，其后向东扩展至东南山麓，明末达到高峰，入清后灵岩山麓才再度安静下来。文章写完，仍有几个问题萦绕在笔者心中：一是文献中记录采石范围的坐标点——名人坟墓和山中奇石位置在哪里？围绕它们的采石范围和烈度究竟有多大？二是清代准许采石的焦山和灵岩山相毗邻，光绪十三年（1887）当地官方即已声称“金、焦两山，年久枯竭”[③]，但民国时焦山宕业在“遍售江浙”[④]的同时却不见越界开采灵岩山的记录，那么清代二山之间采与禁采的分界线又在哪里？这条分界线是否延续至今？我们从数百年间山体被破坏和得到有效保护的循环中又能学到什么？笔者特于2015年10月31日和11月1日与父母一起赴灵岩山进行考察，希望能够解答这些问题，为今天的“生态文明”建设提供一些思考。

---

① 沈德符：《万历野获编》卷二四《外郡·灵岩山》，中华书局，1959年，第618—619页。

② 参见陈浩东：《明清时期寺、山、绅、官、宕关系再协调的一个考察——以苏州灵岩山为例》，未刊稿。

③ 范义庄：《钦加盐运使衔遇缺即补道特调江南苏州府正堂魁为出示勒石永禁事》，《历届禁山碑文》，上海图书馆藏，光绪丙午年（1906）刻本，第36页。

④ 张郁文：《木渎小志》卷五《物产》，第16—17页。

在读研的时候，笔者曾经听一位老师感叹野外考察时由于植被、地貌的变迁，往往找不到当初考察时拍照取样的地点，导致前后对比的效力大打折扣。读博时，导师又教导笔者科学文章要有可重复验证性。对于考察灵岩山这一较小尺度的空间地表变迁而言，以往考察中以较为宏观的地名来标识考察路径和描述空间坐标就显得过于模糊，也不利于留下时空上清晰准确、可资日后验证对比的史料信息，因此，笔者在这次考察中引入GIS相关软件，以求提高考察对象的时空精确度。

笔者在GIS技术上的准备工作按平台不同可分为计算机端和智能手机端。在计算机端上，笔者绘制采石地图时的等高线底图下载自“地理空间数据云”中的苏州地区DEM数据（即数字高程模型数据，文件名ASTGTM2_N31E120_dem.tif），用global mapper软件打开这一文件后选择灵岩山地区生成等高线图，再导入Mapinfo软件中即可。

在智能手机端上，笔者下载了一款名为“GPS工具箱”的软件，这是一款需网上付费5元才能导出数据的安卓端APP。由于平台的性能限制导致信号稳定性远不能与专业设备相媲美，尤其是在密林、室内等容易信号中断，故而造成了本文考察路线轨迹图中的路径严重偏离现象。尽管如此，其优点也很突出：一是任意一款带有GPS功能的安卓手机均可安装使用，它不仅安装包很小，而且运行时不影响手机其他功能，当手机电量耗尽后只要在原地更换电池，开机后便会接续记录数据。二是其定位精度可达小数点后六位，在小尺度的地理考察中仍可清晰地记录路径轨迹。三是除了记录地点坐标和轨迹数据外，还可以拍摄附带坐标和时间信息的照片，突破了传统专门GPS设备功能单一的局限。四是还有GPS测速、面积测量和电磁辐射探测等一般地图类APP所没有的功能。

从这款软件生成数据的类型来看，主要有以下三种：第一种为考察地点的坐标数据，用Mapinfo软件打开后即考察地点的精确位置图。第二种是附带坐标和时间信息的照片，本文中带有坐标和时间信息的照片就是出自该软件。第三种就是考察路径轨迹数据（有KML、KMZ和GPX三种格式），这三种都是Google Earth（谷歌地球）软件的数据格式，但由于Google Earth软件服务器连接不稳定，笔者选择把该数据导入“奥维互动地图”软件生成本考察的路线地图。需要指出的是，“奥维互动地图”将国内外多种主流网络地图作为底图，标记测量等功能与“谷歌地球”几乎一致又完全兼容其数据，可以基本替代“谷歌地球”。在以上种种技术准备的支持下，笔者力求客观准确地反映本次考察成果。

一、对灵岩山山麓的考察

2015年10月31日的考察，主要围绕灵岩山山麓地区展开，主要考察点有韩世忠墓、韩世忠墓祠和采石遗迹。明弘治以后本为韩世忠坟院的灵岩寺衰落，苏州石材需求上升，失去庇护的韩世忠墓附近就成为宕户首先开掘之地。明末里人黄习远在《韩蕲王墓诗》中哀叹：“魔力毁两楹，新祠迁郭里。遂令赑屃旁，侵毁从此始。”[①]“魔力”是黄习远对毁山取石行径的专称。“两楹”则是

① 张一留：《苏州灵岩山志》卷一《胜迹》，弘化社，1994年，第15页。

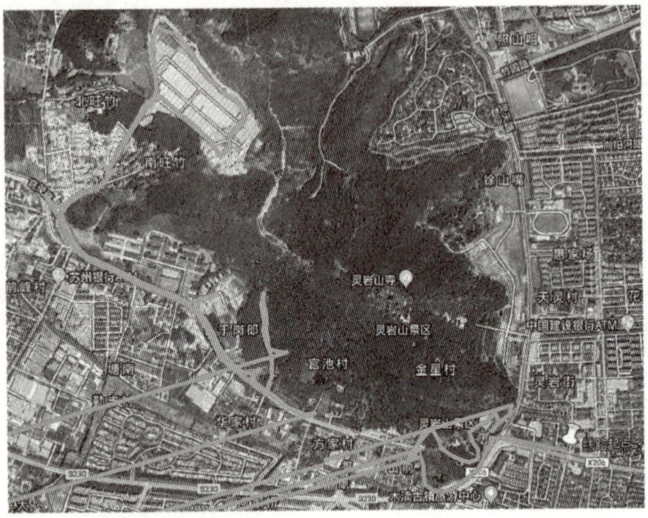

2015年10月31日考察路线图

指弘治十一年（1498）时苏州知府曹凤[1]“复作庙灵岩故冢之南，以修祀事”[2]时所建韩世忠祠。这次被宕户捣毁的韩世忠祠直到道光十年（1830）官方重修韩世忠墓时才“并建祠于宝藏庵左，僧永如捐地成之”[3]。清代至今，墓祠虽有数次兴废，“故冢之南”和“宝藏庵左”地点也有可能不同，但必然离位置确定的韩世忠墓不远，祠、墓二者的位置相结合就可以大致确定凿石的空间起点。

10月31日早，笔者一行沿穹灵路向西寻找韩世忠祠、墓。韩世忠祠就在穹灵路边，外墙杏黄色，仍是一处佛教庵院。但祠周围杂草丛生，门庭斑驳，略显荒芜。可惜当时没有对外开放，只得遗憾离去。笔者又继续沿穹灵路向西，公交有一站名叫“韩世忠墓”，但附近却没有任何有关韩世忠墓的标志，笔者不得不继续向西寻找。现在的穹灵路一带已经见不到采石的场面，但路两侧随处可见石材批发加工的商店和堆栈场，可见这一地区至今仍是苏州重要的石材集散地。笔者继续步行约半小时后，韩世忠墓仍不知所踪。但在穹灵路北却发现一处已经改为石材堆栈场的石宕旧址，笔直峭壁与周围平缓的山体形成鲜明对比，挖凿痕迹已经被部分植被所覆盖，显示此处改变用途已有一段时间。这里也是笔者沿灵岩山山麓往西所见到的第一个规模较大的宕场。由于堆栈场中不时有狗吠，笔者没有抵近观察，在拍照后就向西进入一处紧挨此地的神祠。

韩蕲王祠正门
（北纬31.259814、东经120.493018，摄于9:12）

韩蕲王祠西所见第一处较大石宕旧址
（北纬31.264784、东经120.488628，摄于9:41）

① （乾隆）《苏州府志》卷三二《职官一·历代郡守》，清乾隆十三年（1748）刻本。
② （崇祯）《吴县志》卷一九《祠庙上》，第46页。
③ 顾震涛：《吴门表隐》卷四，江苏古籍出版社，1999年，第43页。

站在焦山石宕东南石丘上向西北望去，远处的山头就是灵岩山。照片左侧杏黄色围墙内是一处刚建不久的神祠，没有匾额，正殿名为“五龙殿”，神祠内香火旺盛，都是中老年妇女前来拜神祈祷，神祠的东侧围墙紧贴堆栈场，神祠以西则是一处占地较大的兵营。根据考察前对文献的解读，韩世忠墓理应离韩世忠祠不远且在穹灵路北，但笔者向西走过兵营后又经过了半个多小时的步行才见到向北的公路路口，此处附近已经全是石材山积的场景。当向路人询问后才知道已经到了南旺竹以西民居和石材混杂的地方，早已过了韩世忠墓。笔者在疑惑的同时索性向北转入运石车轰鸣、尘土飞扬的小路，直到由淡绿色大型顶棚覆盖的区域，这一地区应该就是曾经的焦山石宕旧址，现今是一处占地面积巨大的石材加工厂。笔者在沿着绕行公路走了大半圈后，发现石宕东南尚有一处未被采尽的石丘，站在上面环顾四周，周围山体的情况犹如前一石宕的放大版，当年的采石规模或可想见。

从焦山石宕返回穹灵路边后，笔者乘坐公交车返回到“韩世忠墓”站，下车后向路边一位老人询问，此时一位大妈热情地表示可以带我们去。惊喜之余就跟随她再度离开穹灵路向北钻入一片树林，在步行数分钟后，韩世忠墓终于露出了它的真容：这座看上去重修不久的墓园外表朴实无华，也不见一尊石像生，和先前脑海中古代名臣冢墓理应拥有的古拙宏阔的气势相差甚远。笔者在此逗留期间也未见其他人，推测此地很少有人到访。

站在焦山石宕东南石丘上向西北望去
（北纬31.270516、东经120.489122，摄于10:42）

整个墓园的碑刻仅有2008年苏州市吴中区文物管理委员会所立《韩蕲王墓重修记》碑一通，正面碑文简要介绍了韩世忠生平、葬地、道光时对韩墓的整修和自清以后长期荒废不堪的情况，直到2008年仲春苏州企业家吴炯慷慨解囊，方于七月整饬一新。吴炯本人则在碑阴《心缘》中自述修墓缘起：自幼常常梦见祠冢相依的情景，1999年偶然路过韩世忠祠才惊觉梦中情景就是此地，遂先后与父母和吴中区文管会商议捐资修葺，其后几年间相同梦境又萦绕数回。2005年初次祭扫韩墓时遇到飞雪顿停后阳光普照的异景。2006年再访时又逢雨后韩蕲王神道碑迅速干燥后泛出淡黄光彩的景象，更让其坚定捐资助缘的决心。想想西湖岳王坟的游人如织，同样青史垂名的民族英雄直到近年才幸遇有缘人重披蒿莱却仍寂寥至此，不禁让人无语凝噎。

韩蕲王墓
（北纬31.264032、东经120.490799，摄于11:28）

笔者在墓前三鞠躬后四望陵园，却不见鼎鼎大名的韩蕲王神道碑，此时大妈操着难懂的方言向

穹灵路边向北通向韩世忠墓的路口，没有任何关于韩世忠墓的标识，系返回穹灵路后补拍

升箩石
（北纬31.259879、东经120.501054，摄于11月1日9:34，系第二天补拍）

笔者要了10元带路费后表示可以再带路，我们只得跟随她沿原路返回到不远的一林中岔路口，方才去往韩世忠墓就是循岔路口往西，而韩蕲王神道碑就在岔路口以东不远处新修的碑亭中。大妈再度向笔者索要了5元带路费后还表示愿意带我们去林昭墓，在笔者再三谢绝后她才离去。我们细观这块命途多舛的“天下第一碑”。明初时，此碑尚完好无损，但至迟在弘治（1488—1505）时“额（已）在百步之外”[①]。而碑身最严重的劫难则发生在民国时期：

（韩蕲王神道碑）民国二十八年（1939）六月风疾，碑仆，碎为十余块。三十五年（1946）由（灵岩寺住持）释妙真等倡议重修[②]。

除了碑身残毁，碑中大部分文字也已漫漶不可识读。但它的巨大体量仍旧让人折服，以至于让笔者无法完整地用手机拍到全貌。可能是进入密林的缘故，“GPS工具箱”软件此时突然丢失信号，笔者遗憾地没有采集到这座碑亭的坐标。至此，先前确定的灵岩山西侧山麓以西的采石遗迹和坐标点都已考察到。笔者再度返回穹灵路上乘公交向东回到灵岩寺的南山门，午饭后考虑到登山时间可能不足，遂决定沿灵岩山东南麓继续寻找当年的采石痕迹。在文献记载中，嘉靖时灵岩山的采石活动已经扩展至此：

嘉靖间有宦族疑金山产金，因开矿而鬻砂石，遂以石窟为利薮，废金山寺而家焉。木渎富室谈某效其尤，谬以眠牛地购，（灵岩寺）寺僧券其山之东麓……徐文敏公营菟裘时请于抚按禁之，文敏卒，某赂一少尹以建大老坊为词而复采[③]。

这意味着只要搞清徐文敏（徐缙）墓址即可大致勾勒出灵岩山东南麓采石的范围。1929年，

① 王鏊：《姑苏志》卷三四《冢墓》，《天一阁藏明代方志选刊续编》（第13册），上海书店，1990年，第195页。
② 张一留：《苏州灵岩山志》卷一《胜迹·墓碑》，第14页。
③ 黄习远：《吴中灵岩山志》卷一《魔力第九》，国家图书馆藏明刻孤本，第23页。

李根源踏访徐缙墓时直言“墓在灵岩东南麓擂鼓山下”[①]。但灵岩山附近并没有“擂鼓山”这个地名，笔者推测这应该是“由姑岭（娄岵岭）”之误。2015年4月16日，驴友“优哉游哉之走遍苏州”发布了徐缙墓的博文并附有该墓残毁石像生的照片，可惜并没给出具体的坐标[②]。笔者在“灵岩山景区”徘徊数次并询问了景区的工作人员却一无所获，但推测其必在附近。除了徐缙墓，考虑到万历末从宕户手中赎回灵岩山并禁采的浒墅关榷使马之骏来游时“已而视（灵岩）山之趾，斑斑然石鲜完者”[③]，可见明末灵岩山东南麓的采石烈度已然很大。现在该地已基本被辟为景区，草木稍稀，可以比较容易地辨识出当年的凿石痕迹。循山东南麓两次折返，许多裸露的山石都有疑似锥凿而形成的较为整齐的断面，其中一块镌名“升箩石”的巨石尤其醒目。这块巨石位于一处平滑巨大且山体完整的天然石台之上，上方山体就是一段巨大的断崖，巨石整齐的断面毫无疑问是人工修凿而成。在文献中此石的记载出现于民国时期，名为“升罗石”或“石鼓”[④]，考虑到灵岩山康熙时就基本停止采石，推测应是明末时从山上锥下的石材未能运走而遗留此地，才有好事者命名。此时手机的电量已经消耗殆尽，充电宝也出现了故障，笔者不得不遗憾地中止了这天的考察。

二、对灵岩山山体的考察

升箩石的另一面，系第二天补拍

历史上除了灵岩山西麓和东南麓等开凿较为便利的地区外，灵岩山的山体也是重要的采石区之一。在文献记载中，灵岩山山体被采石破坏的部分往往以景点位置作为参照点进行记录，但由于笔者没有找到灵岩山各景点分布的详准地图，因此不得不逐一考察来确认其精确位置。首先，笔者在动身考察前以明万历黄习远《吴中灵岩山志》、清乾隆王镐《灵岩志略》、民国妙真《灵岩小志》和张一留《灵岩山志》中的文献内容为经，以山中景点为纬制成一张表，计划在登山过程中“按表索骥”来拍照片、记录经纬度信息，并择取与采石直接相关的景点和遗迹来撰写这一部分考察记。

次日，即2015年11月1日这天的考察主要围绕灵岩山上的采石相关遗迹展开，主要目标是搞清文献中禁采石刻的具体位置和毁于采石的景观的大致位置。根据相关文献，山中禁采石刻主要有

① 李根源：《吴郡西山访古记》卷一，泰东图书局，1926年，第6页。

② 《“徐缙墓”灵岩山最完好的明墓》，优哉游哉之走遍苏州的博客，http://blog.sina.com.cn/s/blog_5d227d5c0102vtap.html。

③ 马之骏：《灵岩山赎山记》，《苏州灵岩山志》卷四《檀越》，第107页。

④ 张郁文：《木渎小志》卷一《山》，第14页。

2015年11月1日考察路线图

三处：一是“万历四十一年（1613）榷部马之骏召各山主给价官买，勒石山中”①。二是“清布政使慕天颜赎山禁采石石刻”②。三是《康熙六十年（1721）闰六月常总督禁山采石令文》③。除石刻外，黄习远在《吴中灵岩山志》中记载了自嘉靖初（1522）到万历四十五年（1617）④的近百年间，灵岩山上的“石城”（仅存西施洞上一小部分）、“灵芝石”、“石马”、“槎头石”、“披云台”、“望月台”、“献花岩”、“藏经石幢”和“猫耳石”都已“坏于魔力”⑤。根据文献中以现存景观为坐标的上述消失景观位置描述，可以大致勾勒出灵岩山上明中期以后采石的范围。

其实在10月31日在南山门吃过午饭后，笔者在山门附近闲逛时就意外地在紧靠南山门“继庐亭”背后右侧大石上发现了马之骏赎山禁采石。石上“户部马捐俸赎山□□采石”字迹清晰可辨。附近裸露的石头很多，但是由于这些石头没有题记，笔者也不知道文献中“石楼、袈裟石、石髻俱在马司农赎石还山处”⑥中三块奇石各是哪块，可以想见

马之骏赎山禁采石
（北纬31.259274、东经120.498557，摄于10月31日11:25）

① （康熙）《吴县志》卷十《山上》，康熙三十年（1691）刻本，第20页。
② 李根源：《吴郡西山访古记》卷一，第6页。
③ 李根源：《吴郡西山访古记》卷一，第5页。
④ 《吴中灵岩山志》中《刘锡玄序》的时间落款为“万历丁巳冬十月十有三日”，即万历四十五年（1617），推测就是该书完成时间的下限。
⑤ 黄习远：《吴中灵岩山志》卷一《泉石第二》，第2—4页；卷一《兴废第八》，第21—22页。
⑥ 黄习远：《吴中灵岩山志》卷一《泉石第二》，第2页。

在马之骏离开后，也许正是因为这块赎山禁采石的存在，才让位置较低的三块奇石免遭荼毒。但就在“石髻北稍下”[①]的“石马”虽然著名到正德时“王文恪（王鏊）犹及见之，修入郡志（正德《姑苏志》）”[②]，但却没能躲过明后期被凿毁的厄运，凿石之疯狂可见一斑。

11月1日早上补拍完升箩石照片后，考虑到位置偏于山体东部的景点较多，笔者并没从前一日到过的以灵岩寺山门为起点的登山道登山，而是循着以景区东门为起点的登山道进行考察。根据文献记载，除了“石马”外，灵岩山山体中部还有“灵芝石”和“槎头石”同被凿石毁伤：

灵芝石，巧似三秀，在百步阶北。万历初，僧天际闻石被凿而夜泣，诘朝，石崩，石工三人死。今无存。

槎头石，长五丈，如浮槎，今仅存其半，在百步阶右[③]。

结合先前“石马”的大概位置，笔者突然意识到“百步阶”不仅是登山孔道，更是当年宕户于山上凿石后下运的必经之路，因此马之骏赎山禁采石才会刻在山道起点，沿此道两侧出现一条“凿石带”也是情理之中。但“百步阶”仅仅是登山道的一段，何况今日在灵岩山东南麓的登山大道至少已经有两条，因此必须搞清其具体位置才能勾勒出山体中部凿石范围。根据文献，历史上的登山道大体以由姑岭——迎晖亭——松啸亭——百步阶为轴：

百步阶，即鸟道，自松啸亭左折而上约三百余步即是，向系石磴百层，乾隆十五年改为马牙砖级，乾隆二十一年因路径陡峻，复修筑平坦。

迎晖亭，旧名落红亭，乾隆十五年改名迎晖亭，自由姑岭西折而上约里许即是。

松啸亭，旧名迎笑亭，乾隆十五年改名松啸，自迎晖亭左折而上约二百步即是。

由姑岭，在山东南麓，相传吴王由此登姑苏，故俗误由为娄，今所称娄姑岭即是[④]。

一处“寺界”石碑

（北纬31.259178、东经120.499189，摄于9:49）

可以看出，“由姑岭”和山上的“迎晖亭”、“松啸亭”、“百步阶”自下而上依次连成一线，除了山脚的“石马”外，至少“松啸亭”以上的登山道两侧也是当年的采石范

① 王镐：《灵岩志略》，《中国佛寺史志汇刊》（第2辑第14册），第30页。

② 黄习远：《吴中灵岩山志》卷一《泉石第二》，第3页。

③ 王镐：《灵岩志略》，第31页。

④ 王镐：《灵岩志略》，第32—34页。

落红亭
（北纬31.261971、东经120.498719，摄于11:26）

迎笑亭
（北纬31.260965、东经120.497109，摄于11:31）

观音洞及其上方的石城
（北纬31.262652、东经120.498265，摄于12:02）

围。在攀登过程中，笔者还发现了登山道边不时有刻在新立石碑和天然山石上的“寺界”，推测可能是近年来周边开发程度加剧使然。笔者继续拾级而上来到观音洞，此洞古名“石室”，“俗传吴王囚范蠡之地”①，又别称“西施洞”②。民国三十二年（1943），因西施艳名与清净佛门不相符合遂改名“观音洞”③。此洞正上方的山体就是当年逃过采石厄运而残存下来的石城④。黄习远在引述潘之恒《三吴杂志》对石城的描述后又补入一句按语“睹此者能不惜东石城之坏于魔力哉”⑤！可以推断观音洞的右上方稍东部分的山体也是当年的采石点之一。至此，以百步阶为轴线串联起来的观音洞、灵芝石和浮槎石一带的采石范围也大致清晰了。

笔者继续向灵岩寺进发，在登山道旁又发现了一块镌刻“禁采”字样的大石，疑似先前提到的清康熙时江苏布政使慕天颜的赎山禁采石刻。文献中记载“康熙甲寅（1674年）大中丞鹤鸣慕公莅藩，捐俸增置□□二百余亩，永禁采石”⑥。这次禁采是万历时马之骏赎山禁采后第二次官方禁采，与马之骏离开苏州后报复性疯狂复采的局面形成鲜明对比的是，此次禁采后灵岩山上逐渐恢复了佛门圣地应有的清净局面。

笔者循山道进入位于山顶的门票一元的灵岩寺，在弥勒殿后右侧碑廊中嵌入墙体的巨大碑刻就是李根源所提到的《康熙六十年闰六月常总督禁山采石令文》，粗略统计全文共3700多字，核心内

① （嘉靖）《吴邑志》卷一一《山·城西南名山》，明嘉靖八年（1529）刻本，第1页。
② （崇祯）《吴县志》卷三《山上》，明崇祯十五年（1642）刻本，第2页。
③ 《观音大士现身记》，观音洞壁上刻石。
④ 黄习远：《吴中灵岩山志》卷一《泉石第二》，第3页。
⑤ 黄习远：《吴中灵岩山志》卷一《稽引第四》，第15页。
⑥ 释弘储、释殊致辑：《灵岩纪略·外篇下》，《中国佛寺史志丛刊》（第46册），广陵书社，第250页。

容是康熙五十九年（1720年）十一月，时任灵岩寺住持济元和当地士绅范弥勋等39人对宕户徐松偷凿灵岩山寿星石一带的不法行径提出控告：

因浙省海塘买石，突有无籍棍徒，冒领帑银，倚恃塘工名色，希图擅开永禁之山，以伤合郡祠墓风水。现今地棍徐松等将灵岩寿星石一带名胜混称徐家山，纠集游手百有余人，于本月十六日各带锥凿入山，判立字号，分佔界址，即日开采。

推测是百步阶的一段
（北纬31.262948、东经120.498669，摄于12:46）

根据碑文内容，虽然纠纷一方的灵岩寺自清初以来已经因先后得蒙赐额驻跸，俨然皇家寺院，并以这一身份向官方施压：

章皇帝（顺治帝）敕建寺宇，赐名崇报，蒙圣上（康熙帝）翠华临幸，两锡龙章……切思浙江塘工发帑买石，原就从来开系有石之山，非必执历奉宪禁之名胜，特加锥斫，以害一郡之龙脉，伤临幸赐匾之道场也。

但另一方的宕户也看准江南海塘工程需石正紧的商机，不断骚扰灵岩山来之不易的宁静：

疑似慕天颜禁采石刻
（北纬31.263334、东经120.498221，摄于12:50分）

《康熙六十年闰六月常总督禁山采石令文》中提到的禁山界址之一——寿星石，石上有“妙高寂定”四字
（北纬31.260869、东经120.500534，摄于10:39）

田野学术考察

笔者抄录《康熙六十年闰六月常总督禁山采石令文》

前岁（康熙五十八年，1719年）抚宪初临，又有谋蹈前辙，欲凿诸山，有郭兆鳌等将国脉不容私凿等事环呈抚宪，蒙敕本府碑禁在案。不意今有就近奸顽，游手无艺，闻知浙江海塘需石，串同猾胥将灵岩寿星石一带混称徐家山可以开采，私先立议，将欲具呈浙闽督抚各宪发示开凿，不顾名山风水，煽动村愚，除草辟路。

左右为难的吴县知县不得不一直上报到两江总督那里，时任总督的常鼐很快于11天后，即当月二十七日批复，重申禁采令，木渎巡检司和当地图总也勒令徐松认罪停工：

据十四都六图民徐松今于与遵宪，严禁开山采石，遵依事切。松虽有石山百亩，相连灵岩山，从未开采。今蒙示禁，开采取具，遵依合遵结明，不敢开采，如违甘罪，遵依是寔。

除了安抚寺院和士绅，严厉警告违禁宕户外，官方还明确规定禁采范围并发动士绅百姓监督举报：

仰天平赐山一带，东至牛角坞、郁家山，西至灵岩山寿星石等处，各该地方现总里民人等知悉，遵奉各宪钧批，永行严禁，前项未开诸山概不许采取片石。嗣后敢有不法棍徒，仍前到山开采，许该地方现总原呈住持及诸色人等立即指名解报，以凭申宪，按法究处。如地方人等知情故纵，察寔并究，决不姑贷。

自这场风波之后，灵岩山确实如碑中所愿再度恢复了宁静。笔者从灵岩寺出来后，就继续向寺西，即灵岩山的最高点——琴台走去。按照文献记载，琴台以西以南部分的山体就是明中期从韩世忠墓附近开始的凿石活动向灵岩山上蔓延的区域：

献花岩，在琴台下，今无。
披云台，在琴台南佛日岩下，石上镌“披云台”三大字。
望月台，在披云台下，今无存。
楞严石幢，在披云台左，宋僧以石函置经其中，今无存[1]。

① 王镐：《灵岩志略》，第26-27、32页。

灵岩塔院
（北纬31.265607、东经120.494371，摄于16:29）

佛日岩（摄于16:27）

其中的“披云台”、“望月台”和前文中的“石马”一样，在乾隆以后都陆续恢复①。推测其方位应该也是当初的地点。这一组景点的核心参照坐标无疑是“佛日岩”：

佛日岩，在琴台南下塔院后，石壁峭拔，镌有佛日岩三字②。

在饱览山顶风光后，笔者来到了上文中的“塔院”，即今日的“灵岩塔院”，佛日岩就应在其中。当笔者久扣寺门不开正失望时，一位守院僧人姗姗来迟。笔者说明来意后，这位师父慨然应允将笔者引导到塔院最后，“佛日岩”方才显露真容。在和师父边走边聊的过程中，笔者得知三年前一名苏州大学学生来此游玩，却不幸失足从佛日岩上跌落遇难，师父口称罪孽业报云云，寺方也不得已将佛日岩附近圈入塔院中谢绝游客靠近。笔者匆匆拍照后便谢过师父离开此地。此时天色渐晚，塔院以下的山体陡峭又草莱茂盛，笔者只得放弃寻找“披云”、“望月”二石台的打算，成为本次考察中继寻找徐缙墓未果后又一处遗憾。但前文提及的“悠哉游哉之走遍苏州”的博主却拍下了二台的照片③，笔者不得不佩服这位资深驴友的探索精神。至此，此次对灵岩山的考察目标基本0

① 妙真：《灵岩小志》卷一《今古名胜》，百宋印刷局，1946年，第3页。

② 同上。

③ 《“披云台”虽在山中人不识》，《悠哉游哉之走遍苏州的博客》，2015年3月13日，http://blog.sina.com.cn/s/blog_5d227d5c0102vqf7.html。

完成。返回复旦后，笔者便着手利用其他图像资料和GIS手段勾勒复原出灵岩山采石的时空过程。

笔者在眺望点附近休息，脚边“寺介”二字清晰可见

三、根据多源资料复原的灵岩山破坏范围和烈度

苏州号称人文渊薮，除了文献资料外，以苏州地方景观为描摹对象的画作也不计其数，灵岩山自不例外。入清后，能比较客观地反映灵岩山山体状况并留传至今的画作经笔者搜集至少有三幅：一是清代著名画家恽寿平于康熙三年（1664）仲春上浣（二月上旬）来访灵岩山，为退翁和尚所画《灵岩山图》[①]；二是成书于乾隆三十五年（1770）[②]的《南巡盛典》中《灵岩山图》[③]；三是推测与《南巡盛典·灵岩山图》绘成时间接近的《清高宗南巡名胜图》中的《灵岩山图》[④]。

第一张图绘制于康熙十三年（1674）灵岩山再度赎山禁采[⑤]之前，可以视为灵岩山山体破坏最严重时的状态。第二张图绘成于康熙六十年（1721）二度禁山[⑥]之后近半个世纪，或可视为灵岩山植被初步恢复后的状态。第三张图与第二张图绘制时间和内容均比较接近，姑存参考。这三幅图前后对比，挖山采石的痕迹斑斑可考，也可印证笔者关于山体破坏的时空过程的分析。其中恽寿平的《灵岩山图》主要描绘了登山道附近的山体，山腰的亭子也十分显眼，应是“落红”、“迎笑”二亭之一。此图虽然写意居多，但当时石骨外露、植被稀少的山体特点也十分明显。《南巡盛典·灵岩山图》和《清高宗南巡名胜图·灵岩山图》构图基本一致，二图中均有共同且十分显眼的标志性地物：一是画面左侧的韩世忠墓穹碑，二是中部登山道上的“落红”、“迎笑”二亭，三是右侧山腰中的“寿星石”。山体的植被较恽寿平《灵岩山图》中所反映的情况有所好转，但韩世忠墓穹碑附近仍旧光秃扎眼。直到笔者考察时，植被仍未能完全覆盖这里的山体。二图中沿着穹碑往上的灵岩山山腰就应是笔者未能确认位置的“披云台”、“望月台”、“献花岩”和“藏经石幢”所在地。

除了历数“毁于魔力”的山中奇石外，黄习远在《吴中灵岩山志》中又特别提及一条名叫“迎驾河”（又名“平家河”）的河流，明末时已被“采石者流沙湮塞”[⑦]。在笔者翻阅《吴县地名录》中的《吴县地名图》[⑧]时，意外地看到韩世忠穹碑东南有一地名“平界河”，应该就是“平

① 杨臣彬：《恽寿平早年事迹及年谱简编》，《故宫博物院院刊》1983年第3期，第40页。
② 高晋等辑：《南巡盛典名胜图录》“前言”，古吴轩出版社，1999年。
③ 孟白、刘托、周奕扬主编：《中国古典风景园林图汇》（第2册），学苑出版社，2008年，第121页。
④ 孟白、刘托、周奕扬主编：《中国古典风景园林图汇》（第1册），学苑出版社，2008年，第15页。
⑤ 释弘储、释殊致辑：《灵岩纪略·外篇下》，第250页。
⑥ 李根源：《吴郡西山访古记》卷一，第5页。
⑦ 黄习远：《吴中灵岩山志》卷一《古迹第三》，国家图书馆藏刻本，第6页。
⑧ 《吴县地名图》，吴县地名委员会编《江苏省吴县地名录》，1981年。

恽寿平《灵岩山图》

家河”的转音。至此，可以确认“韩世忠墓”、“披云台”、“望月台”、“献花岩”、“藏经石幢”、“迎驾河”一带是灵岩山开采最早、强度最大的宕场。

《南巡盛典·灵岩山图》

灵岩山山体东麓的开采虽然始自嘉靖，文献中也宣称“奇峰古迹，殆为齑粉”[①]，但从图可知其附近没有可资运输河流，此地的山体外观看上去也比较完整，故笔者认为此地不仅在开采时间上要晚于韩世忠墓附近地区，在开采强度上也稍弱。

而在灵岩山上，位置最低的“石马”至迟在正德时还在，“灵芝石”被损于万历初，万历末“石城”还剩下“西施洞”以上的部分，“槎头石”入清后还幸存一半。以采石的成本和难易考虑，可以推测山上的采石开始时间应该更晚，强度应该更弱，且主要对象应该是石质最佳的天然奇石。康熙末时虽有偷采事件发生，但持续时间极短，对山体的破坏几乎可以忽略不计。综上所述，灵岩山地区采石从开采时间早晚和强度大小来看，依次是韩世忠墓—平界河区域、灵岩山东麓区域、灵岩山登山道轴线和寿星石附近区域。

《清高宗南巡名胜图》

采石产业虽然是针对天然石材，但也不可避免地殃及了石宕范围内的人工建筑。除了最早被宕

① 黄习远：《吴中灵岩山志》卷一《魔力第九》，第23页。

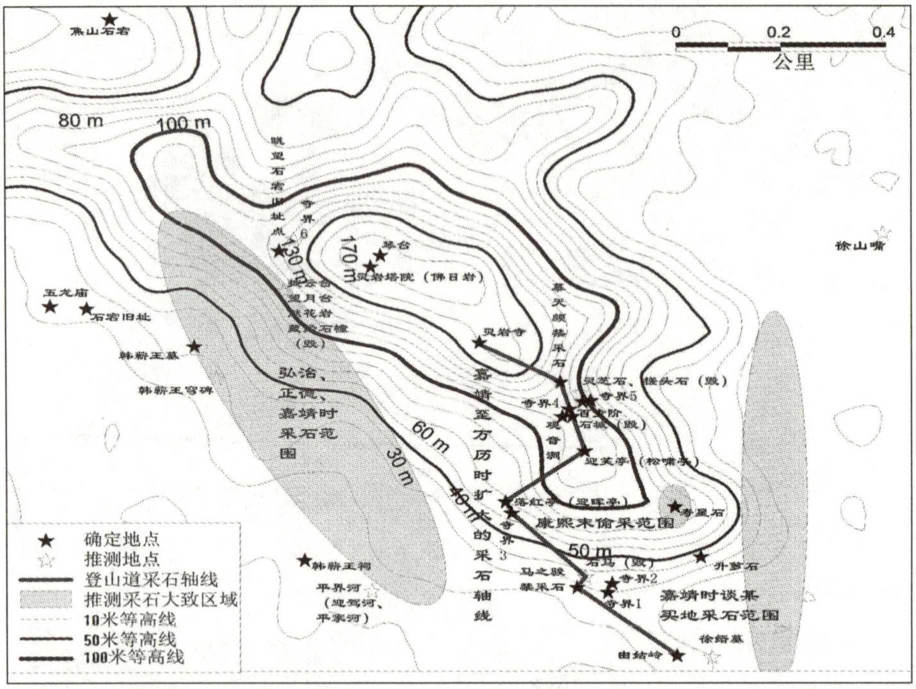

灵岩山采石范围示意图

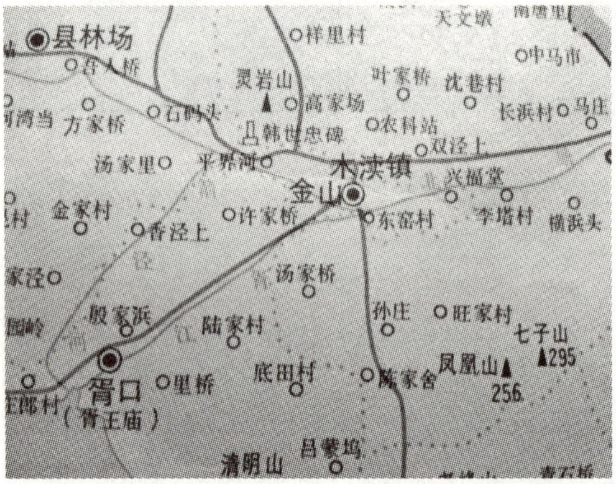

户拆毁的韩蕲王祠外，灵岩寺原有的五所下院明末时仅剩一小庵，“半山亭”仅存四础，山东南麓由姑山北的“凌处士庄”仅存一池，连象征僧俗联接、颇为工巧的“香花桥”也难逃“万历中圮，易以顽石”的命运。而曾经赖以寺院维持的韩世忠所建“希夷观”、孙觌所建“五至堂”、陆象山所建“象山亭”至万历时均已废。除了寺属建筑外，由寺院创护、直面俗众的社会服务事业在宕业的打击下也是全面崩溃：

九里十三桥，山未破时民居稠密，寺僧募建，山破后桥犹存而民居鞠为茂草矣；一程十八井在山下，寺僧独浚建亭，以饮渴者，今废①。

此时生人的产业尚不能保全，更遑论古人的坟墓。由于寺衰宕侵，受破坏时间最早、破坏程度最深的首推韩世忠墓：

冢上伐乔林，域中窟封豕。郁郁龙脉伤，残斫石神死。长令义士嗟，涕泣凝寒水。②

① 黄习远：《吴中灵岩山志》卷一《兴废第八》，第22页。

② 黄习远：《韩蕲王墓诗》，《苏州灵岩山志》卷一《胜迹》，第15页。

除了前朝重臣，连明代本朝葬于此地的官宦坟茔也是厄运难逃。笔者在检视崇祯《吴县志》中冢墓的记载时，发现黄省曾（1490—1540年）[①]墓、右副都御使王守（明嘉靖间）[②]墓和赠太医院使薛铠（成化嘉靖间吴县人）[③]墓的位置[④]被无故涂黑，而三座墓葬的信息在康熙和乾隆时两部《吴县志》中则彻底消失。笔者又前后对比吴县其他地方墓葬信息，则新志皆有旧志中古墓的位置信息。而黄省曾之兄——经魁黄鲁曾的墓正在灵岩山的西麓[⑤]。所以笔者大胆推测这里应是黄氏家族墓地，也是王、薛二人埋骨之处。但不幸的是这三人的墓地极有可能早已毁于疯狂采石，以至于在近百年后的崇祯修《吴县志》时其位置已不可考。

除了抹去旧墓，沦为宕场的曾经的风水宝地自然也不会增添新坟。根据文献记载，在灵岩山东南的小山——由姑山这一自南向东的扇面里有明初避靖难之祸隐居灵岩山的黄彦和的七、八代孙黄瑞、黄辅臣之墓，永乐第一科解元、平凉知府陈杰墓和嘉靖时的徐文敏公（徐缙）之墓[⑥]。按《吴中灵岩山志》的记载顺序，可推断其下葬时间均应早于嘉靖中期。在凿山取石兴起后，这一地区直到万历时再没有新添名士官宦之墓，而这一乏人问津的局面直到清代禁采后才被逐步扭转[⑦]。但现如今，这些先贤冢墓能够被资深驴友寻到踪迹的也仅剩下明代徐缙和清代蒋圻的墓[⑧]了。就在笔者考察灵岩山时，灵岩山的东南方业已成为一处大工地，这些古人坟墓恐怕也凶多吉少了。

在绘成灵岩山采石范围示意图后，笔者发现考察时采集的“落红亭”和“迎笑亭”的方位与文献中的记载刚好相反，推测可能是景区建设时出现了张冠李戴的情况，故而在图上做了对调。还需要指出的是，图中东北边缘处的“徐山嘴”，旧称“齐山址”，有“钦界石”，为“宋绍圣四年（1097年）奉旨立界”[⑨]。想到考察时满山可见的寺界标示，毫无疑问，如今的灵岩寺界已经大大后缩。再联想到与韩蕲王墓近在咫尺的新废石宕，不难想见自清代以来寺宕之间的空间上彼此区隔又互不影响的局面也曾再度岌岌可危。具体来看，如灵岩山周边宕业分布示意图所示，线条圈起的区域大致就是笔者在考察时发现的与采石有关的区域，民国时，宕业集中在“石码头”到灵岩山采石范围示意图中“焦山石宕旧址”一线：

（李根源）归美园登舟西行，经香水溪石码头，近年江浙上海建筑多采用焦山石，村上沿河堆石数百万件，运石船达一二百艘，石工力夫二三千人[⑩]。

---

① 张岱年主编：《中国哲学大辞典》，上海辞书出版社，2010年，第551页。

② 邵忠、李瑾编著：《吴中明贤传赞》，江苏古籍出版社，1997年，第450页。

③ 苏州市地方志编纂委员会办公室、苏州市档案局编：《吴中名医录》，1985年，第57页。

④ （崇祯）《吴县志》卷二八《冢墓》，第35—36页。

⑤ （崇祯）《吴县志》卷二八《冢墓》，第35页。

⑥ 黄习远：《吴中灵岩山志》卷一《古迹第三》，第7—8页。

⑦ 详见陈浩东：《明清时期寺、山、绅、官、宕关系再协调的一个考察——以苏州灵岩山为例》，未刊稿。

⑧ 《“蒋圻墓”中宪大夫的残碑》，悠哉游哉之走遍苏州的博客，2015年4月17日，http://blog.sina.com.cn/s/blog_5d227d5c0102vtjs.html。

⑨ 张一留：《灵岩山志》卷一《胜迹·嵝幢岭迳》，第11页。

⑩ 李根源：《吴郡西山访古记》卷一，第6页。

灵岩山周边宕业分布示意图

图中“兵营”和“宕业村镇”间至今仍有一条植被覆盖较好的山脊，推测应该就是焦山宕口和灵岩山的天然分界所在。但从考察所见，“停产石宕”转为堆栈场历时未久，连“兵营”也疑似是开挖山体所成，使得这条分界线反而像灵岩山伸出的一根手指。令人欣慰的是，1999年苏州市人大常委会制定了《苏州市禁止开山采石条例》，于2000年2月1日起实施[①]，从考察来看这一条例得到了很好的贯彻：“焦山石宕旧址”和“宕业村镇”目前都已转型为石材加工场地，穹灵路以南沿路形成了石材商业区，“废弃石宕”及其附近地区也都转为石材堆栈地。而与之相毗邻的灵岩山不仅风采依旧，在2013年免去门票后人气更盛[②]，山宕关系又重新和谐起来。

四、一点思考

上文梳理了清代和当代在成功保护灵岩山中的成功经验，这些举措都是站在保护山体的利益出发点上采取疏堵结合的方法达成多方利益共赢，尤其是清代苏州地方政府在处理急迫的海塘建设和强硬的护山呼声矛盾时的柔软身段和不错的后效让人印象深刻。与之形成鲜明对比的是，明中后期百余年间的明代苏州地方政府在保护灵岩山问题上的立场则不断倒退，大体表现为默许宕户采石、对灵岩寺空许护山承诺和官宕之间秘密勾结。其中虽有有心护山的个别官僚和地方士绅挺身而出，但在巨大的利益惯性裹挟下也往往是避重就轻或虎头蛇尾[③]。

其中最令人印象深刻的是在马之骏赎山禁采后，马的故友周恭先代表宕户宴请并试图说服马放弃护山，却不料以为重采可期的宕户急不可待入山锥下大石所发出的巨响激怒了宴会中的马，双方不欢而散，又老又愧的周不久后死去。周之子虽然对马无可奈何，但却利用时任吴县县令袁熙臣对

---

① 苏州市国土资源局吴中分局网站：http://www.landwz.gov.cn/nzcms_show_news.asp?id=1015。

② 《亲们，灵岩山20元门票免啦！》，《苏州日报》2013年11月1日，http://news.subaonet.com/2013/1101/1233446.shtml。

③ 详见陈浩东：《明清时期寺、山、绅、官、宕关系再协调的一个考察——以苏州灵岩山为例》，未刊稿。

既得利益受损的不满挟私报复黄习远：

周之子谓事起黄伯传（习远）谋复此山，以致乃翁受郁不起，讦之袁令。袁立捕黄笞之三十，囊三木于通衢。周之子又以不洁污其面，责其输货以免。时仲良（马之骏）瓜期已满，方候代，亦无计脱之。吴中士人与申文定（申时行）皆不直其事，合词祈哀于袁令，黄始得释，而马、袁遂成深仇。又逾年丁巳（1617）大计，则襄阳郑太宰为政，亦识周中石（恭先）。袁因得以蜚语中之，马亦自用他事开罪于吏垣，遂外贬去①。

在马被贬去后，灵岩山的悲惨遭遇自不必言，连死里逃生的黄习远也被迫出逃南京，在完成《吴中灵岩山志》后不久即客死异乡，“寄榇于普德寺，与旅鬼为邻”②。一介书生的结局竟至于此，不禁让人心碎。但细细想来，这也是他仅仅依靠个别官员的权势而不顾调整山体各方利益格局的必然结果。

也许正是吸取了这样的教训，清代焦山开宕、官绅协力保护和灵岩寺自身神圣性的重建一起构成了保护灵岩山的“拉力”和“推力”③，基本扭转了明中后期以来灵岩山地区因采石业恶性膨胀而导致的种种恶果。其精髓就是各方协力下对宕户利益的疏堵结合，既保护了灵岩山的美景，又成全了焦山宕业在民国时的繁荣。而15年前的苏州全市禁宕从考察来看也不是空文，确实在客观上遏制了在焦山资源枯竭压力下宕口向灵岩山蔓延的趋势。以宕为生的百姓在法规政策和市场的双重压力导向下也不再低层次地寻求扩大本地石材来源，而是充分利用了传统采石业累积起的种种优势和采空后的空闲土地资源转型升级到附加值更高的石材加工、销售、物流等产业，利益还得以扩大。政令、市场和采石业的良性互动不仅再度缓和了山、宕关系，也在百姓生计和地方自然名胜保护方面找到了新的平衡。

若站在当下建设“生态文明”的高度来看，笔者认为这个个案的成败教训和精髓还是在于：首先，要让各方的呼声、资源和行动的成本成为协商改善生态的动力而不是阻力。其次，通过充分的竞争和有序引导来降低产业内初级资源产品环节的暴利，迫使从业者在产业延长链上寻求新的利益空间。最后，各个产业之间要让每一方都从其他产业的升级进步中获得更广泛、深入和持久的外延性收益，形成新的“生态利益共同体”。

在此，笔者愿韩世忠墓旁的那个宕口永不再开，宕业百姓财源广进，灵岩山更能永葆秀色，贻之子孙。期望这篇小文能够给当下还挣扎于金山银山和绿水青山抉择中的人们一点有益的思考。愿中国的未来能建成人与自然和谐共生的“生态文明共同体”，对得起后世子孙，也终不负如黄习远、范弥勋等护山义士的在天之灵。

① 沈德符：《万历野获编》卷二四《外郡·灵岩山》，中华书局，1959年，第618—619页。
② （崇祯）《吴县志》卷四八《文苑》，第64页。
③ 参见陈浩东：《明清时期寺、山、绅、官、宕关系再协调的一个考察——以苏州灵岩山为例》，未刊稿。

浙江省台州市“桃渚三迁”考察报告

郑琦

作者简介

郑琦，硕士，教授级高级工程师，注册城市规划师，台州市住房和城乡建设局路桥分局总工程师。从事古城墙、古塔等历史建筑的调查与研究，发表论文20余篇。

松门卫南门

明代对卫所的选址是比较严谨的，因为建城涉及大量的人力物力。台州曾设有3卫6所，诸如海门卫、松门卫、隘顽所、健跳所等，城址基本固定不变，只有“桃渚世受倭患，历兹三迁”（《新建敌台碑记》），这段碑记如今仍然在桃渚所城。桃渚所城初建下旧城，再迁中旧城，三迁上旧城（算上初建为三迁），或是卫、所中的唯一特例。

隘顽所城遗址　　桃渚所城《新建敌台碑记》

大多数人只知有桃渚所城，因为它如今已经成了一个景点，却不知其前身与变迁，更不知之前的城在何处，如今怎么样了。作为在台州生活工作了几十年的城市规划师，我对此也是所知无多，只是近年以历史古城、古城墙作为研究选题，才开始有所涉猎。经过对文献的阅读，为探寻究竟，实地的田野考察必不可少。

桃渚所城南门

运用百度地图，对桃渚所城大致方位作了定位，2015年6月22日，利用端午节的休息时间，我开始了桃渚三迁考察之行。

过椒江二桥沿S224省道往三门方向走，新建的S224省道路况较好，但岔口太多，车速在每小时60千米至80千米间不断变换。到海建线，向左是往上盘镇方向，向右走四上线可去今天的第一站——下旧城。

一、下旧城

下旧城原属临海市上盘区新城乡，现为上盘镇新城村。新城村与旁边的旧城村原本是一个村（旧城村），后来旧城村人口增加到三四千人，于是分出一个村——新城村。所以，旧城村、新城

途中的农村景象，前面的山就是下旧城所在

离古城很近，却看不到一点古城墙的迹象

村统称下旧城，而下旧城城墙所在山体划在新城村地界内。从村里寻访到古城，还有相当一段距离，途经大片的农田，农民们正在插秧，浓郁淳朴的农村景象是我们生活的城市及其周边地区难以见到的。站在这个位置，其实离古城很近，却看不到一点古城墙的迹象。

下旧城建于洪武二十年（1387年）。《明史》卷四十四载“桃渚千户所，洪武二十年九月置”，《国榷》上说“洪武二十年九月……辛巳，置台州健跳、桃渚二守御千户所，各筑城”，指

下旧城入城垭口

的都是最初的城址——下旧城。民国《临海县志》卷三云："旧城山……上有古城，相传明倭寇时，城移中旧城，后移桃渚寨云"，也道出了城址三迁的脉络。

从立有临海市文物保护碑的峪口进入城内，环顾四周，古城三面被山地所围，西侧平地用城墙连接南、北山体，把所城封闭在山坳中，犹如宝座一般。佛寺中出来一位师父为我指点了山上城墙的大致位置。从峪口左手边（北）上了城墙，城墙上种满了桔树和庄稼，与周围山地已经融为一体，难怪刚才在城外看不到城的踪迹。站在城墙上，如不留意，也难以察觉自己站在3米高的墙垣上。往城里眺望，除了一座佛寺，基本都是庄稼地，没有人烟，无遗迹可寻。偶遇在城墙上劳作的大叔，聊了一会儿，得知原来城里曾有七八户人家，改革开放单干以后就迁了出来，城内遂全部成了园地，四五年前造了寺庙，我们刚才进来的峪口原先也是连接的城墙，为寺庙进出方便而开了口子。看来大叔所知不少，就央求他带路指引，上山寻找城墙和城门。

下旧城东、南、北三面环山，城墙沿山脊而筑，平地上的西城墙一字形把古城围在山坳里。大叔带着我从山腰小庙左侧（北）往上走，坡度较大，茅草覆盖了小道，没人带路还真不好找。来到一个隘口，介绍说这就是城圈。他们当地把城门叫城圈，其实已不成为"圈"了，顶部坍塌，就剩一个缺口。门洞砌石被爬藤植物覆盖着，仔细观察还是能看到石块。这里估计是北门，或者是东北方向的一座门。出城门观察，这段城墙其实还是比较明显的，砌石完整，有3—4米高，城外有小路，据说原本可以环城一圈，现在割草砍柴的人没有了，也很少有人上山，这里成了荒山野岭，小

师父指点山上城墙位置

3米高的下旧城西城墙顶上种满了桔树

城内除了一座佛寺，基本是庄稼地

城门只是一个缺口

门洞砌石被爬藤植物覆盖着

北门外城墙

路长满了茅草，难以通行。大叔建议还是往东城门去走走。

我们原路下山，在佛寺峪口的另一侧（南）重新上山。这边与刚才爬的山路已不可同日而语，全部是砌了石级的。城墙同样建在山顶上，东城门其实也只剩一个缺口，上面的拱顶早已无存。从东城门上城顺着城墙走，茅草丛生，很难感觉这是在城墙顶上行走。城墙外山势陡峭，大叔往外指着一片农田和工厂感叹说，几十年前这里都还是滩涂，上山放牛经常坐在这里看潮水，涨潮时，城墙外就是海面。大叔的感叹与民国《临海县志》对此城的记载“三面滨海，东临圣塘门，接轻盈山，南襟海涂，北扼桃渚港，为海防要区”是相吻合的，同时也反映出民国初至新中国成立前期沿海地理变迁并不大，主要的变化出现在改革开放以后，围海造地的进度大大提高了，带来地貌的巨大改变。

下山后，出城圈前，寺庙里的老师父又提供了一条信息，古城水门还

东城墙同样在山顶上

东城门只剩一个缺口

行走在东城墙顶上

几十年前下面都还是滩涂

外部河道进入护城河的通道

外部河道进入护城河的通道

还能看到一点水门的旧影

在，只是基本淹在水下，他用土话告诉我“涨”（读jiang）了，意思是已经淤塞。走到护城河的外侧，还是能看到外部河道进入护城河的通道。对面城墙下的水门，经指点，还能发现一些影子。

对下旧城的考察，由于茅草、道路的限制，只看了2个城门、1个水门和几段城墙，未尽之处，只有留待下次。总体上看，城墙由于处在山上，人为破坏不算太大，处于自生自灭状态。城墙大体尚存，有些地方坍塌，但都被茅草覆盖，城门仅剩洞口。新城村、旧城村在古城之外，是杂姓村落，与原明代戍守军士没有关系。

二、中旧城

中旧城离下旧城约10千米左右。穿过上盘镇区，在上盘汽车站处右转小杜线（小芝至杜桥），可至中旧城的所在地——原桃渚区中城乡，现桃渚镇中城村。

由于桃渚所城（下旧城）过于近海，常年受台风侵扰，防守不易，故而迁城于此。至于迁城时间，有人认为永乐二十二年（1424）朝廷“诏天下都司卫所修治城池”（《明史》卷八·仁宗本纪），桃渚城可能就在此时内迁。但并无确切的文献依据，我曾查

黄墙下、山坡上散落的城墙石块

潘大叔说，这些都曾是城墙石

城隍山上的天隍寺

阅《明太宗实录》（电子版），并无相关记载。《明宣宗实录》有“宣德七年五月，浙江桃渚千户所百户杨显宗奏，所治濒海……洪熙元年，其圩岸为海潮冲决，田禾渰没，秋粮无输，军用艰食。递年修筑未完，又为风潮所坏，乞敕有司及时修理。从之”。《明英宗实录》载：“正统五年三月，桃渚千户所城乞筑塞之事，下行在工部，覆奏下浙江三司核实，请令俟农隙兴役。从之。”所指不明，只能存疑，具体迁城时间有待实证。

停下车，就近向一位大叔询问中旧城的所在。大叔朝着他家对面的城隍山说，从寺庙、城隍庙位置下来，沿着临路民房的屋后，就是当年中旧城南城墙的位置。果然，写着“南无阿弥陀佛”的黄墙下、山坡上，还散落着不少石块，据称大多被村民挖去做了建筑材料，这位潘大叔指着地上建筑场地的块石说，这些都曾是城墙石。

进入小坡上的天隍寺，前院是道教系统的城隍庙，挂的牌子却又是普天院。看建筑有些年头了，屋顶也漏了，墙上爬满了藤本植物。后院是佛教的大雄宝殿，近几年新建的。大雄宝殿的背后还留存有城墙的砌石，在这里向西眺望，远处红砖小屋下，绿带成荫处，也是城墙遗迹。

道教系统的城隍庙

城隍庙墙上爬满了藤本植物

城隍山上的中旧城城墙遗迹

远处红砖小屋下，也是城墙遗迹

吴大哥指点中旧城南城墙遗迹

中旧城南城墙遗迹

下了小山坡，热情的潘大叔电话邀请了村里对城墙、历史较有研究的吴大哥为我作解说。吴大哥祖先从桃渚城内村（即今天的桃渚古城）迁来，已有二三百年的时光，吴姓是桃渚城内村的三大姓之一。

吴大哥一路上跟我谈着城墙、抗倭、民族精神，带我来到城墙遗址处。中旧城东靠山，西城墙、北城墙已无存，只有南城墙基础还保留，只是地面上已所留无几。每次建新房，都对城墙造成无法挽回的损失。吴大哥说，其实建新房和保护城墙并不矛盾，城墙可以保留在建筑与建筑之间的通道位置，子孙后代在城墙边散步、聊天，可以了解祖先的历史、传诵抗倭的精神。作为规划师，我深深地被吴大哥的远见卓识所打动。

往北走，来到中旧城城内唯一保存下来的古屋

中旧城城内的古屋三退里

中旧城城内的古屋三退里

“后退”已经破损坍塌

三退里的雕刻

三退里的雕刻

三退里。三退里黄氏是当地大户，祖先自下旧城附近迁来，在此致富并获得功名，房屋已有300年的历史。前退“土改”时分给了外姓，第二退仍归黄氏所有，第三退已经破损坍塌。只是下一辈都已迁走，各自新建了住房，偌大的三退里只有小黄狗陪伴着黄氏老奶奶，除了几声狗叫，一切寂静而冷清。从“前退”的雕刻看，当年主人也是花了精力营造的，就这样衰败了十分可惜，希望有人投资修复。

虽然历经艰难迁城于此，桃渚所城（中旧城）不久迎来了再次搬迁。目前的主导观点认为，正统七年（1442），户部侍郎焦宏、监察御史高峻备倭浙江，认为此地“势甚孤危，适足以饵寇，且潮汐冲激，弗克宁居”，主张再次迁城，“乃集藩宪及都司臣僚，佥议内徙十里许，地曰芙蓉，规划既定，召匠抡材，乃筑乃构，聿底于成”（明·黄淮《介庵集》卷九《桃渚千户所迁城记》）。从此，中旧城又归于静寂。

有关中旧城的记载，是三城中最少的，还有太多的问题需要建筑实物来解答。但现实是，它在三城中将最先在我们的视线中消失，令人惋惜。

三、上旧城（桃渚古城）

中旧城往西、往北方向，绕过桃江十三渚、石柱峰，就来到了上旧城，现在的桃渚古城东门，准确的地址叫桃渚镇城内村。所城保存完整，现在已当作景点开卖门票，价格是20元。如果你是入城找亲戚、找同学还是免费的。

其实，桃渚所城已多次来过，不久前的一次是2015年5月23号参加路桥区知识分子联谊会的考察活动。在行文上放在最后，主要是考虑了古城变迁的先后次序。

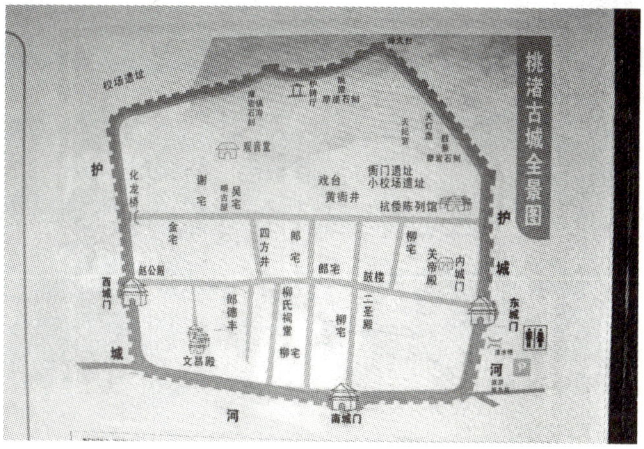

桃渚所城全景图

桃渚所城鸟瞰（网络图片）

敌台

桃渚城的平面略呈方形，北靠后所山，城前护城河环绕。民国《临海县志》记载："城高二丈一尺，周围二里七十步。"根据实测资料，城周长1366米，其中东城墙431米，南城墙350米，西城墙285米，北城墙300米。城门3座，外各有圆弧形瓮城。城墙高度3—5米上下，宽度2—5米左右。环城一圈原有敌台（马面）14个，现存12个。

东城外的空旷农田一部分改做了停车场地。走进东门，城上长满爬藤，昭示了古城的沧桑历史。进城门右转，在戚继光纪念馆短暂停留后，眼前就是左营守备衙门和校场遗址。守备衙门于清同治七年（1868）由台州府城迁来，当年的驻军机关和操练场地，如今已是断墙残壁，特意在此留影，看看若干年后会有什么变化。

山腰的"天妃宫"敬奉妈祖娘娘，这是闽粤非常普遍的海神信仰，但在台州则属罕见。"天妃宫"边上的佛号柱吸引了我们的注意，关于它的作用，众说纷纭，讨论良久，无法达成一致。沿爬

城上长满爬藤

衙门和校场遗址

山城墙往上，幽静纵深、植被良好。高处建有敌台，建筑材料还散落一地。我向土生土长的当地人作了一些访问了解，知道原有敌台是实心的墩台，无法进人，这个敌台是近几年新建的空心敌台，工期也拖了好长时间。我把它记录在此，希望某天不要闹出“明朝嘉靖年间，戚继光在桃渚所建造了两座双层式空心敌台”的笑话。不过，站在空心敌台的上层远眺天柱峰（千丈岩）和桃江十三渚，景色确实不错。

著名的“眺远”摩崖刻在离敌台不远的巨岩上，二字直排，字径巨大，超过1米见方，左为“明楚将军胡海题”款，右有“民国廿九年（1940）五月吉旦桃渚区长敖翔重刻”款。半山腰的崖壁上还有同为“桃渚区长敖翔重刻”的“镇海”摩崖。名闻遐迩的明代题刻其实都是民国遗迹。

下山后，在城西北角又遇见了另一座新建的空心敌台，《新建敌台碑记》石碑已移入其内，碑文为嘉靖四十年（1561）邑人何宠所撰，虽然碑体1989年重刻，断裂并接，除了篆书“新建敌台碑记”几个大字外，碑面较为模糊，桃渚《柳氏宗谱》和《郎氏宗谱》均录有原文，其中“桃渚世受倭患，历兹三迁”印证了桃渚变迁的历史。

“天妃宫”边上的佛号柱

近年新建的双层式空心敌台

远眺天柱峰和桃江十三渚

沿着西城墙内侧往南走，一路上还可以看见池塘和庄稼地，到了主街右转，就是所城西门。门内是城里村，出了城门就是城外村，界线分明。桃渚城有东、南、西城门三座，外各有圆弧形瓮城，瓮城内大约有250—300平方米的空间。东、西城门偏南设置，据相关测绘资料，东城门距南、北城墙分别为98米和331米；西城门距南、北城墙分别为93米和190米。南城门则偏东设置，距东、西城墙分别为127米和221米。

"眺远"摩崖

城内的池塘和菜园

桃渚所城西门

桃渚街

东城门与西城门通过大约3—6米宽的主街道桃渚街相连接，总长370多米，一些深宅大院就在这条大街上。桃渚城内民宅保存尚好，虽然明代住宅已不可见，但清中晚期至民国的建筑非常普遍，大体上以二层楼房为主，略有少量三层建筑。

郎德丰古宅为四合院建筑，始建于清光绪年间，为当地世家望族郎氏第九代后裔郎子恒所建。大门口字牌已斑驳难辨。进入院内，厢房与楼房契合，回廊与天井相通，檐下牛腿、雀替保存完整，据说占地三千余方，楼房几十间，规模宏大。院内正编织草帽的老奶奶说，下一代都搬走了，

郎德丰古宅临街

郎德丰古宅牛腿

实在不想住了，有什么值得看的？确实，保存一幢好的传统建筑，必须同时改造建筑内的生活设施，让原住民愿意在此生活下去，传统建筑才能延年益寿。

郎家里同样是桃渚三大姓之一的郎氏第八代后裔郎昌滁所造，建于清道光年间（1821—1850）。临街进门为穿堂，上饰以四根门簪；小台门为其内宅大门，上刻篆书“勤俭家风”额。此宅新中国成立之初被征为粮管所，后来落实政策返还，现居住者为郎氏第十三代。四合院内非常宽敞，建筑为硬山、穿斗式结构。室内家具古老传统，并珍藏着“署理内江县正堂”牌匾，印证了祖辈（郎监秋）功名。

上旧城的名字已逐渐远去，现在的人们只称之为桃渚城、桃渚古城。

四、补记：重访壮士所城

对壮士所城的二次考察（2014年10月4日曾作考察），本不是本篇的内容。当2015年4月4日寻访白湾堡的途中，再次经过壮士所城，发现改建工程大大扩大了。推土机已经推平了墙外的农田、小路和小溪，工人们正用块石砌筑护城河。我中途停车，继续关注，记录下来，因为与下旧城、中旧城一样，壮士所城也是较早被废弃的防御设施，巧合的是废弃的时间都

郎家里穿堂门簪

郎家里“勤俭家风”额

郎家里四合院内

壮士所城护城河改建工地

壮士所城护城河改建工地

壮士所城西瓮城门

壮士所城西瓮城门

在正统八年（1443），就归入本篇，同时作为《浙江省苍南县金乡卫及其所城考察报告》（见《中国人文田野》第七辑）的补记。

从南城门沿着新筑就的基建便道往西门走，运土的载重车辆不断从身边驶过，前面推土机在西门边挖土作业。这里是上次考察所未到达的，因为时间的限制，仅仅考察了壮士所城的东半部分。

从西瓮城门入城，瓮城的基本轮廓还在，这里是壮士所城保存相对完整的瓮城。瓮城内种着豆夹和其他植物，郁郁葱葱，有谁能想到这里曾是防守重地。西城门与瓮城门呈垂直布局，进入西城门后，可以发现城内的西半部基本上是大片的园地，主要种植经济植物。因为刚好遇上清明节，在北山山脚有不少扫墓的人。

从西门向东延伸有一条主干道路，在城隍庙形成交叉结点，继续往东可至东城门，右转往南则达南城

瓮城内园地郁郁葱葱

壮士所城西城门

城内的西半部基本上是园地

门，也就是小桥接入的缺口。南城门、南城路（姑且称之为南城路）正对城隍庙，城隍庙是城内最古老的建筑。南城路西侧是几幢城内最新的建筑，民房都集中在南城路西侧。建筑基本都是新的，原有建筑没有保存下来。在南城门外听一位阿公介绍，城内和东门外都属雾城村，不分村民小组，城内原有几十户人家，逐渐外迁城外建房，现在只剩下大约20户，他自己也是30年前从山上迁来的。基本可以判断，城内没有当年戍守将士的后代，毕竟在明正统八年（1443）“壮士所”并入蒲

壮士所城南城门

南城门直对城隍庙

壮士所城城隍庙

阿公30年前从山上迁来

门城后，壮士所城长期荒芜了，到了清初迁界，壮士所城也在范围内。

从城隍庙门口过去继续往东，一条机耕大路直通东城门。古城废弃荒芜太久了，这条道是否当年城内干道呢？从城隍庙、东城门都是老建筑，位置固定来说，估计这条道路的位置没有什么大的变化。由此也可推断，这个所城当年的主干道路应该是“T”字型路网结构。机耕大路北侧唯一的建筑为小学，迁并后改为雾城星光老年之家，建筑的后面是全城的靠山；机耕大路南侧种满了经济作物，没有遮挡地看到整个南城墙内侧。

机耕大路直通东城门

小学迁并后改为雾城星光老年之家

壮士所城南城墙内侧

小 结

1.下旧城、中旧城、上旧城（现桃渚古城）是一脉相承的古城，从名称上也可以看出这一点。在选址上，几座所城均依山而筑，桃渚所城、壮士所城依北山，下旧城、中旧城则东侧靠山，凭险防守。这可能是当年卫、所城选址的前题条件之一。城隍庙是城内最为重要的庙宇，“城”是城墙，“隍”是护城河，城隍是城市护卫神和阴间地方官。本次考察的中旧城、上旧城（现桃渚古城），以及2014年考察的金乡卫、蒲门所城、壮士所城（见《浙江省苍南县金乡卫及其所城考察报告》）都有城隍庙留存。

2.保护状况大相径庭。桃渚所城的保存状况在全省居于前列，并已成为了“国保”。但由于城墙墙体顶部无砖石铺装，也无三合土防水层，加上树木、庄稼栽种，雨水大部渗入填土内部，造成包砌层向外鼓出、拱券砌筑灰浆流失等现象非常普遍。下旧城距村民点尚有一段距离，一定程度上使城墙减少了太多的人为破坏，但基本处于自生自灭的状态。中旧城的砌石一度是村民方便的建筑材料，仅存的南墙也只留下低矮的基础部分，就目前状况来看，消失只是时间问题。另外，对壮士所城的重视本是好事，只是希望不要改造太过才好。

3.村落的人口属于杂姓，下旧城、中旧城、壮士所城都是较早被朝廷废弃的防御设施，加上清初迁界的影响，现在的居民基本上不是卫籍军士后代。上旧城（现桃渚古城）建成后一直延续下来，展界后有不少原住民（卫籍军士后代）回迁，桃渚城三大姓中的郎、柳姓祖先应是戍边军户，如柳姓是卫指挥柳应时的后裔。嘉靖四十三年（1564）秋季，柳应时以督造官的身份对桃渚城进行了大规模修缮，并“以功世袭（桃渚千户所）千户”（清乾隆《柳氏宗谱·鹤乔先生自序》）。城里村中至今还保存着一块刻有“（嘉靖）四十三年督造官柳应时、窑军杨彩”的城砖。关于人口的其他具体情形尚有待研究。

4.关于桃渚所城几次迁城时间，从下旧城迁建中旧城，目前有永乐二十二年（1424）和宣德四年（1429）两种意见，但查阅史料无法找到，待考。从中旧城迁建上旧城（现桃渚古城），《新建敌台碑记》记为“桃城之立始自侍郎焦公”，而焦公之“桃渚千户所……正统八年建”（谢铎编纂的《赤城新志》卷八）。然从明黄淮所撰之《桃渚千户所迁城记》对正统七年未搬之前的城墙描述“桃渚属海门卫城，在临邑海崖之巅，势甚孤危，适足以饵寇，且潮汐冲激，弗克宁居”来看，与中旧城地形（仅50米高的小山）并不对应，倒更像筑于山巅的下旧城，这是实地考察后留下的疑问。但是，桃渚所城（从中旧城迁建上旧城）、壮士所城的搬迁都发生在正统七年、八年，印证了宣德、正统年间，卫所军政废弛、城墙失修，所城不断被攻破，以至重建、迁建的史实。

5.民间不少有识之士对旧城保护、保存提出了自己的看法、见解，但毕竟话语权有限，起的作用微乎其微。写此考察报告，也希望和吴大哥们一起呼吁，救救古城、保存古城。我不赞成古城消失后的重建，但保留一点原始的遗迹，可以延续一段历史，使桃渚所城“三迁”不致留下一段空缺。希望有一天，就像壮士所城2006年归入第四批“国保”单位蒲壮所城一样，下旧城、中旧城也能并入桃渚所城“国保”单位，提升保护层次。

重庆垫江鹤游镇寨堡调查报告

文雅、尚言言、张铭、陈俊宇、吴兆庆、刘天伕

作者简介

文雅，本文执笔者。女，1993年生，山西吕梁人，西南大学历史地理研究中心硕士生。

尚言言，女，1992年生，河南永城人，西南大学历史地理研究中心硕士生。

张铭，男，1987年生，四川德昌人，贵州民族大学民族学与社会学学院讲师，研究方向为中国历史地理。

陈俊宇，男，1990年生，四川自贡人，西南大学历史地理研究中心博士生，研究方向为区域历史地理。

吴兆庆，男，1989年生，西南大学历史地理研究中心硕士生。

刘天伕，男，1990年生，河南林州人，西南大学历史地理研究中心硕士生。

一、前期准备

巴蜀地区遗存着大量的古寨堡，它们凝结着古代巴蜀劳动人民的智慧和汗水，许多古寨堡还保存着城墙、城门等遗迹，是我们研究巴蜀地区历史的重要实物资料。鹤游坪的古寨堡便是其中重要的一处，被誉为“天下第一古城堡”[①]。但到目前为止，关于鹤游坪寨堡调查与研究的文章鲜有见到。2017年11月，西南大学历史地理研究所对鹤游坪寨堡开展了系统调查，笔者有幸参与了其中对鹤游镇境内寨堡的调查，包括分州古城和10寨堡、4大卡，从11月2日到7日，为期6天。

鹤游坪，位于重庆市垫江县南部，约在29°38′N，107°21′—107°40′E。广义的鹤游坪范围包括历史上（1925年）的鹤遊镇与18个场（飞龙场、万寿场、白家场、包家庙、汪家场、土主庙、关圣场、永安场、三汇场、裴江场、御龙场、保和寨、沙坪庙、沈家场、太平场、石庙场、菁口场）所属地区。笔者参与调查的鹤游镇即原来的严家场，所辖范围包括原严家镇（乡）所属各村，即金钱、群丰、水井、团结、分州、高桥、长坡等七个行政村及石鼓社区。鹤游坪自古以来就是川东北重要战略要地之一，是历朝历代兵家必争之地。同治《涪州志》中记载道：“鹤游坪，治北百四十里……为州北第一屏障……窃揆险则易守，高则易瞭，阔则难攻……夫鹤坪大江之郛，大江涪城之郭，守鹤坪则寇无敢窥江，靖大江则寇无自临城。教匪之乱，其大较也，绸缪未雨者，其可忽诸？”[②]充分说明了鹤游坪地理位置的重要。

11月2日下午，我们坐大巴到达垫江县鹤游镇，在镇上车站旁的一家小旅馆住下，在旅馆对面的一家饭店吃了晚饭，味道不错，之后几天的饭食问题便在这家解决了。坐了一下午的大巴，大家都有些累了，简单交代了一些问题和计划后就休息了。

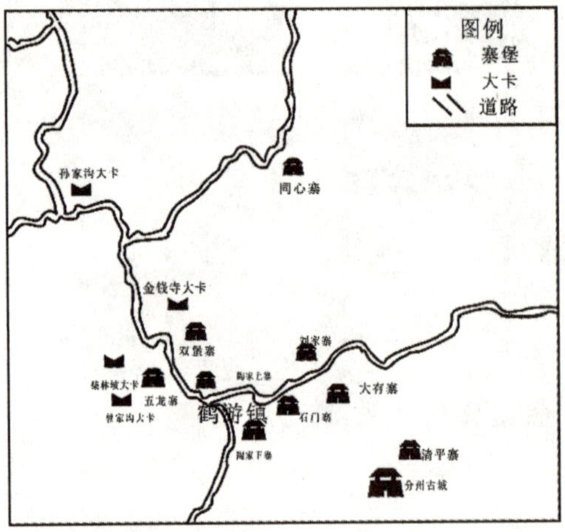

寨堡分布示意图

二、遗存现状

在寨堡的测量过程中，为了提高工作效率，我们6人分成两组，一组为张铭、陈俊宇、文雅，二组为吴兆庆、刘天伏、尚言言。

（一）分州古城

分州古城地处鹤游坪中心台地，海拔约447米，城内总面积约30万平方米，是鹤游坪古城堡的“城中之

① 王周勇、王志方、王志凌：《天下第一古城堡——鹤游坪》，中国广播电视出版社，2007年。

② 同治《重修涪州志》卷一《舆地·山川附形胜关隘》。

城”。分州古城原为涪州分州衙门所在地，行使州级行政职能。民国初期，先后改设分司令官署、分知事署、县佐署，涪陵县第十一、五、四区区署，直到1936年才撤销。分州古城建于清嘉庆七年（1802），主要是为防备白莲教的袭扰，道光《涪州志》中记载“始因贼乱，坪人倡议堵御，请官镇守，准移达州分州设置鹤游坪。嘉庆七年，镇守官、直隶人殷辂奉旨建修。”①

11月3日一早，我们便包车向分州古城出发。分州古城位于今鹤游镇分州村3组，地理位置为30°3′50″N，107°22′41″E。据调查，分州古城原有东、西、南、北4座城门，今除南门、东门保留外，西门和北门皆垮塌不复存在。分州古城依山而建，部分城墙外靠悬崖，城墙保存较为完整。由于大部分城墙被野草覆盖，我们对分州古城的测量可谓披荆斩棘，花费了一整天时间。

分州古城航拍图

1.城门

（1）南门（安寿门）

南门门顶总高度3.85米，宽3.8米，门拱厚1.72米，门洞高2.13米，台阶长2.22米。

（2）东门（迎恩门）

东门门顶总高度3.76米，门拱厚1.14米，门洞高2.62米。

南门

东门

① 道光《涪州志》卷二《营建·公署》。

原西门

原北门

（3）西门（原镇西门）

当地村民为开垦农田，将西门拆毁。

（4）北门（原福德门）

北门因修村村通公路被截毁，没有遗存。

2.城墙

（1）西门到南门

从西门到南门的城墙总长度为179.69米，这段城墙大部分依山而建，外靠悬崖，西门到南门的第一段长26.21米的城墙，外墙平均高度为2.114米，内墙平均高度为1.115米。第二段长45.84米的城墙，虽外靠悬崖，但在悬崖上又加筑了一段城墙，其平均高度为1.225米。

（2）南门到东门

从南门到东门的城墙分为两部分进行测量，第一部分总长度为480.32米，城墙保存较为完好，只有一小段长为4.25米的坍塌段，有两段以崖为壁，

分州古城西南段外墙

分州古城西南段内墙

分州古城西南段悬崖上加筑的城墙

分州古城东南段城墙坍塌段

分州古城东南段以崖为壁段

分州古城东南段以崖为壁段

分别长42.8米和35.87米，城墙的平均高度为2.39米。

第二部分总长度为479.39米。这一部分的情况复杂，其中以崖为壁段共长264.3米，城墙塌陷段共长78.33米，城墙遗存段共长136.76米，城墙平均高度为1.86米。此外，这部分城墙发现一段长4.92米的排水沟。

分州古城东南段城墙

分州古城东南段以崖为壁段

分州古城东南段城墙坍塌段

分州古城东南段城墙

分州古城东南段城墙上的排水沟

分州古城西北段以崖为壁段

分州古城西北段城墙

（3）西门到北门

从西门到北门的城墙长度为238米，大部分是以崖为壁，共长189.8米，只有两段修筑城墙，分别为9米和39.2米，城墙平均高度分别为0.84米和2.02米。

（4）北门到东门

从北门到东门的城墙总长度为692.06米，其中有三段城墙被毁殆尽，长度分别为13.45米、43.62米、5.98米。通过采访村民得知，前两段因修路和1958年修大猪圈被毁。以崖为壁段共长221.07米，城墙遗存长度为407.94米，平均高度为1.97米。

分州古城东北段城墙因修路被拆毁

采访分州古城当地村民

分州古城东北段以崖为壁段

分州古城东北段城墙

（二）寨堡

1.清平寨

11月4日，我们开始测量古寨堡。当天早上，我们一行人到达清平寨，一组测量寨墙，二组测量内部房屋。清平寨位于现鹤游镇分州村2组，地理位置为30°4′6″N，107°23′0″E。清平寨一共有两个寨门，分别为大寨门和小寨门。大寨门门顶总体高度为3.295米，门宽1.53米，拱厚0.415米，左边门联宽为0.447米，右边门联宽为0.465米。寨门径深1.51米。左边寨门加寨墙长3.67米，右边寨门加寨墙长3.635米。门栓柱左边高0.285米 ，长0.403米，右边高0.285米，长0.515米。寨墙拱高3.225米，宽1.765米，寨墙和寨门拱高差0.715米。

小寨门门顶总体高度为3.61米，门宽1.61米，拱厚0.455米，两边门联宽为0.485米，门两边有新添辅助石材，左边宽0.325米，右边宽0.33米。左边寨门径深为1.615米，右边寨门径深为1.665米。左边寨门加寨墙长3.595米，右边寨门加寨墙长3.525米。寨墙拱高3.1米，宽0.945米，寨墙和寨门拱高差0.985米。

清平寨航拍图

清平寨大寨门外部

清平寨大寨门内部

清平寨大寨门左边门拴柱

清平寨大寨门右边门拴柱

清平寨大寨门内拱

清平寨小寨门外部

清平寨小寨门内部

清平寨寨墙外墙坍塌

清平寨寨墙总体长度为218.65米。其中有两段寨墙坍塌，一段外墙塌，内墙仍存，长15.44米，内墙平均高度为2.542米。一段坍塌殆尽，长17.35米。还有一段以崖为壁，长17.41米。其余寨墙保存较为完好，总长度为168.45米，宽为4.615米，外墙平均高度为3.52米，内墙平均高度为3.16米。

清平寨寨墙内墙

清平寨寨墙全部坍塌段

清平寨寨墙以崖为壁段

清平寨寨墙外墙

清平寨寨墙内墙

清平寨内部有13栋房子，其中3栋为近年所建，房屋具体分布见示意图。1号房子长5.20米，宽4.95米，高1.92米。2号房子长4.22米，宽3.33米，高1.83米。3号房子长4.86米，宽3.23米，高1.77米。4号房子为近年修建，长12.07米，宽9米，高6.12米。5号房子为近年修建，长14.7米，宽10.6米，正屋高6.77米，旁边的小房间高2.12米。6号房子长13.79米，宽9.55米，高3.03米。7号房子为近年修建，长11.4米，宽9.82米，高6.81米。8号房子长15.5米，宽10.5米，正屋高4.785米，旁边的小房间高2.59米。9号房子长6.55米，宽10.34米，高1.75米。10号房子长5.6米，宽4.1米，高1.5米。11号房子长5.12米，宽4.17米，高1.92米。12号房子长5米，宽6.13米，高2.51米。13号房子长14.7米，宽8.09米，高3.8米。

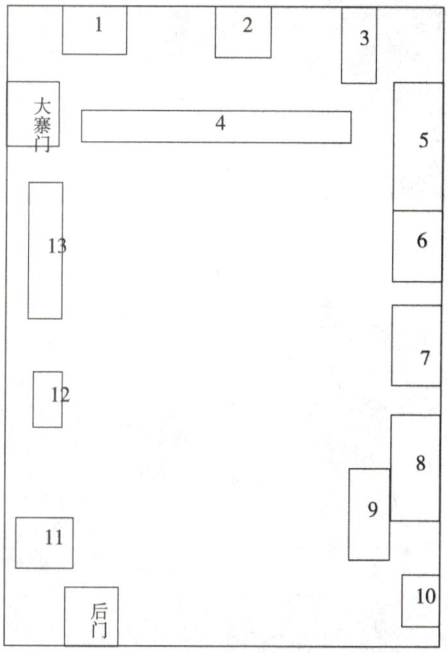

清平寨房屋分布示意图

清平寨1号房子

清平寨2号房子

清平寨3号房子

清平寨4号房子

清平寨5号房子

清平寨6号房子

清平寨7号房子

清平寨8号房子

清平寨9号房子

清平寨10号房子

清平寨11号房子

清平寨12号房子

清平寨13号房子

2.双朝门碉楼

11月4日上午，二组测量完清平寨内部，考虑到碉楼较小，便先去测量碉楼。之后，一组测量完清平寨寨墙后赶去合作，测完双朝门碉楼。双朝门碉楼的地理位置为30°3′43″N，107°22′49″E。双朝门碉楼正门保存完整，具体布局见示意图，其门的厚度为0.318米。正门左侧墙长6.03米，右侧

碉楼航拍

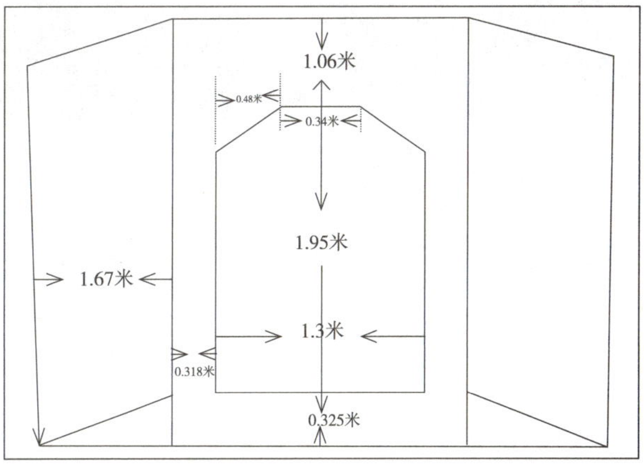

双朝门碉楼大门示意图

双朝门碉楼大门

双朝门碉楼正门左侧墙

双朝门碉楼正门右侧墙

双朝门碉楼1号房子

双朝门碉楼2号房子

双朝门碉楼3号房子

墙长6.36米。碉楼内有3栋房屋。1号房子长12.36米，宽8.13米，高2.02米，屋脊高5.05米。2号房子长6.68米，宽6.59米，高9.6米。3号房子长27.53米，宽5.34米，高2.2米。

3.石门寨

在测完双朝门碉楼往回走时路过石门寨，便把石门寨也进行了定位、拍照。石门寨现位于鹤游镇高桥村1组，地理位置为30°4′51″N，107°22′2″E。其名字主要是根据当地的谚语“石门对石虎，白银二万五”而来。石门寨的遗迹几乎破坏殆尽，只留有两块大石，不清楚其由来。

石门寨航拍图

石门寨遗存

4.双堡寨

11月4日下午，我们分开行动，二组去双堡寨进行测量。双堡寨位于鹤游镇金钱村5组，地理位置为30°5′26″N，107°20′49″E。双堡寨破坏比较严重，只有部分寨墙和双堡寨正门遗存。双堡寨正门具体布局见示意图。正门的厚度为0.32米，门洞深2.15米，宽2.1米，高3.6米。双堡寨寨墙整体长度为104.73米，其中保存完整的寨墙长度为27.87米，其平均高度为3.9米。无寨墙段的长度为35.06米。坍塌寨墙中有一段有外墙、无内墙，长3.18米，平均高度2.025米。有部分寨墙内部完整，外部坍塌，其总体长度为11.9米。其余寨墙全部坍塌，共26.72米。

双堡寨航拍图

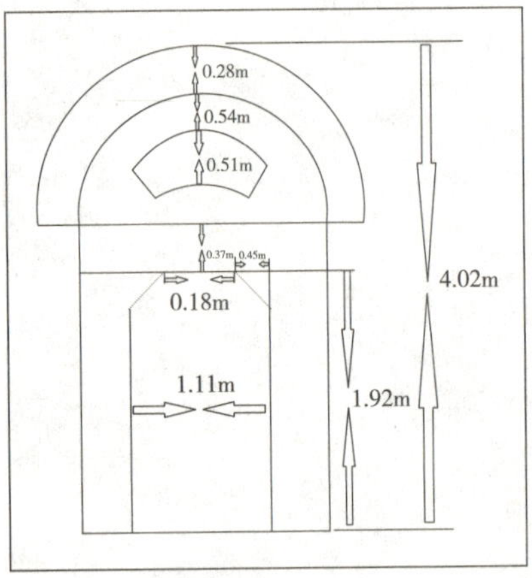

双堡寨大门示意图

双堡寨大门

双堡寨寨墙

双堡寨无寨墙段

双堡寨寨墙有外墙、无内墙段

双堡寨寨墙内部完整、外部坍塌段

双堡寨寨墙坍塌段

5.大有寨

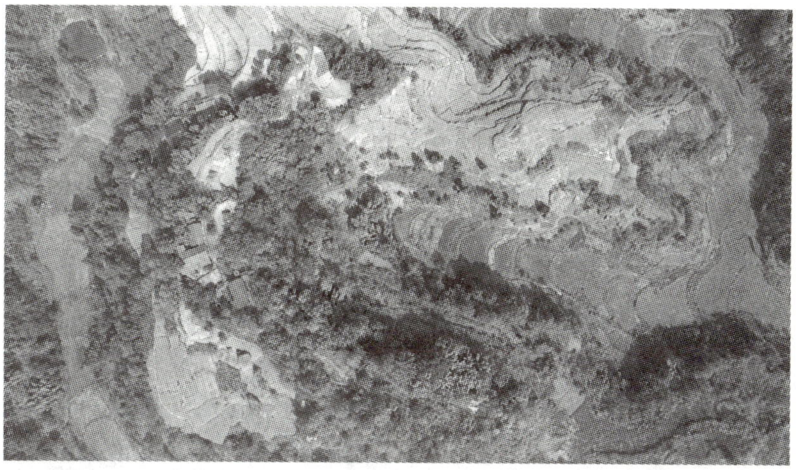

大有寨航拍图

11月4日下午，一组到达大有寨进行测量。刚开始我们认为大有寨只有内寨的大小，通过老乡的热情介绍，我们才得知大有寨分为内寨和外寨两部分。于是我们先对内寨寨墙进行了测量。11月5日下午，两组分工对外寨寨墙和房屋进行了测量。

大有寨位于鹤游镇高桥村1组。大有寨整体呈月牙形，分为内寨和外寨。共有四个寨门，内外寨各有一个大寨门和一个小寨门。外寨大寨门破坏严重，其遗址宽5.02米，左边高1.38米，右边高1.52米。外寨小寨门尚有遗存，宽1.88米，左边遗存平均高度为1.12米，右边遗存平均高度为1.78米。左边径深为2.05米，右边径深为1.235米。寨门处残存寨墙，左边长1.96 米，高3.325米，右边长0.85米，高0.93米。

内寨大寨门内外形状不同，外部门顶总高度为4.95米，门洞高2.4米，宽1.09米，门楣宽0.375米，门联宽0.325米。内部门顶总高度为4.38米，门洞高4.34米，宽1.775米，门拱厚0.285米，门联高2.43米。大寨门整体深度2.445米，前面门径深左边为0.285米，右边为0.285米，门拱径深2.16米。门拱上刻有“中华民国十二年癸亥□□□□□□”等字样。内寨小寨门门顶总高度为4.45米，门洞高2.03米，门楣宽0.335米，门楣之下有两个对称的梯形石块，其高0.27米，上底长0.58米，下底长0.28米。门槛长1.025米。门边有两个小柱子，宽0.226米，高0.495米。小寨门径深1.608米，门内拱高3.175米。寨内主干道长度为339.845米。

村民向我们介绍大有寨

大有寨外寨大寨门遗存

大有寨外寨小寨门遗存

大有寨内寨大寨门外部

大有寨内寨大寨门内部

大有寨内寨大寨门拱顶刻字

大有寨内寨小寨门外部

大有寨内寨小寨门内部

大有寨内寨大寨门左侧因修路被毁段

大有寨内寨寨墙总长度为90.83米，其中在内寨大寨门左侧一段因修路毁内墙3.2米，其余寨墙保存较为完好，寨墙平均高度为4.473米，寨墙中间有一段宽1.72米的台阶。外寨寨墙总长度为890.6米。其中以崖为壁段总长为372.05米，寨墙坍塌段总长为52.41米，其余寨墙保存较为完整，其平均高度为2.579米。

大有寨内寨寨墙

大有寨内寨台阶

大有寨外寨寨墙以崖为壁段

大有寨外寨寨墙坍塌段

大有寨外寨寨墙

大有寨内部有13栋房子，部分房子经过修缮改建，但变化不大。1号房子无屋顶，具体规格见示意图。其有门的墙中间最高处为2.99米，门对面的墙高度为2.07米，其余墙的高度为1.81米。2、3、4号房子是连在一起的，具体布局见示意图。2号房子房脊高5.03米，其余墙高为3.73米。3号房子房脊高6.34米，墙的高度为4.23米。4号房子房脊高3.71米，墙高度为2.74米。2号房子与3号房子拐角处有一水池，长7.42米，宽6米。5号房具体布局见示意图，其房脊高2.58米，墙高度为1.66米。6—10号房子是连在一起的，具体规格见示意图。6号房子房脊高3.16米，墙的高度为1.76米。7号房子房脊高4.6米，墙的高度为高3.55米。8号房子高

3.52米。9号房子各边墙体的高度分别为2.24米、4.13米、6.68米。10号房子各边墙体的高度分别为2.08米、3.31米、3.54米、5.02米。11号房子长5.53米，宽5.33米，房脊高2.14米，墙高度为1.98米。12号房子长6.08米，宽5.64米，房脊高3.23米，墙的高度为1.86米。13号房子长5.66米，宽6.47米，房脊高3.79米，墙的高度为2.2米。大有寨内有一荷花池长5.14米，宽4.75米。在荷花池旁边曾有一川主庙，已被全部拆毁。

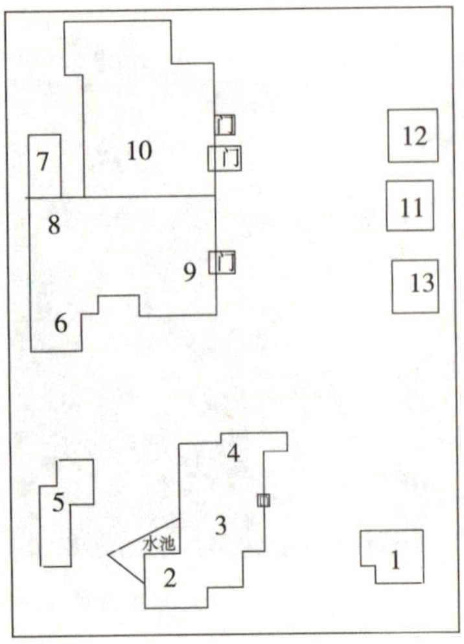

大有寨房屋分布示意图

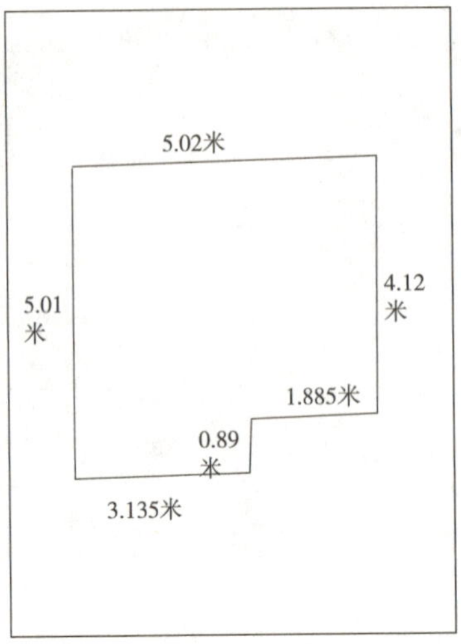

大有寨1号房子示意图

大有寨1号房子

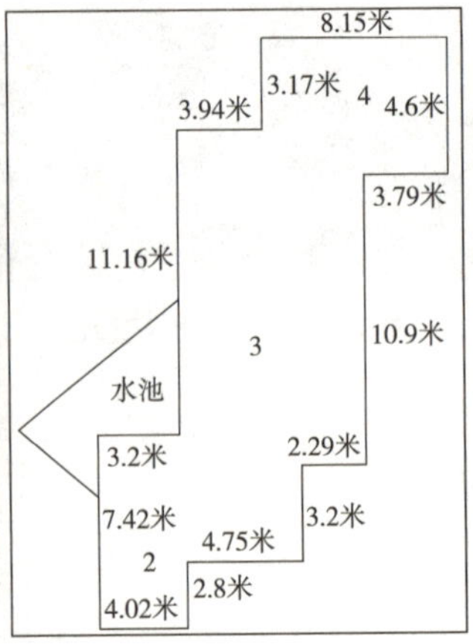

大有寨2—4号房子示意图

大有寨2号房子

大有寨3号房子

大有寨2号房子与3号房子拐角处水池

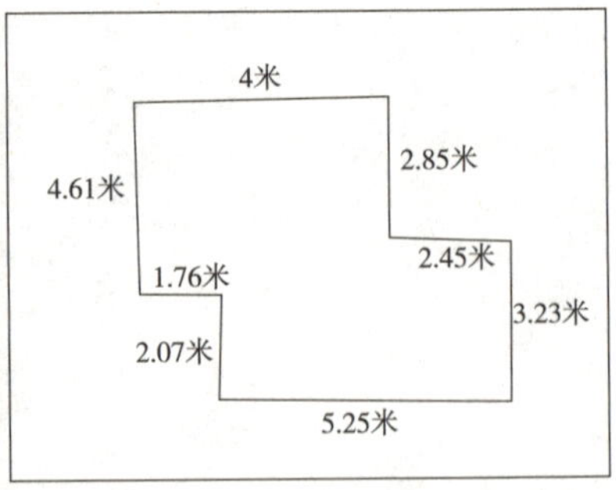

大有寨5号房子示意图

大有寨5号房子

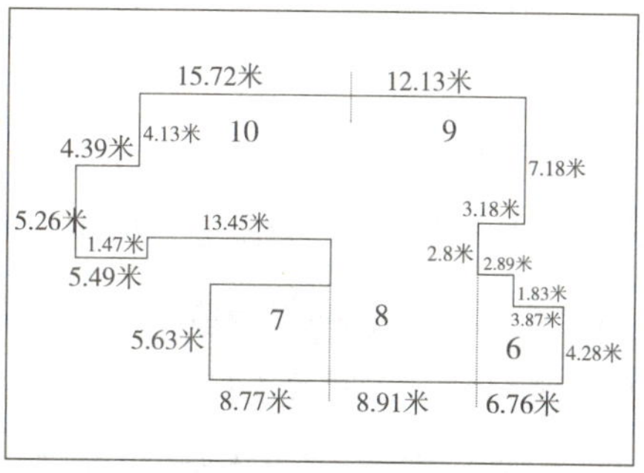

大有寨6—10号房子示意图

大有寨6—10号房子

大有寨11号房子

大有寨12号房子

大有寨荷花池

大有寨原川主庙所在地

6.刘家寨

11月5日上午，我们到了刘家寨，一组对寨墙进行测量，二组对寨堡内部的房屋进行测量。刘家寨现位于鹤游镇高桥村4组，地理位置为30° 5′ 33″ N，107° 22′ 30″ E。刘家寨整体分布比较规整，呈长方形，分为内外两道寨墙，内外两个寨门。外寨寨门只留下少许遗迹，根据这些遗迹判断，外寨寨门宽4.62米，径深2.27米，还存有11级台阶，门楼宽4.3米。外寨寨墙共长146.08米，寨墙大部分保存完好，外寨寨墙平均高度外墙为1.52米，内墙为1.025米。内寨为房屋，内寨大门门顶总高度为2.07米，宽1.12米，门拱较为特殊，为两边对称的梯形，其高度为0.33米和0.11米，长0.39米，厚0.355米。两边门联高1.74米，宽0.285米，厚0.355米。门联下部有一石柱，其长0.455米，宽0.71米，高0.29米。门槛长1.12米，宽0.135米，高0.3米。刘家寨内墙为长方形，其正面长度为16.31米，侧面长度为16.72米，墙的高度为8.38米。

刘家寨航拍图

刘家寨外寨寨门

刘家寨外寨寨墙

刘家寨内寨寨门和内寨寨墙正面

刘家寨内部房屋分为三层，一层高3.27米，二层高2.55米，三层高4.51米。屋脊高1.95米。由于房屋破损严重，只能对一层的房屋进行测量，共有14个房间。其内部有一天井，长4.34米，宽4.97米，深度为0.335米。门厅长3.72米，宽3.5米。走廊宽1.98米，台阶高0.22米。1号房间门宽0.725米，高1.935米，门槛高0.31米，房间长3.3米，宽3.28米。2号房间长5.22米，宽2.51米。3号房间形状不规则，门宽0.67米，通高1.78米，拱高0.175米，具体规格见示意图。4号房间长2.54米，宽3.44米。5号房间长4.02米，宽2.35米。6号房间具体规格见示意图。7号房间长5.32米，宽3.06米。8号房间门宽1.015米，高1.805米，共有两级台阶，一级高0.275米，二级高0.26米，房间长5.32米，宽3.73米。9号房间长3.42米，宽1.69米。10号房间长3.42米，宽3.63米。11号房间门宽0.645米，高1.815米，门槛高0.255米，房间长5.32米，宽3.37米。12号房间门宽1.35米，高2.075米，门槛高0.285米，房间长4.97米，宽 4.42米。13号房间门宽0.735米，高1.545米，门槛高0.545米，房间长5.22米，宽3.52米。14号房间门宽0.64米，高1.745米，门槛高0.345米，房间长6.43米，宽3.28米。此外，院内有两个柱墩，一个柱墩高0.49米，另一个柱墩高0.435米。

刘家寨内寨寨墙侧面

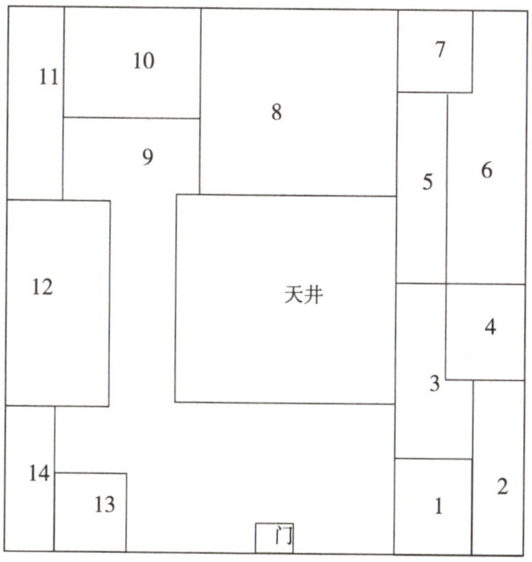

刘家寨房间分布示意图

刘家寨天井

刘家寨1号房间

刘家寨3号房间

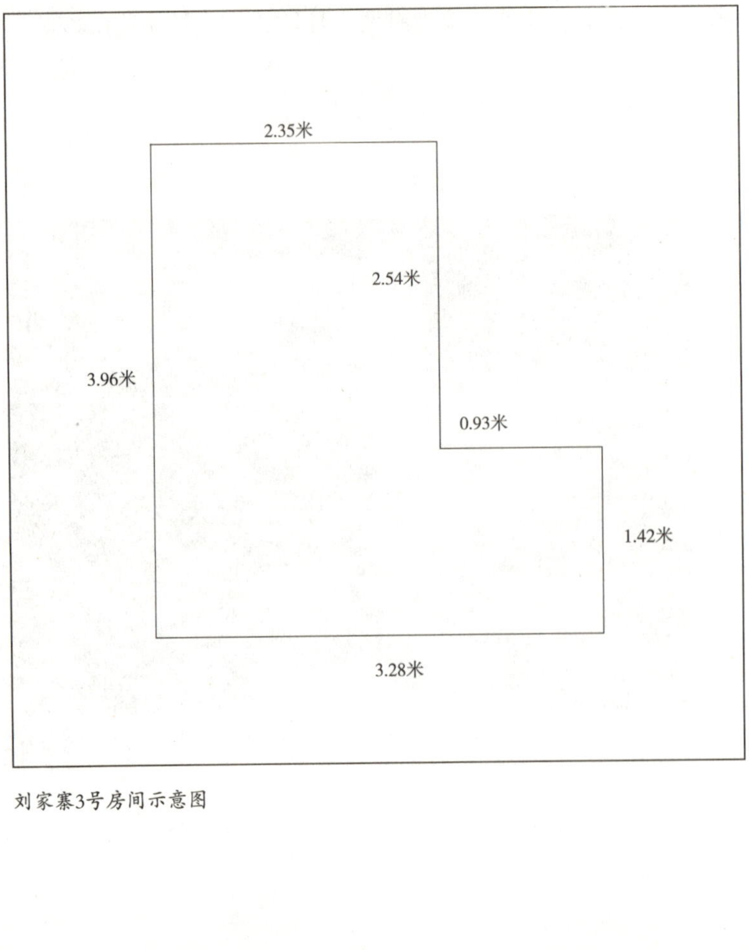

刘家寨3号房间示意图

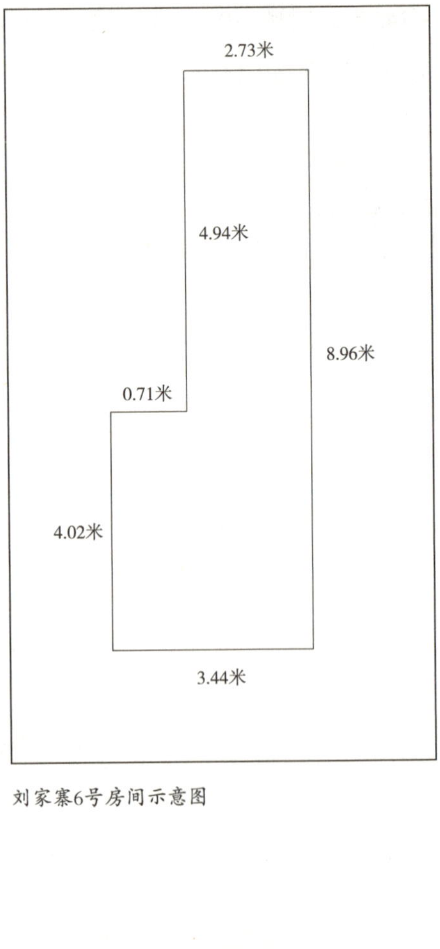

刘家寨6号房间示意图

刘家寨7号房间

刘家寨11号房间

刘家寨12号房间

刘家寨13号房间

刘家寨14号房间

刘家寨柱墩

刘家寨柱墩

陶家下寨航拍图

7.陶家下寨

11月5日傍晚，迎着晚霞，我们一行人赶到了陶家下寨，对陶家下寨进行定位拍照。陶家下寨现位于石鼓居委鹤游老街，地理位置为30°4′36″N，107°21′47″E。陶家下寨遗迹破坏严重，只有井塘尚存。井塘长4.56米，宽4.32米，深1.05米。

陶家下寨井塘

8.同心寨

11月6日一早，我们赶到同心寨，受到当地老乡的热情招待。同心寨位于今鹤游镇长坡村3组，地理位置为30°60′N，107°21′56″E。同心寨寨墙毁坏较为严重，建造寨墙的石头多被村民用于建造房屋。遗存寨墙的总长度为16.265米。同心寨内寨大门保存完整，具体规模见示意图。其门洞深1.9米，门洞内高4.02米，门洞顶深1.74米。外寨门因修路破坏殆尽，其宽度为2.88米。外寨门到内寨门的路宽3.53米。同心寨内部有9栋房屋，房屋分布见示意图。1号房子长10.34米，宽8.1米，高4.23米，房脊高5.8米。2号房子长4.1米，宽4.75米，高2.87米。3号房子和4号房子是连在一起的，其具体布

同心寨航拍图

同心寨寨墙

同心寨内寨大门外部

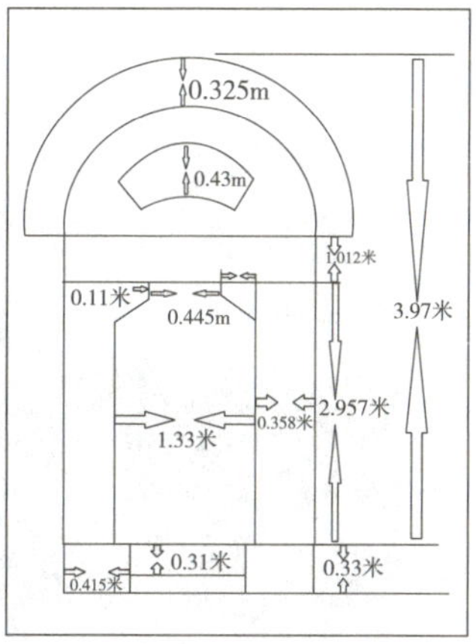

同心寨大门示意图

同心寨内寨大门门洞

局见示意图，3号房子高为6.87米。4号房子高4.1米。5号房子长8.05米，宽6.58米，高2.46米，房脊高4.1米。6号房子长8.97米 ，宽4米，高2.75米。7号房子长7.18米，宽5.1米，高1.92米，房脊高3.26米。8号房子长10.7米，宽5.08米，高1.86米，房脊高3.55米。9号房子长10.31米，宽5.08米，高3.91米。院内遗存有一个柱子，宽0. 265米，高0.725米。

同心寨外寨大寨门遗址

同心寨外寨门到内寨门的路

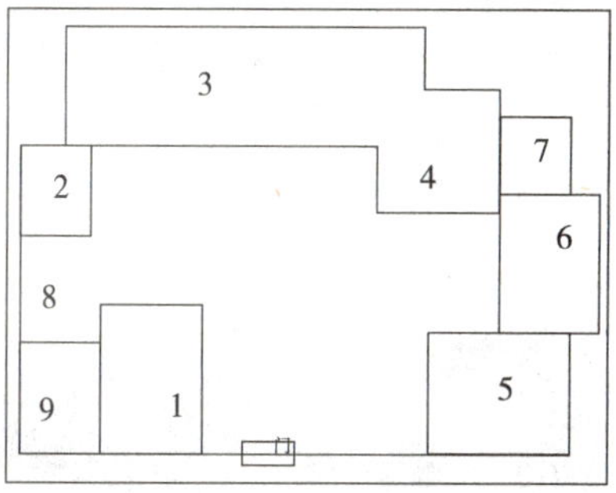

同心寨房屋分布示意图

同心寨1号房子

同心寨2号房子

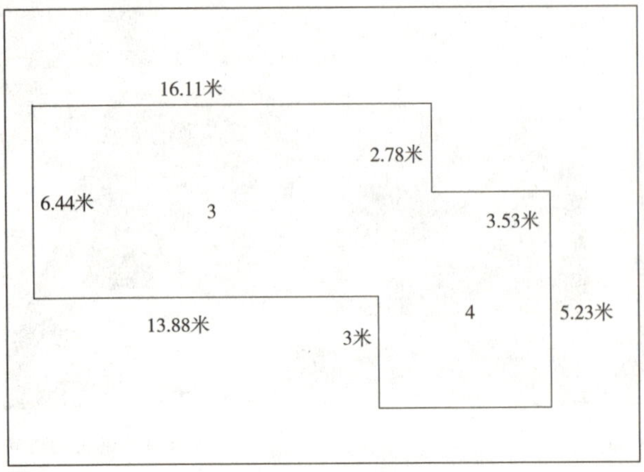

同心寨3、4号房子示意图

同心寨3号房子

同心寨4号房子

同心寨5号房子

同心寨6号房子

同心寨7号房子

同心寨8号房子

同心寨内寨柱子

9.五龙寨

11月7日一早，我们赶到五龙寨，受到了当地居民的热情招待，77岁的周合清队长为我们介绍了五龙寨四个寨门（易家寨门、龚家寨门、大寨门、小寨门）和寨墙的范围。五龙寨现位于鹤游镇金钱村7组，地理位置为30°4′48″N，107°20′15″E。四个寨门中只有易家寨门尚有遗存，其余寨门破坏殆尽。易家寨门左边遗存寨墙长5.22米，遗存平均高度为1.39米。右边遗存寨墙长24.87米，平均高度为3.2米。

五龙寨航拍图

五龙寨易家寨门遗存

五龙寨易家寨门左边遗存寨墙

五龙寨易家寨门右边遗存寨墙

原龚家寨门

原大寨门

原小寨门

陶家上寨航拍图

10.陶家上寨

测量完五龙寨我们便马不停蹄地赶到陶家上寨，在政府工作人员的帮助下，我们对陶家上寨的遗存进行了测量。陶家上寨现位于鹤游镇人民政府后面，其地理位置为30°4′52″N，107°21′7″E。由于民居的建设，陶家上寨毁坏严重，只有一小部分寨墙和部分碉楼尚存。碉楼长2.995米，宽3.39米，墙体高度为0.98米，墙体加石壁高度为2.68米。寨墙遗存共长47.33米，其中一段寨墙保存较好，其平均高度为1.885米。遗迹中还残留有两个小柱子，其中一个高0.54米，直径为0.325米，另一个高0.915米，直径为0.27米。

陶家上寨碉楼遗存

陶家上寨寨墙

陶家上寨遗存柱子

陶家上寨遗存柱子

（三）大卡

11月6日下午，我们对4个大卡进行了定位测量。由于年代久远，大卡多被杂草掩盖，很难确定。在这过程中，多亏当地老乡的热情指路，我们才不至于找错位置。

村民带我们去柴林坡大卡

1.柴林坡大卡

柴林坡大卡位于现在鹤游镇金钱村7组，地理坐标为30°5′2″N，107°19′47″E。大卡宽2.58米，右边径深10.9米，平均高度为1.475米，左边径深4.96米，平均高度为1.18米。

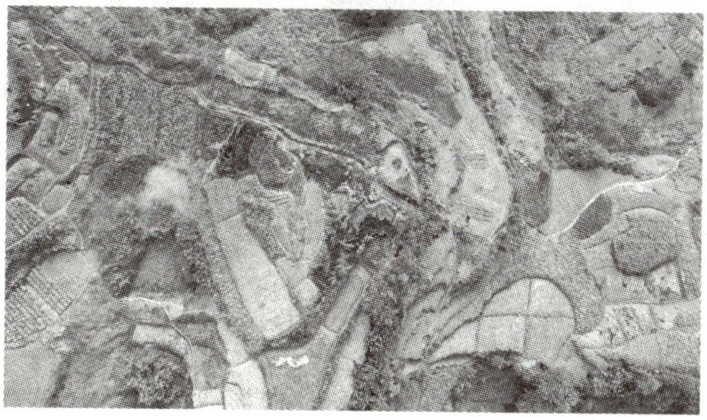

柴林坡大卡航拍图

柴林坡大卡

柴林坡大卡右侧

柴林坡大卡左侧

曾家沟大卡航拍图

2.曾家沟大卡

曾家沟大卡位于现在鹤游镇群丰村2组，地理坐标为30°4′21″N，107°19′52″E。大卡宽1.555米，左边存高为0.385米，右边为0.595米。左边护墙分为内外两侧，内侧护墙长9.39米，平均高度为1.53米，外侧护墙长5.98米，平均高度为1.585米。右边护墙长11.55米，平均高度为2.12米。

曾家沟大卡

曾家沟大卡左护墙内侧

曾家沟大卡左护墙外侧

曾家沟大卡右护墙

3.孙家沟大卡

孙家沟大卡位于砚台镇金钟村2组，地理坐标为30°6′42″N,107°20′56″E。大卡宽3.15米，左边护墙长3.25米，高1.9米，右边护墙长5.76米，高2.65米。径深5.23米，平均高度为0.6425米。

孙家沟大卡航拍图

孙家沟大卡

孙家沟大卡左护墙

孙家沟大卡右护墙

孙家沟大卡径深

金钱寺大卡航拍图

金钱寺大卡

4.金钱寺大卡

金钱寺大卡现位于鹤游镇金钱村4组，地理坐标为30°5′42″N,107°20′28″E。由于修路的原因，金钱寺大卡已不复存在。只能根据当地老乡的介绍，判断大卡的所在位置。大卡周围为悬崖峭壁，是绝佳的保护屏障。

三、价值分析

（一）历史人文价值

鹤游坪所在的川东北地区，自古以来就是兵家必争之地。建筑寨堡、保卫家园一直是当地人们的传统。鹤游坪寨堡大规模的修建是在嘉庆年间，四川白莲教军在川东北地区相继起事，随着教军势力的不断扩大，严重破坏了四川地区的经济发展及社会稳定。为了扼制教军势力，重新恢复四川地区社会经济稳定发展，从嘉庆七年（1802）起，涪州分州州同殷辂和以后的续任州同便带领同署官员，组织动员鹤游坪的全体绅士和民众，建筑城堡，共同防御白莲教。在防御白莲教的过程中，鹤游坪发挥了重要的作用。

其次，从现存的鹤游坪遗迹来看，其数量丰富，且研究价值高。如保存的城墙、寨门、天井、房屋的样式等，个别地方还有石刻文字，这些都具有研究的意义。同时还有不少传说故事，如白莲教起义、历史英雄人物等，这些珍贵的资料都是我们研究历史不可或缺的。

（二）建筑价值

鹤游坪寨堡的选址和布局都较为精巧，寨墙大多是沿悬崖绝壁的岩石而建，大量使用条石，石头硬度大，形状比较规则，寨内的建筑设计样式多种多样。如大有寨整体呈月牙形，且分为内寨和外寨，这在其他地方是不多见的。因此，从整体上看，鹤游坪寨堡的建筑具有多样性，同当地的地理环境、经济、政治等息息相关，对于我们了解本地的建筑文化具有十分重要的意义，同时对于城市规划和新农村建设也具有重要的借鉴作用。

（三）军事价值

鹤游坪古寨堡有着极强的防御性作用，在鹤游坪官民的集体努力下，鹤游坪寨堡群逐渐形成了一个能够抵御强大进攻力量的综合防御体系，它不仅能够发挥防御作用，同时其居高临下的特殊地理位置也十分有利于进攻。从微观的角度来看，这对于鹤游坪本身的安宁起到了决定性的作用，从整个战争史的发展来看，鹤游坪的军事防御是巴蜀地区人民抵御敌军的一部分，在抵御白莲教的进攻中，分州古城同其他城寨一样浴血奋战，因此，鹤游坪的军事价值是不可估量的。

四、结　语

对于鹤游坪古寨堡，前人已经进行过多次调查，但研究成果颇少。之前的调查都比较粗糙，大多为地理位置、遗迹情况等简要介绍，而没有遗迹具体的数据。为此，笔者进行了较为详细的实地调查，并且查阅了相关的文献资料，以便于补充缺失、纠正谬误，为以后系统深入的探究奠定基础。笔者一共参与调查了分州古城和十个寨堡、四个大卡，根据实际田野调查来看，鹤游坪寨堡目前的保护状况堪忧，总体来说就是自生自灭，保护规划非常滞后，缺乏妥善的保护政策。由于社会的发展，城乡基础设施建设加快，对于鹤游坪古寨堡的破坏非常严重。此外，由于寨堡大多依山而建，对寨堡内的住户而言有诸多不便之处，尤其是取水、用水比较麻烦，所以大多居民都搬离寨堡，对寨堡的维护也随之减少。分州古城共四个城门，只有南门和东门遗迹保存较为完整，其余两个城门皆被破坏殆尽。城墙有部分保留下来，但大部分为残垣断壁。十个遗存的寨堡中，只有大有寨、刘家寨和清平寨的遗迹保存较为完整，其余的寨堡破坏严重，有的寨堡仅剩基址存在，有的寨堡连基址都已被破坏殆尽。四个大卡中，曾家沟、孙家沟、柴林坡遗迹保存较好，金钱寺则由于道路建设破坏较严重，只能根据村民口述来确定其位置，无法进行实际测量。当前鹤游坪寨堡的保护状况不容乐观，需要政府、民众共同努力，由政府主导，加强基础研究，扩大宣传，增强保护意识，在此基础上方可谈及下一步的开发利用问题。

山沟中的“小社会”
——重庆双溪机械厂考察札记

张勇

作者简介

张勇，男，四川外国语大学社会学系教授、三线建设与社会发展研究所所长，历史地理学博士。主要从事社会史、历史地理等领域研究，近年尤为关注三线建设研究，主持有国家社科基金项目“西南地区三线建设单位的社会文化变迁研究”。

2016年11月，我到重庆市綦江区的东溪镇参加一场关于移民文化的学术研讨会。綦江是我的家乡，此前我也曾来过东溪，因而对这座古镇略知一二。东溪镇历史久远，渝黔古道穿场而过，綦河边的码头一度商船云集，颇为繁盛。明清时期，有大量外省移民迁徙至此，至今还保留有多处祠庙和会馆。然而，东溪并非我此行真正的目的地。在东溪镇20多千米外的一处山沟中，隐藏着一家当年的军工企业——双溪机械厂（代号107厂），曾居住着另一群外省移民，它才是我这次田野调查的目标。

一、曾经繁盛的场镇

在20世纪60年代中期，由于我国周边局势急剧恶化，国家出于战备考虑，进行三线建设。重庆由于工业基础雄厚，因而成为三线建设的重点地区之一。中央决定，以重庆为中心，用三年或者稍长一些时间，建立起一个能生产常规武器并且有相应的原材料和必要机械制造业的工业基地，重庆被确定为建设常规武器的工业重镇。三线建设时期，在重庆及周边地区建设了大约40家军工企业。地处綦江的双溪机械厂就是其中的一家，专门生产和组装大口径加农炮。

近几年，我考察过不少三线企业，但位于家乡的这家三线兵工厂却从未去过，实在有些惭愧。此次来到与它相距不远的东溪镇，我自然不能抱憾而归，决定前去调研。于是，在会议的第二天，我就与西南政法大学的梁勇教授一道，开车前往双溪机械厂。梁勇师从郑振满、赵世瑜等史学名家，主治明清以来的区域社会史，尤其对清代西南地区的移民颇有研究。我俩虽然研究方向各不相同，但都对社会史、移民等问题颇为关注。我一边开车，一边向梁勇介绍三线建设、三线企业及移民的有关情况，他对这些问题也颇有兴致，我俩聊得甚是投机。

小鱼沱已经废弃的铁路

綦江位于重庆南端，与贵州省接壤。我们从东溪镇出发，一路向南，沿途重峦叠嶂，连绵不断。到赶水镇后，再沿着綦江的支流洋渡河前行，很快便来到了河边的一处场镇——小鱼沱。在这里，一条锈迹斑斑的铁路穿过场镇，旁边矗立着一座蒸汽机火车头，似乎仍轰隆隆地向前驶来。在铁路两边，一栋栋青砖砌成的老旧房屋里还住着人，隐约在述说着这里曾经的繁华。

当年，小鱼沱附近由于有丰富的煤、铁等资源，兴建起了綦江铁矿等好几家工厂，当地的铁矿石、煤炭都通过这条铁路源源不断地运出去。小鱼沱居民还说，他们亲眼所见，双溪机械厂组装的大炮，通过汽车拉到这里后，再用火车运出去，那时的小鱼沱车站很是忙碌。可惜，随着这几家企业的相继倒闭，曾经繁华的小鱼沱变得萧条起来。

二、他者眼中的双溪厂

从小鱼沱继续前行，沿途的群山愈发高耸，我们在山腰的公路上不断盘旋。不久汽车驶上一座高架桥，眼前出现了一幕令人震撼的景象：桥下两侧峭壁林立，中间一条小溪静静地流过，溪畔高大的烟囱突兀而起，左侧山坡上几栋楼房依次排开。我们仿佛来到了另外一个世界，难道这就是双溪机械厂吗？

我们开到楼房前，询问路边的老乡，得知这里果然就是双溪厂的外围地带。要去厂区，需要从旁边的支公路下到沟底，再沿小溪前行。

双溪厂的外围

这条老旧的公路弯弯曲曲，通往沟底。刚刚驶入，我们就看见公路一侧砌有一排青砖平房，一位老人正坐在屋前的空坝上晒太阳。我们将车停在路边，和老人攀谈起来，得知老人名叫林先金，是当地的农民。他告诉我们，以前这里就是双溪厂的生活区，公路两旁和整个山坡上满是职工及家属的宿舍、楼房。可放眼望去，除了一堆堆的砖头和依稀可见的地基外，哪里还有工厂生活区的影子？早拆完了，林先金说，只剩下他住的这一排平房了。我们所站的地方，以前是县粮食局建的粮站。他住的房子原是粮站的，粮站撤销后，他就自己买下来住了。他还说，门前这条公路是以前从赶水镇去往打通镇的主路，因此在粮站附近还设有车站，工厂职工和周边农民都来这里坐车。

林先金回忆说，双溪厂兴建时，奉行少占良田的原则，周边农村被征占的耕地较少。但工厂附近的三个生产队却划为蔬菜队，专门种蔬菜供给工厂。说到这里，林先金脸上洋溢着得意的神情，“我们蔬菜队吃的是供应粮，要发粮票和油票，一个月每人20多斤米，4两油呢”，“蔬菜队的人不同于农业队的人，比他们要跩些”。显然在他眼中，蔬菜队人的身份比从事普通农业生产的农民要好很多。

那么，林先金他们又是怎么看双溪厂人的呢？他说：“双溪厂的人很跩的，皮鞋擦得亮，看不起周围人，包括铁矿厂的也瞧不起。”确实，当时拥有先进工业技术的三线职工，既有旱涝保收的工资收入，又能享受近似城里人一样的娱乐生活，自然会产生一种先天性的优越感。

这让我想到了台湾人类学家王明珂先生提出的“一截骂一截”的族群认同现象。三线工厂周边也存在着相似的情况：三线厂的人瞧不起周围的农村人（包括蔬菜队和农业队的人），蔬菜队的人又瞧不起农业队的人。而反过来的情况就是，农业队的人羡慕蔬菜队和三线厂的人，蔬菜队的人又羡慕三线厂的人。其实，在人类社会的各阶层、各群体中又何尝不是如此？即使在计划经济时代，不同生产方式和生活方式的人群之间，也存在着这种由身份、地位差别所带来的“他们”与“我们”之间的界域分明的意识鸿沟。

林先金说，双溪厂医院的水平高，子弟校也不错，但遗憾的是，周围农村的孩子不能到子弟校读书。他不清楚什么三线企业，只知道双溪厂是兵工厂，有驻厂部队，厂区有人站岗，外人不能随意进出，到工厂挑粪也需要有通行证（俗称“粪证”）。可见，三线军工企业和周边农村保持着较大的区隔，围墙内外是两个不同的世界。

访谈当地居民林先金

不过，双溪厂建在这里，对他们还是产生了很大的影响。林先金认为，周边农民可以通过卖菜、卖肉等方式挣钱，获得不少好处。但双溪厂搬走之后，情况就改变了，他们除了卖东西、挣钱不容易之外，“买东西也不方便，什么都不方便”。在林先金房屋的墙上，还残留着大大的“洗车”字样，看来以前他经营过洗车的业务。但如今双溪厂搬走了，这条公路也不再是干道，还有多少人会到这里来洗车呢？老人在我们离开时，仍一直念叨着，希望能有新的工厂入驻，建在这里。

三、夹皮沟里的张家坝

告别林先金后，我们从这条曲折的公路下到沟底，再沿着沟底的小溪前行，很快就来到了双溪厂的生产区大门。

出行之前，我在查阅双溪厂相关资料时，看到过一则玩笑话：双溪厂男职工自豪地说，其他地方都是一夫一妻，而他们有两个“妻”。原来在川渝方言中，“溪”字常常被读作qī，和“妻”发音相同。站在工厂大门左侧的石桥上，我果然见到了上游的这两条溪水。在山沟中间仅存的这小块平地处，左、右两条小溪汇聚成一条河水，故名“双溪”。网上有资料介绍，这两条小溪分别叫石龙河和洋渡河。但事后我询问本厂人，他们却异口同声地告诉我，这就是两条根本没有名字的小溪！连双溪厂人都不知道它们的名字，或许是因为以前这里实在太偏僻了吧。

选择在如此偏僻的地方建厂，是因为三线建设主要是基于战备的考虑而实施的。三线企业在选址时，要遵循“靠山、分散、隐蔽”的原则，军工企业更是要求严格，有的车间甚至建在山洞里。站在双溪厂的大门口，我们真切地感受到“山、散、洞”选址方针执行得有多么彻底。四周群山环绕，峭壁林立，在陡峭的山谷中间，只有一条交汇后的小溪通向外界。网络上，有人把这条山沟称为“夹皮沟”，这个名字让我联想到了《智取威虎山》中小分队剿匪的前哨站——位于东北黑龙江的一个小山村，它的名字就叫“夹皮沟”。是不是因为双溪厂的主包厂来自黑龙江，从那里迁徙

群山环抱中的张家坝

双溪厂生产区的大门

过来的职工就以此名戏称工厂现在所处的山沟呢？不过，此夹皮沟可要偏僻且险峻了许多！

在工厂的大门旁，还醒目地挂着“国营一〇七厂军品试验基地”的牌子。两侧的水泥柱子浇筑得结实而高大，彰显着兵工厂往昔的威严气势。站在大门口，我脑海中不由浮现出一幅上下班时，职工快步行走、络绎不绝的热闹场景。迈入大门，居然还看见了几栋气派的楼房，这是当年的办公楼和生产车间，它们仍完整地保留了下来。双溪厂四周山陡谷深，好不容易在两溪交汇之处才有这一小块平地，当地人称“张家坝”。工厂在兴建时，自然就将办公楼和生产车间选在了此地。

根据资料记载，早在抗战时期，由广西内迁至重庆的原第四十兵工厂（广西第一兵工厂）就建在张家坝。1964年，第五机械工业部派人在綦江地区选址，经过勘查，最终将厂址定在了这个山沟中。1965年3月10日，由东北齐齐哈尔和平机械厂、太原晋西机械厂等企业抽调技术人员组成的基建、设备、水电等建厂先头部队抵达了张家坝，准备开工建厂。西南地区多喀斯特地形，张家坝附近更是暗河、溶洞密布，土地贫瘠。这里有3个天然的大溶洞，适合隐蔽，进行保密生产。大部分车间建在冬暖夏凉的山洞里，采光全靠电灯。山洞不是笔直的，洞里高低不平，生产需用的行车、轨道等依据自然的山洞走向，一段一段地修建。

在工厂门口，抬头就能看到一座极为陡峭险峻的山崖矗立在对面。三个天然的溶洞就隐藏于山体之中，其中一号洞最高，从山下进入洞中必须通过一条百余米长的缆车道。工人上下班或运送生产材料都需要这条缆车，因为这匹山太高太险，根本无法修筑公路。站在山脚下，我们还能清楚地看见通往一号洞的缆车道，但上面的铁轨却早已被拆光，不知如何才能上到洞里。

四、留守打靶场的梁师傅

参观厂房、办公楼后，已是中午1点过，我们腹中开始咕咕作响，恰好发现一栋楼中开有餐馆，决定填饱肚子再继续考察。吃饭时，我向餐馆老板询问，对面巉岩峭壁上的一号洞看似无路可上，我们该从哪里上去呢？老板告知，沿着左侧小溪，走到山崖的后面，才有路上山。

在左侧的小溪旁，修有一条小公路。我们开车进去，来到山崖的背后，发现居然还住有一户人家。走近房前，我们看到了一大块平整的水泥地，中间用钢铁框出了一个长方形的大坑，旁边造型怪异的水泥墙上用红漆写着“打靶场”等字样。这是什么地方呢？我们正在疑惑时，从屋里走出了一位六七十岁的老人，他挽着袖口，衣服上还沾着些许泥土。老人告诉我们，这是当年双溪厂试射大炮的地方，大坑就是用来摆放大炮的，炮弹直接发射到小溪对面的石壁上，还打出了深深的洞坑。原来，“打靶场”打的可是炮弹呀！

当年试射大炮的打靶场

得知我们的来历后，老人请我们到屋前坐下聊天。我们得知，他叫梁龙田，竟是原双溪厂的职工。梁师傅是綦江赶水人，1966年通过招工进入双溪厂。他介绍说，当时双溪厂从重庆许多区县的农村招人，招收的人要符合三个方面的条件：成分好，要是贫下中农；要有小学以上文化程度；体检也要合格。显然，和很多三线军工企业一样，双溪厂在招工时也很看重政治成分。梁师傅说，经过培训后，他分到了总装车间，专门负责组装大炮。他在双溪厂干了30多年，组装了三四千门大炮，包括加农炮、火箭炮、榴弹炮等，大炮出厂前都要经过他的手。他的一席话令我们肃然起敬。按照要求，每一门大炮生产出来以后，都必须进行试射，试射成功才能交给部队。厂里为了试验所生产大炮的性能，就修建了这个打靶场。

梁师傅来自周边农村，他的妻子结婚后仍在家务农。直到1986年，妻子、儿子的户口才办到厂里来，他也因此被厂里安排值守打靶场，和妻儿同住这里，看守一些陈旧设备。1997年，双溪机械厂实行“军转民”，全厂搬迁到巴南的鱼洞镇。梁龙田和妻子商量多次，还是割舍不下工作多年的双溪，选择了留守看厂。自己生产的大炮，都要经过打靶场的检验，因而梁龙田对打靶场情有独钟。经厂里同意后，他和妻子一起，在打靶场边修了几间住房，后来又修了一口池塘，养点鱼，把打靶场边的坡地开垦出来，种些蔬菜，开始了自给自足的农耕生活。后来，他俩和二儿子一块搞起了“农家乐”，生意好的时候一年可以有10多万的收入。不过，附近的松藻煤矿、綦江铁矿倒闭后，他们的生意也受到了影响。

五、五脏俱全的“小社会”

由于梁师傅熟悉本厂情况，我们邀请他做向导。他先带我们去参观一号洞。他告诉我们，一号洞原有的缆车早已被拆除，现在想要上去必须通过后山的小路。打靶场正好在山背面，从农家乐就能清楚地看见半山腰上的一号洞洞口。我们驾车回开一段路后，果然看到了旁边有一条羊肠小道通向山腰。费力地爬过陡峭的山路，来到一号洞前，我们却遗憾地发现洞口已被铁门紧锁。梁师傅告诉我们，双溪厂搬走之后，山洞就被人利用来种植蘑菇，这应该是他们锁上的。当年工厂最重要的工序——加工炮管，全是在这个山洞中进行的。直到1972年生产车间在山下建成后，大炮组装等工序才得以在厂房中完成。

三线建设时，提倡“先生产、后生活”，因而先修建公路和车间厂房，再兴建家属楼、医院、学校等配套设施。据建厂人员回忆，当初进出厂区没有公路，只有一条人行的羊肠小道，恰逢春季枯水期，建厂的先头部队利用小溪铺出了一条临时的行车便道。山地修路颇为不易，正式修路的时候还成立了一个民工队。同时，还派了外地的建筑公司来修建厂房，其中有来自山东著名的泰安建筑公司，据说这家公司曾参加过人民大会堂的修建。来到山脚的二号洞、三号洞前，我们在山洞旁的砖墙上，看到了当年建筑公司留下的标记，清晰地写着“山东太建一工区第一施工队，建于1965年12月”的字样。此外，“抓革命、促生产”等那个年代特有的标语也随处可见。

远眺一号洞洞口

除了山洞中的车间外，所有的厂房、办公楼、家属楼、学校等都是在山地、坡地上因地制宜地修建。据梁师傅介绍，工厂的生活区分为一区和二区，两个地方隔着条小河。经过建设者们加班加点的工作，渐渐地有了成片的宿舍、办公地点、家属区、医院、学校、邮局、银行、粮店、菜店......该有的一切，慢慢地都建了起来。在偏僻的山沟里，逐渐形成了一个麻雀虽小，五脏俱全的单位“小社会”。

我曾撰文分析过三线企业的性质：三线企业是在计划经济时代，国家大力支持下营建起来的国有企业，它和其他单位一样具有经济、政治、社会三位一体的功能。在计划经济体制下，企业代表国家对职工负起生老病死的无限义务，向其提供就业、住房、医疗、娱乐等社会保障服务。加之地处偏僻的农村、山区，三线企业为寻求生存，不得不搞“小而全”、“大而全”，尽可能做到配套成龙，工厂里的各种生活、医疗、教育设施一应俱全，从而成为一个相对封闭的“小社会”。由于受地理环境和形成背景的影响，作为介于城乡之间的一种特殊单位社会，三线企业有着不同于普通单位组织的一些特点：和城市中的企业相比，三线企业的地理位置偏僻，封闭性和自给自足性更强，一定程度上呈现出文化孤岛特征；作为

“嵌入式”企业，内部形成了颇具特色的移民文化；外来文化与本地文化、城市文明与乡村文明在这里进行碰撞与融合，形成了独特的“厂文化”①。

双溪厂的生产车间

其实，我对这种“单位社会”的特点有着切身的感受。我父亲所在的工厂，是为三线建设配套的民用企业，虽然不如双溪厂所在的张家坝般偏僻、险峻，但也地处山坳之中，同样有着“小社会”所具有的一切机构和设施。幼年时，我曾多次到父亲的工厂里玩耍，进车间，泡澡堂，看电影，感受着工厂“优越”的福利生活。春节期间，厂里还会在灯光球场举办节目表演，印象最深的莫过于压轴的“打铁水”。当一队队工人欢快地舞龙前行时，旁边的伙伴却舀上一瓢瓢烧得早已熔化了的铁水，使劲往他们身上泼去，顿时火花四溅，惊呼声不断，晚会的气氛也达到高潮。那时，山坳中的工厂人，在封闭的“单位社会”中自给自足，过得似乎没有压力。

六、当辉煌已成过去

到了20世纪80年代，这种自给自足的状况开始出现巨大的变化。随着国际形势的好转，为应对战争爆发而建立起来的一些以军品生产为主的三线企业，生产任务锐减，经济效益下降。有的三线工厂由于选址时进山太远，进洞太深，布局过于分散，还存在严重的滑坡、泥石流、山洪等自然灾害，企业财产和职工生命安全受到威胁。同时，更存在交通运输不便、生产配套困难、生产成本偏高、市场竞争乏力、信息不灵、投资环境差、职工队伍不稳定、人才流失严重等问题。因此，国家制定了“调整改造，发挥作用”的八字方针，对三线企业进行调整改造。双溪厂和其他三线军工企业一样，也面临着这些严重的问题，因而被纳入到三线调整搬迁的计划中来。

1988年10月，作为重庆三线调整搬迁母体的大江厂成立。1990年5月17日，大江厂破土动工。1998年1月，新华社向全国播发了一条消息，标题是“重庆大江总厂兼并双溪、庆岩”。2000年，大江厂终于成功完成了9个军工企业的搬迁任务，3.7万名职工和6万多家属从山沟里走了出来。2003年，包括双溪厂在内的9家实施搬迁的三线企业，全部合并入新设立的重庆大江工业集团。至此，重庆双溪机械厂完成了它的历史使命。

梁师傅告诉我们，双溪厂搬迁后，职工和家属几乎全部去了大江厂所在的巴南鱼洞。工厂只派了两三个年轻人看守老厂区，如今的老厂区日渐衰败，留存下来的几座车间厂房，利用率也很

① 详情可参见拙文：《介于城乡之间的单位社会：三线建设企业性质探析》，《江西社会科学》2015年第10期。

低。他带我们四处看了看。我们发现，这几座车间厂房已是破旧不堪，蒙满灰尘，只有总装厂房悬挂着“净水材料厂”的牌子，据说是精煤厂在使用，却不见任何动静。从以前幼儿园的房屋里，传出了阵阵鸡叫声，看来是用来做养鸡场了。在三号洞中，有人正在施工装修，准备布置来做“农家乐”。全国有很多类似的三线企业，在调整搬迁之后都留下了大量的车间、厂房、宿舍等遗址，如何保护并利用好这些工业遗址，是摆在当地政府和有关人士面前的一个难题。目前，一些地方已开始有意识地利用三线建设遗址，如重庆涪陵的816核工程、贵州遵义的1964文化创意园在原址基础上进行了开发，四川攀枝花、贵州六盘水等地也建起了三线建设主题博物馆。但从全国范围来看，三线工业遗址数量众多，并且大多位置偏僻，因此想要很好地保护并利用，殊为不易。

参观完生产区之后，梁师傅继续带我们去看生活二区。二区同样建在山坡上，汽车艰难地开上山顶，一片荒芜的坡地出现在我们面前。除了茂盛的草丛间隐约可见的地基和砖块外，这里已没有任何建筑。梁师傅指着一堆草丛说，请帮我在这里照一张相吧，以前我就住在这儿呢！他介绍，这里就是他们以前的家属区，曾修了很多栋单身宿舍和家属楼房，还建有一所子弟小学。

此时，我不由想起了我的一位高中同学兼室友。他就是一名来自双溪厂的子弟，不知是不是出于保密的原因，读书时很少向我们谈起他们工厂的事情。如今，三线子弟们早已走出了封闭的山沟，开启了各自不同的人生轨迹。我无法知晓，曾经在山沟的工厂中成长、生活的这段经历，带给了他们什么样的影响？唯一能确定的是，几乎所有的当代中国人，都在三线建设、“文化大革命”、改革开放等历史洪流中浮浮沉沉，书写着自己的故事，而三线建设留给当事人——三线建设者及子女的历史烙印，或许会比常人深一些吧。

梁师傅在他住过的宿舍前留影

离别时，梁师傅坚持送我们到了厂区下游的桥边。他真诚地邀请，希望我们下次能再到这里来看看。好的，我回答道。同时，也在心里默默地说，我会的，我会一直关注三线企业，关注“三线人”的！

补记：2018年5月，我带领两名学生重访双溪厂。我们仍邀请梁师傅协助，访谈了多位原双溪厂的职工及家属。其中，“半边户”家庭（即夫妻中一人为工人，一人为农民）的生活和命运，最让人感慨。

中外田野学术交流

峡江一瞥（下）

[英]蒲兰田著，张铭、李娟娟译

作者简介

蒲兰田（1866—1921），男，中国海关税务司长江上游河段首任巡江工司，曾主持在三峡航道上设置航标，建立信号系统，撰写船长手册，并培训了数百名中外领航员。

译者简介：

张铭，男，1987年生，四川德昌人，贵州民族大学民族学与社会学学院讲师，历史学博士，研究方向为西南历史地理、社会经济史。

李娟娟，女，1988年生，重庆城口人，西南大学历史文化学院博士，研究方向为专门史。

第三章　长江上游的轮船

“在长江上游能否航行汽轮？”这一问题是阿奇博尔德·立德先生于1889年提出的。他成功地筹集到一笔必要的资金，建造了一艘叫“固陵”号的小型蒸汽轮船，可是，由于中国政府的反对，这艘小轮船不允许航行到宜昌以上。后来，这艘轮船被出售给了中国轮船招商局，从此之后“固陵”号一直在汉口和宜昌之间的航道上运营。

英国皇家海军“野鸭”号军舰

在长江上游能否航行汽轮的问题，就这样一直被搁置到了1898年。当阿奇博尔德·立德先生没有被先前的挫折打倒，并且获得了在北京的英国大使更好的支持后，他又重新开始探索长江上游能否航行轮船这一规划方案，并且建造了一艘名叫“利川”号的轮船。凭借着这艘轮船，阿奇博尔德·立德先生在经历了三周从宜昌溯江而上的危险旅程后，于1898年3月8日到达了重庆。他的《扁舟过三峡》第三版里，即呈现了关于这次航行的有趣记载。

英国皇家海军“金沙”号军舰，即原“肇通”号轮船

在证明长江上游航行轮船是可行之举后，阿奇博尔德·立德先生用一艘快速明轮船更换了他原来那艘“利川”号轮船。这艘 “肇通”号快速明轮船是由来自登巴顿郡的丹尼先生建造的，专门用于在宜昌到重庆之间航行。与此同时，驻扎在长江中游宜昌城的“山鹬”号（Woodcock）和“云雀”号（Woodlark）两艘吃水较浅的炮艇，接到命令前往重庆。他们从宜昌出发，经历了31天艰难困苦的旅程，于1900年5月7日抵达重庆。

同年6月，“肇通”号快速明轮船来到宜昌，并且在七天内完成了她从宜昌到重庆的处女航。

这艘“肇通”号轮船，有180英尺长，60英尺宽，吃水超过6英尺。她载着150吨的货物和一些乘客便出发了，这次到重庆的航行能够成功，主要归功于阿奇博尔德·立德先生的不懈努力。他成为到达重庆经商的英国商人的先驱者，也是开启从汉口逆江而上到达重庆的轮船航运先驱者，将轮船航运的航程向中国内陆又推进了800英里。然而，不幸的是，立德先生不能继续他的伟业。

“隆茂”号轮船

阿奇博尔德·立德先生的“利川”号轮船

“蜀通”号轮船及其宽大的拖船

“蜀亨”号轮船

当“肇通”号历经艰辛到达重庆的时候，义和团运动爆发了，“肇通”号被征用并被卖给英国政府，英国政府将其改装成了一艘炮艇。

接着，德国轮船“瑞生”号在其首航中于崆岭滩的失事让长江上游的商船航行探索计划陷于停滞，尽管直到1908年仍然有炮艇偶尔在最安全的通航季节巡航至重庆。这段时期一直是中国人自己在探讨在长江上游商船通航问题。重庆和成都的商人，与政府官员组成了一个叫“川江行轮有限公司”的辛迪加型的企业，这一企业以“蜀通”号火轮的运营起家。“蜀通”号是由英国桑尼克罗夫特（Messrs. Thornycrofts）造船厂建造的，主要就是用来开辟长江上游的商船通航航道并进行商业运营。她是一艘拖轮，旁边绑拖着一艘驳船，驳船能装载60吨货物，并能塞进非常多的乘客，通常能塞进300多名乘客。“川江行轮有限公司”在宜昌和重庆之间建立了一条或多或少还有点规律的航线，每年有八九个月是通航的。“川江行轮有限公司”的意图是提升轮船在浅滩的通行率，这样的话这艘小轮船在枯水期也能够通航，但是麻烦接踵而至，这一计划也就搁置了。“蜀通”号和与它捆绑在一起的驳船，通常被称为“双胞胎”船，它们在枯水期也在通航，在经过不能自行通过的险滩时，只能借助于强有力的绞盘和一根系在岸上的钢绳，施绞上滩。这时船可能会颠簸得很厉害，经常伴着千钧一发般的危险。然而，得益于这一强有力的拖船和她拖行的驳船能够长期通航，她的主人挣了足够的钱，购买另一艘火轮，即“蜀亨”号，是由英国鸭丝厂（Yarrows）在1913年建造的，这是一艘船体更大、动力更强的明轮船。在适合通航的季节，能够在最糟糕的时期通过激流险滩，而不需要绞船索牵引的帮助。她每个航次的定期到达及平时的表现，证明了她适合在长江上游航行。人们会认为，受到这样的刺激后，在长江下游运营大型船舶的公司会尽快将轮船投入到长江上游的运营中。但在1908年，却由中国人抢占了先机。事实上，当笔者于1901年恳请一家重要英国公司以较小的规模实施这一计划时，他们就开展运营的话，那么如今，一支规模庞大、组织完备、收益可观的船队应该已经在这些水域占据主导权，就不会因近来中国人投入粗劣、廉价船只而接连发生船毁人亡的惨剧了。可是，笔者，就像他的前辈和赞助人阿奇博尔德·立德先生一样，发现这些先见卓识在他们自己的同胞中是没有用的。因为他在这里没有任何事可以做，他不得不在各个码头之间游走，直到有人能接受他的意见，继承他的衣钵，就像“林仙号”风帆巡航舰舰长吉米·斯塔廷所期望的那样。

对于游客来讲，当他计划一次乘坐轮船穿越峡江的旅行时，事先发一份电报给宜昌方面获取一些轮船航行期间的水文信息和预订他在船上所需要的住宿，是非常明智的。在长江上游乘坐轮船旅行，并不便宜，然而，与乘坐当地又贵又费时的船只相比，不必多言的是乘坐轮船能够节约大量时间。同时考虑到这次旅程中的危险，当地民船是没有买保险的。而且，维护保养船只的费用非常的高。尽管当地船运行业之间的竞争逐渐变得激烈，然而，降价仍旧毫无希望。在相当长一段时间里，势必还会一直如此。

第四章　从夔府到重庆

离开夔府[①]，游客们在进入一段更为宽阔的长江峡谷时，便辞别了雄伟壮丽、蜿蜒崎岖的峡谷风光。两岸的山峰，以缓坡的形式从长江边缓缓收起。这些山峰，因为色彩斑斓的成片耕地而显得更加生动有趣。这幅显得更加柔和且并不单调的风景，不久就被一些圆锥形的小山峰所取代。这些圆锥形的小山峰，因其水平的岩层而显现出险峻而又整齐的轮廓，犹如一座座金字塔。

不过，尽管长江两岸的景色变得更加柔和，长江依旧顽固并难以把握。在夔府到云阳的航程中，枯水期有四个险滩。它们会在夏天洪水到来之际消失，因为它们会被洪水淹没到数英寻深的地方去。

“东洋子”险滩

这四个险滩中的一个即是东洋子（the Tong-yang-tse），它非常有趣。就像绝大多数激流险滩一样，它由奔腾汹涌的支流所带来的碎石构成。这些碎石被堆放在支流所在的峡谷谷口，形成一个扇形的卵石滩屏障，缓缓地延伸至奔腾的长江江水的中间位置，拦住了长江干流。

云阳张飞庙

在东洋子沟谷谷口，大概在四十年前，中国人用石头修建了一座防波石堤。这座石堤，以一定的角度将奔腾汹涌的支流所带来的碎石转移到主河道的下游方向，而不是让这些碎石构成的卵石滩特有的自然弯曲度横跨主河道，从而阻止了锥形乱石滩的继续扩展。石堤上镌刻着四个中国

① 今奉节。——译者

长江云阳段

新龙滩上的小渔夫

汉字，即云清安浪（Yung Ching An Lang）（让长江上的波浪平静是一个永恒的福利），长江上好些危险的航道中，岸上都能看到有类似的碑文被刻在岩石上，例如凿险安浪（Tso-hsien-an-lang）——即开凿岩石，让长江上的险滩惊涛变得平静——等等。这清楚地表明，长期以来，中国人已经意识到改善长江航道的可能性，尽管他们一直未能付诸有效行动并取得成效。

离开夔府上行四十英里后，轮船将我们带到了有城墙环绕的云阳县城，云阳县城和长江上的绝大多数县城一样，位于小河[①]（Hsiao-ho）与长江的交汇处。云阳小河也有其特点，即其适于小船在其河口附近较短距离内通航——云阳沙沱子[②]（Sha-to-tsu）附近十五里的范围内都能通航小船，大概共有150里的河道可通行小船。

云阳县城对面长江右岸（南岸）有一座具有一千多年历史的“张飞庙”（英文名叫Temple of the Ethereal Bell of a Thousand Ages）。张飞庙通常被认为是长江两岸最为美丽独特的庙宇，主要供奉汉代著名的武将张飞。张飞庙是云阳最令人喜爱的郊游聚会胜地。

从云阳逆水而上大约8英里，船将旅客带到了新龙滩（New Dragon Rapid）。枯水季节，新龙滩是从这里到重庆之间最后一处令人生畏的险滩。它是在1896年长江左岸（北岸）的山体滑坡中形成的，长江左岸（北岸）的这座山峰的山麓崩塌之后滑入长江，使这里的江面宽度一下子从800英尺缩减为200英尺，从而使这里出现了一个可怕的险滩，将整个长江宽大的干流束缚起来，呼啸轰鸣，形成了一个水流很急的水槽，激流在这一密布岩石与暗礁的“漕口”（航道）中奔流而下。这段长度最多不过100码的长江，落差竟然达到6英尺或者更高。激流中的漩涡和乱流，更是特别危险。当船舶要从这一密布岩石与暗礁的“漕口”中下行时，必须紧跟并把握好奔腾而下的江水的中轴线。这一中轴线的一边，是众多的漩涡，另一边是人工修建的防波石堤。任何偏移这一中航轴线的航行，当然意味着灾难。因此，征募当地的领航员（滩师），为这一充满危机的险滩提供领航服务（引水过滩），就是最为重要的事情。

逆流上行船只能否顺利通过新龙滩取决于两方面的因素，即船的吃水深度及川江的水位。逆流

① 今汤溪河。——译者
② 今沙市镇。——译者

一艘载重50吨的货船在新龙滩顺流而下

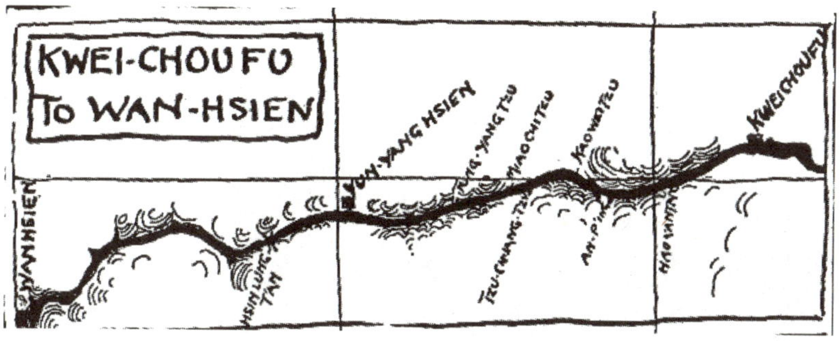

夔州府到万县的航道图

行船通过新龙滩充满了相当多的危险。旅客中信奉“谨慎即大勇，不做无谓的冒险”这一古老格言的人，将会带上他的珍贵物品上岸，步行通过一条非常舒服的小路并舒展一下他的腿脚，轻松地通过新龙滩。如果旅客这样做了，他将会从小路边地势较高的岩石上看到比他待在船只甲板上更为靓丽的风景，并对新龙滩有更为全面的认识。

每年的二、三月，是新龙滩通航条件最差的时节。这段时期的新龙滩最配得上“新龙”这一“光荣”称号。这时新龙滩会呈现出一幅奇特的景象——尽管可能会有点吓人，可怜的船老板不得不历尽艰辛驾驶他那易碎的帆船，通过满布危险的新龙滩。对于在新龙滩通行的帆船来说，幸运的是，随着早春桃花水的到来，江水水位开始迅速增长，涨到一定水位，新龙滩连同在这里通航的危险都会彻底消失。

中国人说，新龙滩在枯水期平均每天都有3个人出事遇难。而在长江上游宜昌和重庆之间，每年平均都有1000名船夫遇难。从我已经目击过的事故，以及船夫们对于人类生命明显无情的漠视来判断，我应该说这一数据是被低估了的。

安全地穿越新龙滩之后，我们收起并盘好结实但很笨重的竹制“头藤”，重新使用较轻的“八尺”牵藤。纤夫们套上这种轻便的牵藤后，兴高采烈地将我们的船拉向万县。万县大概在新龙滩西面约9里格[①]。这一路上急流遍布，除非得益于上行风，否则前行是非常缓慢的。

夜里我们停泊在小江[②]过夜，小江在新龙滩上游六英里处，有一条长江支流[③]在此奔流汇入长江。长江的这条支流在温汤井30里的范围内都能通行小船，其适于通行小船的总里程大约为150里。按照总工程师理查德·伍德·伦道夫的设计，川汉铁路的轨道会从宜昌峡中的南沱开始，一直沿长江北岸通过小江，从这里继续深入中国内陆。

再次起航，经过三英里的航行，轮船将旅客带到了巴阳峡（Eight Cliff Gorge）。这是一个由砂岩组成的的巨大台地，大概有六英里长、六百到七百码宽。长江在这个台地上冲击，开凿出了一条150码宽的水道。巴阳峡垂直的崖壁，在枯水期时候大概高出水面30—40英尺。中等水位时期，巴

① 约27英里。——译者
② 今云阳县双江镇。——译者
③ 即澎溪河。——译者

狐滩[1]附近白水溪上的石桥

石桥连接着万县县城及其郊区

忠县石宝寨

阳峡的这段航道对轮船和帆船来说非常艰险。当江水快要完全淹没这个巨大的台地时，它那狭窄的深水航道变得非常难以辨识定位。

轮船继续逆流而上行驶10英里后，便将旅客带到了万县。万县是一个非常重要的城市，其最别致之处是位于半圆形弯曲的长江河道的顶部，背靠高高的山坡和奇妙的山峰。在这些山峰的峰顶，佛寺能从松树、柏树构成的森林中被辨识出来。一条奔腾汹涌的河流，蜿蜒流淌在群山之间，将城墙围绕的万县城与它外延的郊区分割开来，县城与郊区通过一座非常奇特的天生桥联系起来。顺便说一下，天生桥非常值得一看。在晴朗的日子里，万县附近的长江峡谷景观是非常迷人的。

万县是川东大部分地区的贸易转口港。从万县可以通过大路到四川的省会成都，骑马或者乘轿需要10—14天。万县因其造船厂建造柏木船（cypress wood junk）而著名，但是在船夫中间，万县的出名，主要是因这座城市的姑娘很漂亮。

安全到达万县之后，旅客终于可以舒缓一下他的心情了，这段长途旅程最困难的一半已经平安结束。但是，他不应该太乐观，船舶失事经常在距离重庆仅有几英里的地方发生。很多情况下，这要归咎于中国船员不恰当的疏忽，他们在极度危险的险滩附近，会采取所有防范措施确保安全，但在其他相对安全的河段则粗心大意、听天由命了。在购买纤藤时不明智的压缩经费以节约成本，导致了许多严重的事故。这些纤藤在船运成本清单中会占据很大一部分，船老板经常迫使人们相信已经被岩石磨得破旧不堪的纤藤是安全的，以此节约买一条新纤藤的成本。这些竹子编制的纤藤是极佳的，也足够坚韧。但是，它们

① 蒲兰田错译成TIGER RAPID。——译者

最多只能坚持一次行程，尽管如此，大量的精力也要花费在它们身上。游客对此不必感到惊讶，特别是当他看到拖动上行船只的纤绳深深切入坚硬的岩石而形成的纤绳槽遍布沿江两岸时更会如此。

万县郊区外的轮船锚地

造访万县并重新补给船只后，游客登船离岸再次起航。经过八英里的行程，将游客带到了狐滩[①]（Hou-tan or Fou-tan），巨大的礁石从峡江左岸（北岸）延伸出来，使这段江面在中、高水位时会在这里产生一个汹涌的险滩，这很好地映衬了狐滩的威名。而在枯水季节，险滩的一点儿痕迹都不会留下来，河流在巨大的礁石之间宁静地流淌，人们几乎注意不到一个咆哮的险滩在涨水时曾在这里存在。

狐滩上面，峡谷逐渐开阔起来。两岸缓坡为稀疏的林木所覆盖。缓坡上开垦出来的山地，被较好地耕耘着。缓坡上方，高大的山脉绵延。大量鹅卵石和沙子构成的沙碛铺成河岸，是这一河段的重要特色。船载着游客，在这样容易航行的河道中前行，速度提高了。沿河的一些沙碛被淘金者们开采，但是，产量真的非常低。每副淘金的筛子需要四五个劳力，通常由一个家庭的家庭成员构成。依靠淘金的收入，他们也只能做到勉强糊口。

现在，沿江两岸会随时出现一些舒适的小村庄，其中一个小村庄距离狐滩大约有24英里，它以显著而独特的石宝寨（Precious Stone-Castle）而名声显赫。石宝寨高出这个村庄200英尺左右，顶部有一座佛寺，可通过贴着石壁建造的九层宝塔内部的木梯攀登到达。石宝寨位于长江左岸的一个河湾里，行船经过石宝寨时，其最引人注目的景观便可一览无余。

忠州码头插画

当地有个神奇的“流米洞”传说，和古希腊伊索寓言中《生金蛋的鹅》类似。《石宝寨流米洞》：从前，石宝寨顶部的一个石洞中会有米粒流到石洞下面一个盆子似的石洞中，米的流量刚好能将其装满，满足僧侣每日所需，这一福利持续了多年。直到有一天，僧侣们想获得更多的米，将流米的洞口在原有基础上凿大了两倍。自此之后，流米洞不再流米了。

船继续前行，将石宝寨抛于船尾之后。从石宝寨到忠州，还有18英里的艰难河道需要跋涉。枯水期，这一河段充满了阻碍，行船非常困难。穿过这一密布杂乱无章的礁石

① 蒲兰田错译成虎滩（TIGER RAPID），下同。——译者

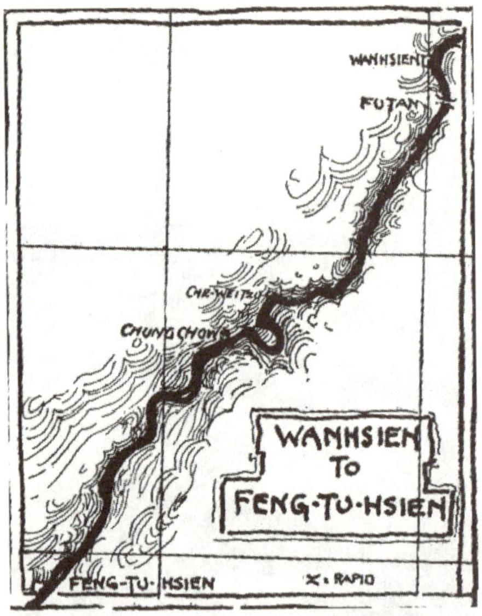

万县到丰都县航道图

“乱石夹林”河段，需要一整天的艰苦努力。在约半英里长或者稍微短一点的纤绳的尽头，纤夫们全都四肢着地，全力以赴地拖动船只。此时他们都汗如雨下、声嘶力竭地呼喊着拖船的号子，然而船只却只在激流中缓慢地向前移动。

最终，忠州还是出现在了地平线上，这座小城的地理位置极佳，四周为陡峭的山坡所环绕，山坡上，由于到处都是优美的竹林而显得四季常青。

从忠州到羊渡溪是另外一段约14英里长、乏味难行的航程。羊渡溪则是下一个泊船地点，是从忠州到羊渡溪这段艰难航程的终点站。羊渡溪及其周边是介于三个辖区①之间的“三不管”的无人地带，这三个辖区的坏蛋都集中在这里。如果游客在此停泊过夜的话，他应该在睡觉的时候都睁着一只眼睛警惕着周围，同时把散弹枪上膛放在身边。

在忠州这个令人愉快的城镇上面不远的地方就是铁门坎（Iron Doorstep）。铁门坎是南竹坝这一砂石岛最前面的一个交叉口，船员们非常畏惧这个交叉口，如果江上正在吹下行风时试图通过这个交叉口会更加危险。在无风的天气里，船要通过这个交叉口需要借助于结实的纤绳，纤绳的一头绑牢在岸边的岩石上，一端拴绕过靠近前甲板的桅杆而与巨大的绞盘相连，然后小心地操作巨大的绞缆盘，船才会在纤绳的拉动下缓慢前行。过了羊渡溪后，船开始侧行前进，纤绳随之被拉到其长度的极限，在巨大的拉力下纤绳开始嘎吱作响，直到最后，伴随着可怕的“砰”的一声，纤绳断了，船就飞快地向对岸冲去②。五十个赤膊的“长江之子”③在船老板和工头④疯狂的激励下竭尽全力摇动巨大的船橹，船老板和工头拿着湿拖把在那些想要偷懒的船夫裸背上轻轻敲打，敦促他们使出全部力量。如果船只不幸，未

在铁门坎附近鹅卵石浅滩上淘金

“蜀通”号轮船被高高地“晾”在佛面滩的礁石上

① 即忠州、丰都和石柱三县。——译者
② 即“打张”。——译者
③ 即船夫。——译者
④ 作者所说的工头，其实只是领唱棹歌——号子的船夫。——译者

能越过这一小小的恶流和近岸漩涡，灾难就会降临，因为稍远点的下游有一块礁石正等着她。

铁门坎仅是众多危险的交叉口中的一个，如果不能越过这些危险交叉口中的漩涡和对面的回流，则意味着灾难会在下游一点降临到这艘船上。当船只通过这些交叉口的时候，游客应该一直保持警惕并准备好跳河。

船在安全渡过铁门坎后，驶过9英里较为舒适平稳的江段，就将游客带到了芭折梁。这里，河流两岸低矮绵长的礁石延伸至江心。要穿过这些从江左岸延伸到江中的礁石，只有一条航道可供航行者们选择，这就给当地的领江提供了应聘引水过滩的机会。只要看到当地领江是如何巧妙地调动船只穿过礁石间狭窄的航道，就会知道雇佣当地领江是非常值得的。缺少经验的领江很难通过如此狭窄湍急的航道；当地领江扭动船只穿过如此狭窄湍急的航道，却怎么也损害不了船体，这是很让人不可思议的。

消除芭折梁的困扰后，丰都城——“丰饶之都”映入了眼帘。丰都县城位于一片低洼的河滩上，后面是陡峭的山坡。丰都县城经常遭遇洪灾，并在1870年的大洪灾中部分遭到洪水毁坏。洪灾后，在洪水水位线上面安全距离外的山坡上，一个地点被选中来建设新城。完整的城墙、城门、衙门等都建好了，但不知何故，人们发现新城址经常闹鬼，他们便选择将房屋建在老城址上，不管他们的家被冲毁多少次，他们也总是坚持将房屋建在老城址上。可能他们终究还是正确的，偶尔一次凤凰涅槃，才造就了中国的一个完美世界。

丰都是一个著名的朝圣之地，丰都城后树木葱郁的天子山（Mount of Heaven）山顶，有一个供奉阎王爷的庙宇。当地传说，阎王爷将一个少女从她的婚礼上掳走，并将她作为自己的妻子。庙宇里，这个少女的尸骸依旧穿着衣服，并恰当地戴着面具，坐在阎王殿里这位阴天子的左边。

天子山是颁发“升天路引”的地方。“升天路引”这一奇妙的文书，需要在阎王殿购买，每份需要一美元，它允许持有者不论生前功过都可升入天堂。但是，这是很好理解的，“升天路引”必须盖有阎王殿主持的专用章及当地官员的官印，此外还得盖上北斗七星君的七星印，这都是“升天路引”发挥效力的必要条件。

去阎王殿路上遇到的另一件有趣的事物是，一个又大又圆“无心石”（Heartless Stone）[①]。星辰墩由两部分组成，上名“心神铁”，下名“铁灵根”。“心神铁”位于一个圆形的铁盘中，铁盘中间是一个乳突，也是石质的[②]，高出铁盘约18—24英寸。围绕“铁灵根”将“心神铁”旋转到“铁灵根”顶部，看起来足够简单；“心神铁”看起来也非常容易被举起来，但当有人试图将“心神铁”搬起来的时候，它就会变得非常沉重，当地中国人说搬动“心神铁”时，“心神铁”会有感应，从而不会使搬动者的心愿得逞。无论如何，“心神铁”在它这一尺寸大小下已经显得极为沉重了，不懂得技巧的人几乎都不能将其放在“铁灵根”顶部。

从丰都逆江而上4英里，长江河道变得稍微狭窄。在高水位时期，这里存在一个可怕的险

① 即星辰墩。——译者

② 实为铁质，旁立光绪四年好山道人所撰碑记可为证，此物上名“心神铁”，下名“铁灵根”。——译者

滩——观音滩（Goddess of Mercy Rapid）。夏季洪水泛滥时，观音滩是非常危险的，水位太高的时候，过往船只往往需要在滩的上游停泊好几天，等待水位降低以后才敢放船过滩。“蜀通”号轮船是第一艘在洪水水位高涨时期企图通过观音滩的轮船，结果可想而知，她付出了代价，证明了轮船在洪水期根本敌不过观音滩的大漩涡。大漩涡抓住她后，将其像纸做的风筝一样舞动旋转，最后她不情愿地被抛在大佛面（Buddha Face Reef）这一礁石附近搁浅了，说起来也奇怪，她几乎没有受伤。在经历了许多艰难与困苦被重新启动之前，她被搁置在这片礁石上长达四十个昼夜。在此期间，这片礁石高出了快速下降的河水水位线上30多英尺。

在低水位时期通过大佛面和观音滩时，这里的江水看起来如此平静。很难想象，在高水位时期江水在这里是如此湍急险恶。高水位时期，“观音滩”这个称呼与江水湍急险恶总是那么不相称，“鬼釜滩”可能还更切合实际一些。任何遭遇不幸破裂后随波逐流的船只上的船员，在这里都需要祈求观世音菩萨善良的搭救，祈求观世音菩萨将他们带过这些可怕的漩涡，到达一个安全的避难所，因为水下参差不齐的礁石随时可能将他们的船底撕碎。

从丰都逆流而上到涪州大约有30英里，需要两天的行程。这段行程在低水位时期，大部分路段都是能较方便地通行的。但是，在中等水位和高水位时期，这段路程非常艰难且充满危险。白浅滩是丰都到涪州这段长长的旅途的转折点，当巨大的礁石差不多和江水齐平时，白浅滩是船行最难且需要绕行的地方。和尚石在涪州城下游三英里处，在川江达到中等水位时，这里有一个汹涌的险滩，特别是当长江的巨大支流龚滩河[①]洪水泛滥时，和尚石附近到处是巨大的漩涡。任何喜欢紧张刺激的人，都可以在和尚石附近被巨大的漩涡困住的小船上感受到真正的紧张与刺激。漩涡会硬拖着他的小船“愉快地”转圈儿，试图将其拖入它的中心并将其颠倒过来。这就像是蜘蛛和苍蝇之间的角力，每根神经都必须紧绷起来，保证船只行驶在漩涡的外围，为最终冲出漩涡重回航道努力，而不是冲进漩涡的中心，那样会有去无回的。

涪州河（即乌江）上的“歪屁股”船

长江与黔江[②]交汇处的涪州城

涪州是一个位于长江右岸的相当大的城市，地处长江与其主要支流——龚滩河交汇处。龚滩

① 今乌江。——译者
② 今乌江。——译者

河适于当地船只通航至龚滩——四川省东南靠近贵州省的一个城镇。

在龚滩河上航行的船只主要是“歪屁股”船（crooked sterns），他们当然是长江上最奇特的一类船只，船体扭曲得非常明显，船尾的甲板几乎垂直于船头的甲板。如同阿奇博尔德·立德在其富有趣味性的《扁舟过三峡》一书中谈到这些“歪屁股”船时所描述那样：“它正像是一个巨人手中拿了一艘普通的船以后，将其从中部拧弯了一样。”船尾歪着，较高的地方架设一条长长的木质大梢，驾长在一个高得离奇的建筑上得以操作这把大梢，控制航向。这个高得离奇的建筑建在船的中部，类似于一个航行驾驶台。“歪屁股”船奇特建造方法的最初用意充满了神秘色彩，无人知晓。现在，当地的造船大师和造船工人都给出了各种各样愚蠢的理由，最流行的一种说法是只有“歪屁股”船的这一形制才能应付龚滩河的激流。但是仁怀河[①]（Ren-hwei-ho）上的船只与龚滩河上的“歪屁股”船相比，除了“歪屁股”外，其余尺寸、形制都一样。仁怀河与龚滩河非常类似，实际上也可以说是龚滩河的复制品，它也是长江的一条支流。

从涪州出发，沿着巨大蜿蜒的鹅卵石沙碛前行一两天，船即将游客带到了浪漫而精巧的长寿城。沿途低矮的岩石堤岸后面，是得到精细耕种的斜坡，这些斜坡背靠着崎岖高峻的山丘。长寿城位于一座高山的顶上，从长江上仰望，几乎被隐藏了起来。这座城市通过河街可与长江保持通畅往来，它位于一个风景如画的峡谷谷口。浓厚的封建气息，依旧萦绕在长寿城上空，与长寿城有关的大量神话传说仍在流传。其中较为显著的一个神话具有《天方夜谭》的特色：从前，有一个叫长寿的贵族治理了这里整整100年，从那时起这个县城就叫长寿县了。长寿是一个英勇的武士，他有一个令其感到非常骄傲并且他很疼爱的女儿，当地的许多名门望族都对她垂涎三尺。他们尝试一切办法与她父母讨价还价，以图与之联姻。可是，没有一人能够成功。随着时间的推移，哎，这个女孩儿生病后逐渐苍白虚弱起来。她的父母很是焦虑，但不知道女儿出现这一情况的原因是什么。于是他们召集城里的老巫婆们来给她治病，都未能使这个女孩儿的病情得到好转，倒是加剧了女孩儿父母的忧伤。女孩儿的母亲怀疑某种邪恶力量在影响她的女儿，反复地询问她，最后，她才承认一个叫木鱼的妖精化作一名男子，每晚午夜都来访问她。女孩儿的父亲非常愤怒，比他的妻子更加怀疑女儿的话，于是他穷尽办法秘密搜寻木鱼，但无论远近都没有人叫木鱼。女孩的母亲咨询了她所知晓的所有圣人，得到了启示，她女儿每天晚上的访客不是别人，正是阴木鱼。阴木鱼居住在长江一条小支流河口附近一个显而易见的石头里，这条支流在长寿县城下游不远的地方与长江交汇。听到这些，女孩的父亲着手拆毁这个石头，他雇佣了一些泥瓦匠用钢楔和铁锤将这个石头劈成两半。突然，人们定睛一看，大量血液从石头中喷涌出来，了结了这个只是犯

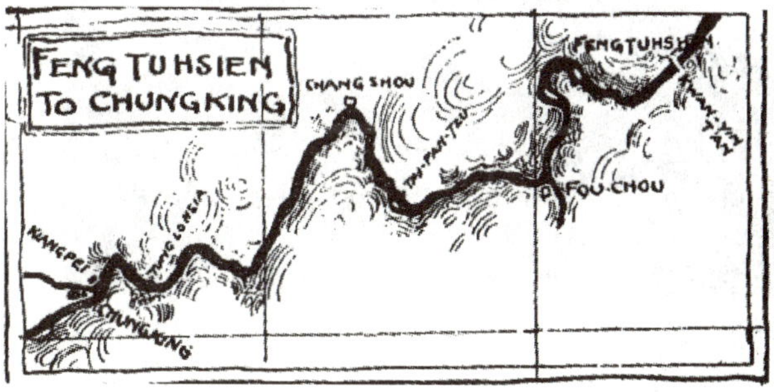

丰都县到重庆的航道图

① 即赤水河。——译者

中外田野学术交流

了小错误的木鱼的性命。自此以后，世代称这条支流为木鱼碛溪，溪口的沙碛，就是取自木鱼的名字。

从长寿出发，只需一两天的航行，旅客就能到达重庆。尽管在低水位时期，这段航程中仍然有一个险滩，即野骡子滩（Wild Mule Rapid）。当出现迎面而来的顶头风时，野骡子滩是最难以应付的险滩。而在高水位时期，铜锣峡（Brass Gong Gorge）则是较难对付的，需要应付大量波涛汹涌的激流。因此，直到抵达唐家沱前，人们不能非常确定这段航程是否顺利。唐家沱是紧邻铜锣峡上游入口的一个辽阔平静的回水湾，被阿奇博尔德·立德恰当地命名为“重庆锁匙”。

从唐家沱开始，船员绕着马蹄形的长江航道平稳愉快地航行8英里左右，就可到达大佛寺（the Great Bhudda）。在大佛寺这里作一个短暂的停留是必要的，船老板可以借此机会向大佛表示自己的敬意与感恩，这也是所有船老板进入重庆港前不约而同的习惯。旅客们可能也会对大佛心存感激，特别是当他和他的财物在到达重庆后都没有被江水损害的情况下更是如此。伟大的长江龙王已经对他够好了，通过一顿猪肉做成的美食，感谢全体船员与纤夫，很合时宜。

嘉陵江与长江交汇处的部分重庆城及江北县城，这里位于长江上游，距离海洋1400英里。

重庆东水门

在一个晴朗的日子，我们的船到达重庆。灰色城墙环绕的这座雄伟城市，构筑在一个高高的岩石半岛上，显得清晰而突出。这一半岛因嘉陵江和长江交汇而形成。重庆城东南面由长江侧卫，而重庆城本身则背靠一排高度超过1000英尺的山丘。重庆城北面则由较小的嘉陵江拱卫着，对岸是重庆城的姊妹城——江北县城。长江右岸，南山上是重庆城的几处郊区，这些郊区外面，江上是巨大的弹子石和夫归石，传说禹王的母亲和妻子曾分别居于这两个巨石上。禹王即是“长江之父”。

成百上千的各种船只，停泊在一望无尽的港湾里，目所能及之地，处处呈现出了一幅最为壮观的景象，游客便意识到，他已经到了一个大都市。

重庆——中国西部最大的物资集散中心，远离海洋1500多英里。现在，一年当中至少有八个月可以从上海乘坐轮船直抵重庆了。从宜昌逆流而上，到达重庆现在只需要两周时间，而不是原来没有轮船时的4至5周。自从20年前阿奇博尔德·立德指出从宜昌到重庆可通行轮船后，我们已经取得了一些进步。到目前为止，从宜昌到重庆这条航道运行还算顺利，但整治这条航道的进展速度慢得像蜗牛，实在令人感到羞愧。然而，中国的社会进步由于陷于各种困难和失望而进展缓慢，相应地，从宜昌到重庆的航道整治也很缓慢。

重庆以上的长江轮船航运业，仍有潜在的发展空间。从重庆到叙府[①]，长江水路里程有250英里。叙府位于长江与岷江交界处，岷江又名“府河”。从重庆到叙府这段水路，一年中至少有八个月的时间适于轻载、吃水浅的轮船航行。夏季，从叙府至嘉定[②]这100多英里的岷江河道也适于通航。嘉定位于岷江与铜河、雅河[③]的交汇处。甚至远至江口镇都能够乘坐小火轮到达。江口镇，是四川省会成都30英里范围内一个重要的水运集散码头。

王家沱——重庆法国水师兵营

插图

在水利工程师的帮助下，这些长江的支流将很快被成功地开发利用。对于门外汉来说，他们似乎只是提出了一个相较于宜昌到夔府这段长江航道的整治更为简单得多的问题。

叙府距离重庆250英里。大河，也就是长江，在叙府以上名字就被改称为金沙江了（river of Golden Sand）。长江的宽度从叙府开始突然由400至500码缩窄至250码。适于轮船通航的金沙江航道，最远也只能到达屏山了。屏山，是在叙府上游45英里的一座县城。

龙舟

一过屏山，金沙江又突然变得狭窄，它在群山之间奔腾，以寻其出路，切出了深而陡的大峡谷。就这些峡谷的宏伟壮丽而言，与宜昌到夔府之间的峡谷比较，还是相形见绌，但它们也同样令人感到敬畏。金沙江也成为由一系列险滩构成的激流。当地的五板船在低水位时期最远能够到达蛮夷司，它是屏山县城上游30多英里的一个土司治所。在蛮夷司以上，

① 今宜宾市。——译者

② 今乐山市。——译者

③ 即大渡河、青衣江。——译者

不可通行的急流险滩不时阻绝航道，金沙江只能依靠小船进行点到点之间的航行往来了。

大约10年前，法国海军勇敢的奥德马德指挥官从丽江府[①]乘船顺金沙江而下至叙府，成功地进行了一次举世瞩目的航行。从丽江府到叙府大约有800英里，奥德马德乘坐当地的小渔船，仅在他自己雇佣的当地船夫的陪同下就完成了这一壮举。他是第一个一路乘船，从丽江府到叙府，穿越金沙江的白人。奥德马德指挥官顺便讲了一下这一惊心动魄的冒险旅程：从丽江府到叙府之间有很长的适于通航的水域，而这段航道被一系列湍急的险滩和可怕的外悬峡谷给阻绝了。

真的，一个人如果沿着这条奔腾的中国水上大通道游览得越远，它就会越让人觉得不可思议地迷人。

第五章　乘坐当地客船在长江上游旅行

宜昌，著名的三峡下游的一个小城镇，距离海洋接近1000英里。旅客告别了数天来在长江中下游逆江而上带给他的由混浊的江水与平坦的周边村落组成的千篇一律的单调景色，进入长江上游，景色将会有受人欢迎的改变，事实上是完全的改变。荒蛮的中国西部，将会用她宏伟的景观唤醒旅客沉睡的灵魂，并使其心情愉悦。

长江上游轮船出现以前，旅客为了能更加彻底地体会长江沿途景观的变化，除了租用当地被称为“挂子船”的船只外，别无他法。挂子船是长江上游的小型客船，当其整装出发时，船上火炉管冒着水汽，毛巾等东西挂在舷窗上，非常像一辆在水上漂浮着的吉普赛人的大篷车。乘坐这种船只的时候，旅客和他的行李将会由竹制纤绳拖动着前进20至40天，才能到达目的地。具体航行时间的长短，需要由河流的具体状况决定。行进过程缓慢而费力，期间需要应对激流、穿越峡谷，常常还需要听任激流的摆布。在湍急的水流中，旅客和激流仅被一英寸的船板隔开。在许多情况下，船板在那些激流中可能损坏。只有游客的船只足够幸运，并能顺利逃避满布岩石的河流中的所有危险，才能让旅客保持较好的状态，在其目的地安全登岸并让他的货物不被水所损坏。

尽管乘坐当地船只如此危险，但是只有乘坐当地船只旅行，沿江峡谷的壮丽景色才能够被充分地领略。事实上，假如旅客有足够的时间可供自己支配，乘坐当地船只逆江而上旅行，会有无数新奇事物伴随全程。在这条宏伟但有时也会邪恶的大江上，少许危险也会与旅客相伴，但为了欣赏长江的壮丽风景，承担这些小小的风险也是很值得的。因此，熟悉下列搭乘挂子船旅行时的需要注意的一些实用提示，是不会错的。

搭乘挂子船穿越三峡的旅行，最好是在冬季、晚秋或者早春进行，其中冬季和二月是首选。

① 治今云南省丽江市古城区。——译者

在此时节，江水清澈，这大大增加了长江沿途风光的美景效果。长江上游的险滩，就船只通航而言，是最糟糕的障碍；就欣赏风景的角度而言，它们又是最佳的地点。长江上游有些河段，水流安静而缓慢，与险恶的凶滩和湍急奔腾的激流形成鲜明对比。在这些时段里，天气虽然很冷，但少有雨天。逆江而上的风力强劲，顺江而下的江水流速较低，一年当中的这些时段逆江而上行船是最快的。如果旅客错过了长江上游秋高气爽和春暖花开这两个时节，冬日里积雪覆盖的山顶、清澈的江水与险滩则会是适当的补偿。

长江上游最大的船屋

麻秧子客船

对于缺少经验的旅客来说，应该在船运洋行中租用挂子船。否则，狡猾的船老板——一般来说都有守旧及臭名昭著的交易诈骗等几乎相同的品性——将会极力恶意压榨他的主顾。

挂子船总共有三种形制，即配备两个、三个和四个房间的[①]。两个房间的挂子船并不值得推荐，一般来说，它都是头重脚轻，因此也不安全；三个房间的挂子船是比较便利且最流行的；四个房间的挂子船通常只会被一大帮旅客共同租用。租用三个房间的挂子船，从宜昌到重庆的行程只会收费120两至160两白银；同样的行程，租用四个房间的挂子船，会收费200两至275两白银或者更多。这并没有固定的收费标准，价格取决于付给纤夫们的薪酬、米价和出发的季节。

如果需要进行一次穿越三峡的旅行，比如说到达夔府后返回宜昌，最好是一次性包干所有费用，绝对不要按日结算款项，不然，船主就会每次都往上增加费用。

除了挂子船外，还有夔州的麻秧子船和无处不在的五板船可供选择。尽管搭乘麻秧子船不如挂子船舒服，但麻秧子船是一种更快的船。不过，近年来，麻秧子船在宜昌已经非常罕见了。五板船是一种敞舱船，仅船中央部分被席子盖了起来，她的速度更快，如果装备较好，会比挂子船和麻秧子船中任意一种船都较少出现意外。当然，五板船的租金便宜得多。五板船虽然没有船舱，但在席子覆盖的空间里加上一点精巧的装置，旅客还是可以让自己过得很舒服。

在枯水期，也就是在冬季，乘坐挂子船从宜昌到重庆的旅程通常会花费乘客20至25天。这一距离实际只有400英里，但中国的船夫们将其估算为1800里，并被划分为22段，90里长的有16段，60里长的有6段[②]。

三个房间的挂子船，船员一般有26名，包括船老板（laopan）、两名太公或舵公[③]（ti-kung or

① 即官舱。——译者
② 每天航行一段，并称之为“站口”。——译者
③ 即领江。——译者

to-kung）、四名甲板水手（shui-so）、十五名夫子或拉船的[①]（foo-tse or la-chuan-te）、一名头拉[②]（tolo）、两名提挽的[③]（ti-van-te）和一名烧火的[④]（shao-ho-te）。租船时，聘用船员的数目应该在租船合同中申明。在出发当天，应将全体船员召集起来检查一次，因为挂子船的船老板们经常会雇佣小男孩代替强壮的男人来做纤夫。船上船员中最多只能有一个真正的老人和一个小男孩，每艘船都应该带一个真正的老人和一个小男孩已经成为了一种习俗了。

一般来说，尽管船员们是非常热忱的人，游客最好不要擅自使用他们。因为他们很快就会利用毫无戒心的乘客，并有可能成为一个讨厌的人。如果船员们做得够好，偶尔的一顿猪肉筵席将会得到他们极大的感激。

对于不了解情况的游客来说，最好不要过多介入船上的杂务和航行操作，因为这样做是非常危险的。这里已经有很多游客因为不恰当的善意，坚持在船上帮忙，最后又因其不耐烦导致船只完全失事的事例。

出发前，应该给挂子船装好压舱物品。大多数压舱物应该被放置于船体的中央部位或者货舱中，尽量靠近桅杆。如果行李、补给物品等不足以提供船的压载力时，沙袋、大石头、小石头到处都可以得到。

当船在一阵上风[⑤]中扬帆前进之前，游客都应该警惕船上的一切。船老板们渴望尽量利用江上清风前行，在应当收帆航行时还是满帆航行。万一发生“转帆”，也就是帆从一边猛然转向另一边——这是经常发生的，船就可能倾覆。当一阵强风来袭或风力越来越大时，帆应该降到其满帆高度的四分之三或一半。许多挂子船因为坚持满帆航行而倾覆，这是外国人的知识和警惕可能避免事故的为数不多的情况。

在枯水期，也就是冬天，崆岭滩、新滩、新龙滩等险滩特别危险。在这些险滩下游，带上自己所有贵重物品上岸，通过陆路走过这些险滩是非常明智的。不过，在这些险滩的下游选择下船登岸陆行经常遭遇大量批评，这被认为是有失体面和胆怯的表现。可是，游客是否为了逞强而留在船上，冒险过滩并承担所有风险，是游客自己需要决定的。无论如何，过滩时游客留在船上是完全无用的，而且经常妨碍船员操作。

意外可能随时发生，如果船上没有留下足够的人手来操作船只，只得让船只任由激流摆布。岩石和暗礁，经常像很多鳄鱼一样准备伏击船只，船只撞毁、沉没，经常在救生船有时间到来之前就发生了。这种情况的确令人感到厌恶，不一会儿，失事船只的一点儿痕迹都不会留下来，那还有谁能在如此狂野湍急的恶浪中游泳逃命呢？

仅有极少数外国人在长江上游的航行中丢掉了他们的性命，这是侥幸的，多少有点儿不平常，

---

① 即纤夫。——译者

② 即扯纤藤，亦称头纤。——译者

③ 作者解释为游泳健将，即“三桡”，负责解开岩石、树木对纤绳的挂扯。——译者

④ 即厨师。——译者

⑤ 逆江而上的江风。——译者

但这一事实使得普通游客易于轻视长江上游航行中的危险。那些长江上居住生活的人见船难见得最多，就像作者在本书中描述的，作者在新滩时，一天之内见过三次这样的船难，伴随着的是许多生命的消失。

如果游客坚持乘船渡过这些险滩的话，那乘坐红船也就是长江上游的救生船，会安全得多。

在长江上游最危险的险滩上，当地领江总是能雇佣得到的。游客应该坚决要求船老板雇佣当地领江引水过滩，而且应该同时雇佣两位当地领江，一位领江掌舵的同时，另一位领江在船头观察水情。领江们的配合行动实际上构成了船上的保险，但他们的酬金仅是几美元。

另一项需要坚持的重大事务是，每天晚上都要将船绑牢在公认安全的停泊处或码头。在很久以前的日子里，人们可以把船系泊在任何地方安然入睡，一点儿也不需要担心强盗。可是，现在川江上出现了大量的强盗，只有码头上稍微安全些。人们经常早早地到达一个码头后，更倾向于继续向前赶路，一切听天由命——可是，这样做并不明智。

当上岸外出散步时，就像人们经常做的那样，如果仅仅是为了锻炼，最好是有个船员即自己相对喜欢的纤夫伴随，因为他熟悉这些道路。独自步行并一直往前走会让游客滞留在他的船的前面或后面数英里之外，或者更令人气愤的是，当他又饿又渴的时候，看得见船，却离船有好几个小时的路程，根本没有立刻登船的可能性，这会破坏一次本可能令人非常愉快的旅行。在这些粗糙的小路上行进，拥有厚厚的编绳鞋底的帆布鞋是极好的选择，这些鞋子会紧紧抓住滑滑的岩石，避免胫骨撞伤或踝关节扭伤。步行的游客应当抵挡住诱惑，不去那些清澈诱人的小溪中喝水，因为一整个村庄都可能在这条小溪的上游一点点清洗他们肮脏的破布。船夫通常知道许多泉眼的位置，这些泉眼拥有清澈纯净得闪闪发亮的泉水，清凉水或者饮用水，在船航行的途中不费吹灰之力就能找到。在那里，人们可以将泉水装满缸子，也就是船上装水的大瓦缸。

就航行途中的补给品而言，家禽和鸡蛋能够在航行途中的任何地方买到。同时，在大多数大村庄里，猪肉、大米、干黄豆、干豌豆、某些绿色蔬菜，甚至一些水果都能买到。土豆通常能够在夔州府城中买到，可以和山羊肉一起做美味的爱尔兰炖肉[①]。小山羊非常多，可以像普通家畜一样带两只上船，非常方便。鱼通常都可以从靠近村庄和城镇的渔船上购买，这些鱼都是这些渔船从不同河段收来的。在冬季的几个月里，川江流域到处都是野鸭，猎枪应该成为旅客装备的重要组成部分。

五板船

在装配挂子船时，要特别注意烹饪装备的部署。已经发生的许多事故，都是由正在使用中的

① 即土豆洋葱炖肉。——译者

嘉陵江舵笼子盐船

煤油炉引发的：煤油炉突然倾斜，煤油浇在火炉上，挂子船立刻就会着火燃烧起来。如果没有普通的煤炉灶，就普通中式烹饪而言，一对当地的炭炉将非常有效并能满足所有需求。特别是当船在行进过程中的时候，需要特别注意煤油加热炉和煤油灯，谨防其引发火灾。

红船，也就是长江上游的救生船，应该一直伴随着游客的挂子船。万一发生意外，红船的价值是无法估量的，除了能提供安全护卫外，红船还能提供很多其他的服务。旅客向其所在国派驻中国的领事申请后，通常就能获得一艘这种最有用、最方便的红船。

在总结这段重要的船屋旅行经历的时候，尽管游客可能在到达重庆后会觉得他在挂子船上已经度过了足够多的日子，会选择乘坐轮船返回宜昌，但有关这一回程的一两句话还是必要的。应该注意下行风[①]，更精确地说是希望没有下行风，因为下行风是和激流一样决定船的行进线路的一个重要因素。从重庆到宜昌通常被认为只有七天的航程，但如果峡江地区强劲的上行风盛行时，人们可能花费14天才能到达宜昌。在强风中，挂子船是非常难以操作的，在这样的情况下，挂子船在航行途中的许多河段无疑会遭遇意外。因此，如果因为风向不利而脱不了身时，游客应该注意不要说服船老板继续前行。

近年来，另一个烦恼突然出现在了准备坐船屋旅行的游客面前。这就是由旁边经过的轮船引起的水浪的拍打。在有些河段，这种拍打可能按照海面三角波的比例呈现出来，严重损坏挂子船。因此，在看到一艘轮船时，尽可能远离轮船前行的线路并找一个庇护所是比较明智的。同时，调整船的位置，让船头直接迎击来袭波浪以保持平衡，或者调整船尾直接迎击来袭波浪，就像驴子一样，让船尾首先出击。

（本文翻译修改过程中得到泸州赵永康老先生的大力帮助，在此表示感谢！赵永康先生《俞陛平〈蜀辖诗记〉校补图注》中的“四舱舿子”就是“挂子船”，我根据的是日本人中野孤山的《横跨中国大陆——游蜀杂俎》“挂子船”而定的[②]，英文名为“kwadza”，盖为同一种船。）

① 顺江而下的江风。——译者
② （日）中野孤山著，郭举昆译：《横跨中国大陆——游蜀杂俎》，中华书局，2007年，第73页。

古寨遗韵：重庆忠县石宝寨百年旧影

马剑、朱莉娜

作者简介

马剑，男，西南大学历史地理研究所副教授，硕导，主要从事历史区域地理研究。

朱莉娜，女，西南大学历史地理研究所硕士生。

在峡江之中，可能没有任何一处景观能像石宝寨那样，将自然形胜与人工技艺如此精妙地结合在一起。自西而东奔流的长江边，玉印山拔地而起，孤峰高耸，峭壁如堵。寨楼依山而建，层叠直上，朱宇飞檐。“巍然巨石如悬喙，壁立崖峭高万丈。四面无路可攀援，层楼飞阁梯云上”，乾隆年间王尔鉴的诗作，短短数行便将石宝寨的雄姿刻画得淋漓尽致。自清初以来，东来西去的文人墨客题咏不绝，为之叹服。

华丽的辞藻固然给予人们广阔的想像空间，激发向往之情，但写实的图绘影像也自有其形象直观的优势，亦不乏创作者彼时彼地认知与情感的呈现。遗憾的是，即便在“百科全书式”的清代当地方志中，也难以捕捉到石宝寨的影子。不过，近代以来，随着国门洞开，长江上游也逐步打破封闭状态，西方人、日本人纷至沓来，他们虽然身份各异，目的不同，但无不折服于石宝寨的神奇壮

巴顿的素描

丽，留下了宝贵的图像和文字记载。

1861年4月，英国人组织的“扬子江上游探险队”抵达石宝寨，作为“第一批未加乔装打扮就深入内陆省份四川游历的欧洲人”，自然形胜是他们关注的重点。成员之一的布莱基斯顿从船上目测山的底部高于江面200英尺（约61米），峭壁也高约200英尺，四面完全垂直，如同屏障一般。行动谨慎的他们并没有登临游览，只是估计其山顶长约50码（约46米）、宽约30码（约27米），而山东侧所建九层宝塔“十分奇特”，给他们留下深刻印象。同行的巴顿则绘制了一幅素描，这可能是石宝寨所留存的最早图像：群山起伏，众鸟盘旋，孤舟一艘，民居数间，深浅不一的线条将石宝寨的陡直高峻展露无遗。

赫斐秋的素描

1887年5月，美国人赫斐秋溯江而至，他对石宝寨的建筑称赞有加：“寨，即避难的城堡，数量众多，其中有些景色优美，但可能没有一座像忠县下游30英里左岸的石宝寨那么风景如画。一个小村镇围绕着这块奇石，一座庞大的寺庙面向大江，其后与之相连的是一座九层木塔，直抵堡垒般的岩石顶端，这是我们所见过最引人入胜的建筑艺术之一。”在他的素描中，周围环境更显空旷低平，植被稀疏，房舍寥寥，石宝寨孤峰独峙，明暗的对比、细密的渲染、窄化的侧面轮廓和简化的村落建筑无疑是对清代张问陶所吟“四山卑卑尽跧伏，顽怪独撑断鳌足。谁拔孤根出地中，非峰非岭岿然秃”的绝佳写照。

伯德拍摄的石宝寨

1898年，英国人伊莎贝拉·伯德顺江而下，与他人不同的是，她还在此上岸，近距离观察，以女性的细腻描述了自己的所见：“我也在众人朝山进香的圣地石宝寨上了岸。东南面山脚下是一座宏丽的寺庙，其后紧靠崖壁建有九层楼阁，可由此登临山顶。平坦的顶部有一座三进寺庙。楼阁曲檐攒尖，看似壮观的十一层宝塔。山脚下还有一个大村落。”她所拍摄的照片也独树一帜地展现了石宝寨的背面，山麓密集的民居和茂密的庄稼呈现出浓厚的世俗生活气息。

而十年后，1908年下半年和1909年初相继顺江而下的德国人柏石曼和美国“东方教育考察团”成员张伯林则分别留下了不同水位时期石宝寨的景象。前者正值丰水期，草木葱郁，江水上涨，与山下鳞次栉比的村镇民居近在咫尺，而低处的茅屋已经淹没无存，较近的镜头视角和紧凑的画面布局使石宝寨看起来颇为繁荣。后者则处于枯水季节，岸上植被略显稀疏，水位回落，江滩裸露，茅屋破败，数艘船只在作休整，有百姓远赴江边挑水，显得有些萧条。而几乎与他们同时到此的，还有英国植物学家威理森，他更深入到村子之中，仰视高耸突兀的山崖和壮观的寨楼，与山下典型的四川民居、晾晒衣物的百姓相映成趣。

柏石曼拍摄的石宝寨

张伯林拍摄的石宝寨

张伯林拍摄的石宝寨

除此而外，澳大利亚的莫理循、日本的竹添进一郎和山川早水等人都在清末留下有关石宝寨的文字记载或图像。竹添氏亦作有《石宝砦》一诗："孤根拔地耸云表，天风浩浩吹不倒。绝顶现出梵王宫，十层楼阁是磴道。上方钟鼓度晨昏，画中烟水下界翻。灵境多被僧占有，乃信福地在法门。"

威理森拍摄的石宝寨

三峡水库蓄水后，为避免水位上涨对石宝寨造成影响，在其四周修筑了一道巨型围堤。如今的石宝寨四面环水，孤立江心，游人如织，水面几与寨门平齐，俨然一座精致的盆景。而山脚下的村镇已然无存，不复见往昔随季节而转换的繁华与寥落。手持泛黄的老照片，远眺或登临石宝寨，百余年之景观对比形于眼前，峡江两岸之变迁于此可见一斑。

——《中国人文田野》征稿——

《中国人文田野》是我国唯一的反映人文学者田野科学考察纪实的学术辑刊，暂时一年一辑，现向海内外学术界征稿。

《中国人文田野》尤其欢迎历史学、人类学、民族学、考古学、社会学、人文地理学方面的稿件，具体稿件要求为“六有”：

一、有目的主题。深度的科学考察是应该有具体的目的的，所以，作为科学田野考察纪实的论文，应该有具体的考察主题，如皇木采办、滇铜转运、屯堡水利、梯田文化，或某某具体遗址、某某具体社会现象等，而不是那种在一个地区综合观光考察而成的无主题论文。

二、有深度研究。作为学术辑刊要求文章有相当的科学深度，实际上本辑刊的宗旨之一是尝试将以前形式僵化死板的学术论文变化为雅俗共赏的一种科学论文，是试图将科学研究过程、结论融入田野考察纪实的尝试。所以，要求论文夹叙夹议，将传统的科研论文融入其中，有计量统计、文献引用、表格图示。

三、有发现过程。作为田野考察纪实，主要是通过科学发现研究的过程来展示科学结论。所以，科学发现的过程本身有时比结论更重要。这就要求论文以叙述过程为主，夹叙夹议，在展示过程中融入自己的理性的思考、科学的结论。

四、有观点思想。作为田野考察纪实，我们欢迎论文作者将自己的思想、观点融入其中。特别鼓励将科学研究与现实结合起来，有感而发，浅则发表感想，提出建议，深则诠释已有理论或构建新的理论。

五、有图像地图。从中国传统的“图经”时代到现在“读图”时代，图像传递的信息不仅直观，而且相同的版面传递的信息量十分大。所以，我们倡导在学术研究中用图像说话。要求所有稿件都应有照片，最好配有相关地图、示意图，使照片、地图的版面占全文较大的比例。

六、有文采场景。为了改变我们以前学术论文在文字上、内容上的枯燥无味，我们既提倡将科学考察中理性的内容用感性的语言展示出来，同时也鼓励将科学考察过程中有趣味的场景用通俗的语言记录下来，前者可使我们的科学研究得到更高的社会知晓度，后者则使我们的纪实在以后会成为正史不载的珍贵史料留给后人。

来稿请先将图片配放在文章中间恰当位置，并注明图名。另用文件夹将照片、地图单独打包，与稿件一起发送到我们的电子邮箱，以备出版社调整印刷效果所用。文章发表后，即付薄酬。

纸质稿请寄：重庆市北碚区西南大学西南历史地理研究中心，《中国人文田野》编辑部，邮编400715。

电子邮箱地址：zgrwty@swu.edu.cn

《中国人文田野》编辑部

图书在版编目（CIP）数据

中国人文田野·第八辑 / 西南大学历史地理研究所编. — 成都：巴蜀书社，2019.8

ISBN 978-7-5531-1130-8

Ⅰ.①中… Ⅱ.①西… Ⅲ.①历史地理-考察-中国-文集 Ⅳ.①K928.6-53

中国版本图书馆CIP数据核字（2019）第050776号

中国人文田野·第八辑

西南大学历史地理研究所 编

责任编辑 谭晓红
封面设计 四川胜翔数码印务设计有限公司
出版发行 巴蜀书社
成都市槐树街2号 邮编：610031
总编室电话：（028）86259397
发行科电话：（028）86259422 86259423
网 址 http：//www.bsbook.com
经 销 新华书店
制 版 四川胜翔数码印务设计有限公司
印 刷 成都蜀通印务有限责任公司
成品尺寸 210mm×285mm 1/16
印 张 16
字 数 370千
版 次 2019年8月第1版
印 次 2019年8月第1次印刷
书 号 ISBN 978-7-5531-1130-8
定 价 65.00元